संसदीय व्यवस्था में परिवर्तन की दिशा

संसदीय व्यवस्था में परिवर्तन
की
दिशा

डॉ. उम्मेद सिंह इंदा

KALPAZ

संसदीय व्यवस्था में परिवर्तन की दिशा

रुपये 750

ISBN: 979-81-7835-810-9

प्रकाशन वर्ष 2010
कल्पज़ पब्लिकेशन्स
सी-30, सत्यवती नगर, दिल्ली-110052
ई-मेल: kalpaz@hotmail.com
अक्षर मुद्रांकन: क्विक मीडिया, दिल्ली
Printed at: Gian Ridhi Offset Printers, Delhi

विषय-सूची

प्राक्कथन

प्रस्तुत पुस्तक **'संसदीय व्यवस्था में परिवर्तन की दिशा'** भारतीय संसदीय शासन व्यवस्था के चुनौतीपूर्ण मुद्दों को उद्घाटित करती है। ब्रिटिश शासन के दरम्यान हम संसदीय अनुभवों से रूबरू हुए थे। निश्चित रूप से हमने संसदीय व्यवस्था को मोटा–मोटा अनुभव प्राप्त कर लिया था, यह कहने में भी संकोच नहीं कि हमने अपने आपको उसी के अनुरूप ढ़ाल लिया था। 15 अगस्त 1947 को अथक प्रयासों, असंख्य कुर्बानियों के बाद स्वतंत्रता का सूर्योदय हुआ। इतिहास से प्रेरणा और अनुभवों से संसदीय व्यवस्था का वरण किया तथापि गौरांग–जाति के विद्वान तो भविष्यवाणी कर गये थे कि भारत न तो एक था और न ही एक रह पायेगा। नेहरू के बाद तो यहां तानाशाही का तांडव होगा। तथापि सारी पाश्चात्य–भविष्यवाणियां धूल–धूसरित हुई। संसदीय शासन निर्बाध रूप से गतिशील है। विश्व में विशालतम् लोकतंत्र होने का भारत को गौरव प्राप्त है। फेयर और फ्री चुनाव, मतदान का बढ़ता प्रतिशत, निरन्तर चुनाव (संसद, विधानसभा एवं पंचायतें) इस बात के प्रतीक है कि भारत में संसदीय लोकतंत्र गहरी जड़े जमा चुका है। भारतीय संसदीय लोकतंत्र को संस्थागत खतरें कम है, नीतिगत खतरें अधिक है। समय–समय पर शासन–व्यवस्था में बदलाव की मांग नीतिगत नजरिया ही है। समय रहते सार्थक की समीक्षा हो जाएं तथा अक्षमता की पहचान हो जाए तो दिशाएं मिल जाती है। संसदीय व्यवस्था के क्रियान्वयन में बीते साठ वर्षों में जो कमजोरियां नजर आयी, उन्हें कैसे दूर किया जा सकता है? जनसामान्य शासन व्यवस्था से क्या अपेक्षायें रखता है। सामान्यजन जो शासन–व्यवस्था का किरदार है, जो व्यवस्था को सुदृढ़ रूप में देखना चाहता है।

इस पुस्तक में संसदीय व्यवस्था के कुछ प्रमुख मुद्दों की पड़ताल इसी नजरियें से गई है। लेखक उन विद्वानों, महानुभवों, लेखकों और चितंकों का तहेदिल से आभार व्यक्त करता है, जिनके ग्रंथों एवं रचनाओं

का उपयोग पाद–टिप्पणियों एवं संदर्भ ग्रंथों के रूप में किया है।

आशा है कि यह पुस्तक संसदीय संस्थाओं के अध्ययन–अनुशीलन–विश्लेषण के प्रति जिज्ञासु पाठकों की रुचि जागृत करेगी। पाठकों की राय का लेखक को सदैव इंतजार रहेगा। पुस्तक के प्रकाशक कल्पज़ पब्लिकेशन्स का शुक्रिया शब्दों में अदा करना संभव नहीं है, बहुत ही परिश्रम और लगन से मेरी इस रचना का प्रकाशन किया।

मेरी धर्मपत्नी श्रीमती प्रवीण कंवर पुत्री कु॰ हिमांशी तथा पुत्र अनुराग भी धन्यवाद के हकदार तो हैं ही।

–डॉ. उम्मेद सिंह इंदा

1

भारतीय संसदीय व्यवस्था का इतिहास

लम्बी परतंत्रता की पीड़ा भोगने के बाद 15 अगस्त 1947 को भारत स्वतंत्र हुआ। भारत की संविधान सभा ने देश के लिए संविधान के निर्माण का महती एवं पवित्र कार्य हाथ में लिया। संविधान सभा में भारत की तपोनिष्ठ प्रबुद्ध जनों की पीढ़ी शामिल थी उनके समक्ष विश्व की अनेक राज–व्यवस्थाओं के दृष्टान्त उपस्थित थे, उन्हें संविधान में स्थान भी दिया गया किन्तु साथ ही इस तथ्य का भी ध्यान रखा गया कि भारतीय सामाजिक, राजनीतिक एवं आर्थिक व्यवस्थाएं अन्य देशों से भिन्न है अतः विदेशी आदर्श हूबहू नहीं अपनाएं जा सकते हैं। संविधान निर्मात्री सभा पर यह भी दोषारोपण किया जाता है कि सभा ने विदेशी राजव्यवस्थाओं को सीधे–सीधे ग्रहण किया हैं, इसलिए संविधान में मौलिकता का अभाव है किन्तु यह सच्चाई का एक पक्ष होते हुए भी कहा जा सकता है कि संविधान निर्माताओं ने विदेशी आदर्शों में देश की आवश्कतानुसार उचित परिमार्जन किया। विदेशी राज–व्यवस्थाओं को अपनाते हुए भी संविधान निर्माताओं ने पूर्णतः उन आदर्शों का भारतीयकरण किया। संघात्मक शासन व्यवस्था, संसदीय व्यवस्था, न्यायिक पुनरावलोकन, स्वतंत्र न्यायपालिका आदि। आदर्श विदेशी राजव्यवस्थाओं से स्वीकार्य किए गए तथापि उन्हें विदेशी अनुकृति नहीं कहा जा सकता है। भारत ने संसदीय व्यवस्था ब्रिटेन से ग्रहण की लेकिन क्या भारतीय संसदीय व्यवस्था ब्रिटेन की

अनुकृति है? संविधान–निर्माताओं ने कदाचित् अध्यक्षात्मक शासन प्रणाली पर संसदीय व्यवस्था को प्राथमिकता दी क्योंकि भारत को संसदीय व्यवस्था के संचालन का अनुभव था। ब्रिटिश शासन के दौरान स्थापित एंव कार्यरत संस्थाओं को बनाये रखना व्यवहारिकता थी। जैसाकि **पंडित जवाहरलाल नेहरू** लिखते हैः– "हमने संसदीय लोकतांत्रिक प्रणाली को सोच–समझकर चुना है। हमने इसे केवल इसी कारण नहीं चुना कि हमारा सोचने का तरीका कुछ हद तक ऐसा ही रहा है बल्कि इस कारण भी कि यह प्रणाली हमारी पुरातन परम्पराओं के अनुरूप है। स्वाभाविक है कि पुरातन परम्पराओं का पुरातन स्वरूप में नहीं अपितु नई परिस्थितियों और वातावरण के अनुसार बदलकर अनुसरण किया गया है। इस पद्धति को चुनने का एक कारण यह भी है कि हमने देखा है कि अन्य देशों में, विशेष रूप से यूनाइटेड किंगडम में यह प्रणाली सफल रही है।"

संविधान सभा में अध्यक्षात्मक शासन प्रणाली के समर्थकों की संख्या भी काफी थी। उनके समाधान के लिए संविधान निर्माताओं को पर्याप्त कारण बताने पड़े थे। अध्यक्षात्मक शासन के समर्थकों को जोरदार तर्क यह था कि कार्यपालिका को विधानमंडल से स्वतंत्र बनाकर ही उसे शक्तिशाली और स्थिर बनाया जा सकता है। संविधान निर्माताओं ने इसका उत्तर यह दिया था कि इंग्लैंड के अनुभव ने यह सिद्ध कर दिया है कि संसदीय व्यवस्था (मंत्रिमंडलीय सरकार) अनिवार्यतः निर्बल और अस्थिर नहीं होती है और अध्यक्षात्मक प्रणाली में स्थिर अध्यक्ष होने पर इस बात की संभावना सदैव बनी रहेगी कि विधानमंडल के साथ झगड़ा होता रहेगा तो एक कमजोरी बन जायेगा। वहीं दूसरी बड़ी कठिनाई यह आएगी कि केन्द्र में अध्यक्षीय शासन होने पर इकाइयों (राज्यों में) में भी अध्यक्षीय सरकारें होगी, क्या गवर्नरों को राज्यों का वास्तविक शासन बनाना एक प्रतिगामी कदम नहीं होगा? अतीत के अनुभवों को ध्यान में रखते हुए भारत में संसदीय व्यवस्था ही युक्तिसंगत रहेगी। जो कि ब्रिटिश शासनकाल में केन्द्र तथा प्रान्तों में लागू थी। **के.एम. मुंशी** ने कहा कि "इस अनुभव के बाद हम इस परम्परा को क्यों छोड़ दें और नया प्रयोग

क्यों करें।" के. एम. मुंशी हालाकि संविधान सभा में संसदीय व्यवस्था के सबसे प्रबल समर्थकों में से एक थे। उन्होंने आगे लिखा कि "संविधान निर्माण के समय हम सबने सोचा था कि हम संसदीय लोकतंत्र और ब्रिटेन की मंत्रिमंडलात्मक व्यवस्था को सफल बना लेंगे। अब यह स्वीकार कर लिया जाना चाहिए कि यह प्रयोग असफल रहा है। यदि मुझे दुबारा चयन करना हो, तो मैं अपना मत अध्यक्षात्मक शासन के पक्ष में दूंगा, जिससे जब कभी राजनीतिज्ञों से देश को निराशा प्राप्त हो, तब राज्य का कम से कम एक अंग संकट से पार पाने की क्षमता रखता हो।"

जेम्स ब्राइस जो लोकतांत्रिक व्यवस्था के अधिकारिक विद्वान है उनका मत है कि "संसदीय व्यवस्था दलबंदी की भावना को बढ़ावा देती है। यदि राष्ट्र के सम्मुख नीति संबंधी महत्त्वपूर्ण प्रश्न न हो तो भी पद प्राप्त करने की होड़ लगी रहती है। एक दल के पास सत्ता होती है तथा दूसरा उसे लेने की इच्छा रखता है, यह झगड़ा कभी समाप्त नहीं होता है क्योंकि पराजित होने के शीघ्र बाद ही हारा हुआ दल विजेताओं को हटाने में लग जाता है।"

वस्तुतः संविधान सभा में कार्यपालिका के स्वरूप को लेकर व्यापक बहसें हुई। अन्ततः निर्णय यह लिया गया कि भारत अतीत के अनुभवों से पीछे नहीं लौट सकता है। 04 नवम्बर 1948 को संविधान का प्रारूप संविधान सभा में पेश करते हुए और संसदीय शासन प्रणाली के लिए सिफारिश करते हुए प्रारूप समिति के सभापति **डॉ. बी. आर. अम्बेडकर** ने कहाकि "संविधान के प्रारूप में संसदीय शासन प्रणाली की सिफारिश करते हुए अधिक स्थिरता की अपेक्षा अधिक उत्तरदायित्त्व को प्राथमिकता दी गई है।" अन्त में 26 जनवरी 1950 को स्वतंत्र भारत के गणराज्य का संविधान लागू कर दिया गया, अन्य सभी शाखा–प्रशाखाओं में संसदीय शासन प्रणाली स्थापित हो गई। संविधान सभा भारत की अस्थायी संसद बन गई और 1952 में सम्पन्न प्रथम आम चुनावों तक यही अस्थायी संसद कार्य करती रही। अंतर्कालीन संसद एकसदनात्मक विधानमंडल था, जो प्रत्यक्ष रीति से चुनकर नहीं आया था उसकी सदस्य संख्या सीमित

थी। ब्रिटिश भारतीय प्रांतों, प्रान्तीय सभाओं के सदस्य अप्रत्यक्ष रीति से निर्वाचित तथा देशी राज्यों के प्रतिनिधि शासकों द्वारा निर्वाचित किए गए थे। अन्तरिम संसद में कुल 296 सदस्य (1950) थे। 1951 में देशी राज्यों के प्रतिनिधियों के प्रवेश से यह संख्या बढ़कर 313 हो गई। अन्तरिम संसद दो वर्ष दो माह बाइस दिन कार्य करती रही। नये संविधान के अन्तर्गत प्रथम आम चुनाव 25 अक्टूम्बर 1951 से 21 फरवरी 1952 तक हुए। प्रथम निर्वाचित संसद के दो सदन थे– राज्यसभा (उच्च सदन) तथा लोकसभा (निम्न सदन)। प्रथम लोकसभा का गठन 17 अप्रैल 1952 को तथा राज्यसभा का मई 1952 में हुआ। 1952 से लेकर अब तक पन्द्रह लोकसभायी चुनाव हो चुके है।

पहली लोकसभा में 499 सदस्य थे जिनमें कांग्रेस को 364 स्थान प्राप्त हुए यानि 70 प्रतिशत से अधिक सीटें प्राप्त हुई। संसदीय दल या विपक्ष के रूप में मान्यता प्राप्त कोई दल नहीं था। लोकसभा के अधिकांश सदस्य अभिजात्य वर्ग से संबंधित थे। शहरों में पले, विदेशों तथा कान्वेंट तथा मंहगी पब्लिक स्कूलों में पढ़े लिखे लोग थे। वकीलों और बैरिस्टरों का बड़ा वर्ग सदन में था। महिलाओं की संख्या केवल 4.4 प्रतिशत थी। साम्यवादी रेणु चक्रवती संसद में महिलाओं की ओर से विचार रखने वाली थीं, उसने सदन का सबसे अधिक समय लिया। इस लोकसभा में संसदीय प्रकिया के मर्मज्ञ, आत्मलोचक तथा प्रबुद्ध विद्वान थे जो अपने विषय पर साधिकार बोलते थे। जिनमें पंडित जवाहरलाल नेहरू, पुरूषोतमदास टंडन, स्वर्ण सिंह, एन.वी. गाडगिल, हरेकृष्ण मेहताब, एस. के. पाटिल, आर.वी. वेकटरमन, प्रो. एन.जी. रंगा, सेठ गोविन्ददास, ठाकुरदास सत्तापक्ष की ओर से तथा विपक्ष की ओर से प्रखर वक्ता और कुशल संसज्ञ थे जैसे– आचार्य कृपलानी, अशोक मेहता, डॉ. श्यामाप्रसाद मुखर्जी, हीरेन मुखर्जी, रेणु चक्रवती, डॉ. लंकासुन्दरम्, सरदार हुकमसिंह, एच.वी. कामथ, मेघनाथ साहा तथा ए.के. गोपालन। विपक्ष संख्या बल में कमजोर होने के बावजूद गुणात्मक रूप से अधिक शक्तिशाली था। विपक्ष के तीक्ष्ण प्रहारों के कारण ही 1956 में टी.टी. कृष्णामाचारी को मंत्री पद छोड़ना पड़ा था।

चुनावी राजनीति (1952–2009)

क.सं.	लोकसभा	वर्ष	मतदाता (करोड़ में)	कुल सीटें	मतदान केन्द्र	प्रत्याशी कुल संख्या	मतदान प्रतिशत	चुनावी व्यय (करोड़ में)	महिला प्रत्याशी	निर्वाचित महिलाएं
01.	प्रथम	1952	17.30	489	196084	01874	61.16	0010.45	053	22
02.	दूसरी	1957	19.40	499	220478	01591	63.79	0005.90	045	27
03.	तीसरी	1962	21.60	494	238244	01985	55.42	0007.82	070	35
04.	चौथी	1967	25.10	520	267555	02369	61.33	0010.95	067	30
05.	पांचवी	1971	27.40	518	342944	02784	55.29	0014.43	086	21
06.	छठी	1977	32.10	542	358208	02439	60.49	0029.81	070	19
07.	सातवीं	1980	36.20	542	434442	04620	56.92	0037.07	141	28
08.	आठवीं	1985	38.90	542	505751	05481	62.43	0078.28	164	42
09.	नवीं	1989	50.20	543	589449	06160	60.11	0110.15	198	27
10.	दसवीं	1991	51.40	543	594791	08699	55.57	0320.00	324	36
11.	ग्यारहवीं	1996	59.20	543	767462	13952	57.94	0518.00	599	40
12.	बारहवीं	1998	60.50	543	850000	04750	62.00	0664.00	274	43
13.	तेरहवीं	1999	60.58	543	745000	04648	58.03	0900.00	277	49
14.	चौदहवीं	2004	67.15	543	700121	05435	57.86	1300.00	176	45
15.	पन्द्रहवीं	2009	71.37	543	8,34,944	08070	59.00	—	556	59

प्रथम आम चुनावों में राजनीतिक दलों की स्थिति (1952)

दल	प्रत्याशियों की संख्या	प्राप्त–स्थान	कुल मतदान का प्रतिशत
कांग्रेस	0479	364	44.99
साम्यवादी दल	0049	016	03.30
समाजवादी दल	0256	012	10.60
किसान मजदूर जनता पार्टी	0149	009	05.80
जनसंघ	0093	003	03.10
अन्य दल	0327	044	16.40
निर्दलीय	0524	041	15.80
योग	**1874**	**489**	**100**

प्रथम लोकसभा ने विधायी कार्यों में नाप–तौल के सत्र में मुद्रा एवं मैट्रिक प्रणाली लागू करने, बैंकिग कम्पनियों को रिजर्व बैंक के अधीन करने, कृषिगत उत्पादों का भंडारण, जीवन बीमा निगम के राष्ट्रीयकरण करने, हिन्दू विवाह अधिनियम, हिन्दू उत्तराधिकार अधिनियम, विशेष विवाह अधिनियम, विश्वविद्यालय अनुदान आयोग के गठन तथा भारतीय चिकित्सा परिषद् अधिनियम आदि प्रमुख थे। पंडित नेहरू ने प्रथम लोकसभा के कार्यकाल को महान परिवर्तनशीलता और उतार–चढ़ाव का काल बताया।

दूसरे आम चुनाव में दलीय स्थिति (1957)

दल	प्राप्त स्थान	मतों का प्रतिशत
भारतीय राष्ट्रीय कांग्रेस	371	47.8
भारतीय साम्यवादी दल	027	08.9
प्रजा समाजवादी दल	019	10.4
भारतीय जनसंघ	009	05.9
अन्य दल	042	19.4
निर्दलीय	030	07.6
योग	**498**	**100**

दूसरी लोकसभा के चुनाव 24 फरवरी से 14 मार्च 1957 तक सम्पन्न हुए। दूसरी लोकसभा में 499 सदस्य थे इनमें से 493 स्थानों पर निर्वाचन हुआ। कांग्रेस को 371 स्थानों पर जीत हासिल हुई। कोई भी दल मान्यता प्राप्त विपक्ष नहीं बन सका।

दूसरी लोकसभा में प्रख्यात सांसद शामिल थे सत्तापक्ष में पंडित जवाहरलाल नेहरू, अंनतशयनम् आयंगर, बलदेव सिंह, हरिशचन्द्र माथुर, मौलाना आजाद, फीरोज गांधी, बलवंतराय मेहता, विजयराजे सिंधिया, महावीर त्यागी, तारकेश्वरी सिन्हा, सुचेता कृपलानी, सैयद महमूद, श्यामनंदन मिश्र, एन.जी. रंगा, एल.एन. मिश्र, जयसुखलाल इत्यादि। विपक्ष में जे.बी. कृपलानी, रेणु चक्रवती, हीरेन मुखर्जी, अटलबिहारी वाजपेयी, एन.जी. गोरे तथा ए.के. गोपालन। मीनू मसानी निर्दलीय सदस्य थे। महिला संसज्ञों की संख्या 27 थी। मूदड़ा कांड ने संसदीय लोकतंत्र की शक्ति को साबित कर दिया। इस कांड की न्यायिक जांच हुई तथा संबंद्ध वित्तमंत्री टी.टी. कृष्णामाचारी को अपने पद से त्यागपत्र देना पड़ा। मूदड़ा कांड में जांच कर रहे **न्यायमूर्ति चांगला** ने कहाकि ''मंत्री को अपने अधीन काम करने वाले कर्मचारियों की पूरी जिम्मेवारी उठानी चाहिए। उसे यह कहने की अनुमति नहीं दी जा सकती है कि उसके अधीन काम करने वाले कर्मचारियों ने उसकी नीति का पालन नहीं किया था, उसकी इच्छाओं अथवा निर्देशों के विरूद्ध आचरण किया।'' उल्लेखनीय है कि मूदड़ा कांड कांग्रेस के सदस्यों ने ही उजागर किया था। बेरूबारी मामला उच्चतम न्यायालय में परामर्श के लिए भेजना पड़ा। केरल की निर्वाचित कम्यूनिस्ट सरकार को बर्खास्त कर राष्ट्रपति शासन थोपा गया।

पंडित जवाहरलाल नेहरू के एक पूर्व सचिव एम.ओ. मथाई के विरूद्ध विशेषाधिकार हनन का मुद्दा अटलबिहारी वाजपेयी ने उठाया तो **पंडित जवाहरलाल नेहरू** ने कहाकि ''जब सदन का एक अंग चाहता है कि कुछ किया जाना चाहिए तो फिर मामला ऐसा नहीं रह जाता है जिसे बहुमत से तय किया जाए और उन भावनाओं की अवहेलना कर दी जाए।'' बाद में विशेषाधिकार समिति ने सलाह दी कि सदन को ऐसी बातों की ओर ध्यान नहीं देना चाहिए, मथाई मामले में कोई कार्यवाही न की जावे।

11 अप्रैल 1961 को लोकसभा में आचार्य जे.बी. कष्पलानी ने जो भाषण दिया था, उसे साप्ताहिक ब्लिट्ज ने 'कृपलानी महाभियोग– बुरे, काले, नंगे झूठ' के शीर्षक से खिल्ली उड़ायी है। जिससे कृपलानी की मानहानि हुई है, ये मुद्दा लोकसभा सदस्य खुशवंत राय ने रखा। सदन ने यह मामला विशेषाधिकार समिति का सौंपा। समिति की रिपोर्ट में ब्लिट्ज के संपादक आर.के. करजिया को दोषी पाया गया तथा सदन में बुलाकर संपादक (आर.के. करजिया) तथा संवाददाता ए. राघवन की कड़ी भर्त्सना की। दूसरी लोकसभा के कार्यकाल में दूसरी पंचवर्षीय योजना पूर्ण हुई तथा तीसरी पंचवर्षीय योजना की शुरूआत हुई।

पंडित जवाहरलाल नेहरू ने संसदीय शासन की दसवर्षीय सफलता पर गर्व करते हुए कहाकि "हमने दूसरे देशों की कुछ पद्धतियों, उनके नियमों और विनियमों को अपनाया है लेकिन उन्हें अपना बना लिया है। हमने संसदीय शासन को भारत की प्रतिभा और भारत की सुदीर्घ परम्पराओं के अनुरूप ढ़ाल लिया है। मुझे आशा है कि हम इस बुनियादी तंत्र को जारी रखेंगे। जरूरत पड़ने पर उसमें थोड़े बहुत परिवर्तन भी करेंगे जो हमारे लोगों की प्रतिभा के अनुकूल होगें, इसका अर्थ है जनता की सम्प्रभुता।"

दलीय सफलता तालिका (1962)

दल	निर्वाचित प्रत्याशी	कुल स्थानों का प्रतिशत
1. कांग्रेस	361	73.5
2. भारतीय साम्यवादी दल	029	05.8
3. स्वतंत्र पार्टी	022	04.4
4. जनसंघ	014	02.8
5. प्रजा समाजवादी दल	012	02.4
6. द्रविडमनेत्र कषगम्	007	01.4
7. भारतीय समाजवादी दल	006	01.2
8. अन्य दल	023	04.5
9. निर्दलीय	020	04.0
योग	**494**	**100**

तीसरी लोकसभा चुनावों में भी कांग्रेस दल को भारी बहुमत प्राप्त हुआ, उसे 361 स्थानों पर जीत हासिल हुई। दूसरे स्थान पर साम्यवादी दल था उसे 29 स्थान प्राप्त हुए।

तीसरे लोकसभायी चुनाव में प्रथम तथा द्वितीय लोकसभायी चुनाव–पद्धति में परिवर्तन करते हुए मतपत्र को चिन्हित करने की पद्धति अपनायी गई। प्रथम तथा द्वितीय आम चुनाव में मतदान केन्द्र पर अलग–अलग मतपेटी रखने की व्यवस्था थी, उसे दोषपूर्ण समझा गया। मतपत्र चिन्हित करने का पहला प्रयोग 1960 में केरल विधानसभा उपचुनाव में किया गया था बाद में राष्ट्रव्यापी रूप में स्वीकार कर लिया गया। महिलाओं की संख्या बढ़कर 34 हो गई। श्रीमती गांधी भारत की प्रथम महिला प्रधानमंत्री बनी। लोकसभा में कृषक वर्ग की बड़ी संख्या पहुंची। नेहरू तथा शास्त्री की मृत्यु, 1962 में चीन द्वारा भारत पर आक्रमण, 1965 में पाकिस्तान के साथ युद्ध आदि विपदाओं के बाद भी संसद ने सही नेतृत्त्व कर उत्तरदायित्त्व का परिचय दिया।

तीसरी लोकसभा में सत्तापक्ष के सदस्य थे– रामसुभागसिंह, श्रीमती विजयराजे सिंधिया, ए.के. सेन, जी.जी. स्वेल, महावीर त्यागी, के.सी. पंत, श्रीमती विजयलक्ष्मी पंडित, के.डी. मालवीय, भगवत झा आजाद, वी.सी. शुक्ला, दिनेशसिंह, बी.आर. भगत, एम.एल. द्विवेदी, ए.सी. गुहा, श्रीमती सुभद्रा जोशी, हुमायू कबीर, गोपाल रेड्डी, अन्ना साहब पी. शिदें, एम.एल. सिंघवी, सुरेन्द्रपाल सिह, के.एम. तिवारी इत्यादि। वहीं विपक्ष सदस्यों में डॉ. राममनोहर लोहिया, मनीराम बागड़ी, मधुलिमये, प्रकाशवीर शास्त्री, रेणु चक्रवर्ती, हीरेन मुखर्जी, एच.वी. कामथ तथा जे.बी. कृपलानी आदि प्रमुख थे। लोकसभा के दबाव के कारण रक्षामंत्री वी.के. कृष्णामेनन, खान एवं रेलमंत्री के.डी. मालवीय, वितमंत्री टी.टी. कृष्णामाचारी तथा गृहमंत्री कार्य मंत्री गुलजारी लाल नंदा को पद–त्याग करना पड़ा।

संसद ने नेतृत्त्व का प्रश्न बड़ी सरलता से हल किया। विदेश नीति में आदर्शवादी को त्यागा तथा तिब्बत के दलाई लामा को शरण दी।

चौथी लोकसभा के चुनाव जिन्हें मतपत्र की क्रांति की संज्ञा दी जाती है, निराशा, अनिश्चितता और लगभग आंदोलन के वातावरण में सम्पन्न

हुए। चौथे आम चुनाव अपने आप में ऐतिहासिक थे क्योंकि ये लोकतांत्रिक परिवर्तन के प्रतीक बने। इन चुनावों में दल–प्रतिबद्ध मतदाता बिखर गया, उनकी दलीय निष्ठाएं बदली और कांग्रेस का एकाधिकार समाप्त हो गया। इन चुनावों में मतदाता क्षेत्रीय एवं राज्यीय दलों की ओर आकर्षित हुआ जिसका नतीजा यह निकला कि राष्ट्रीय स्तर से लेकर राज्यस्तर तक दलों की भरमार हो गई। लोकसभा में कृषक वर्ग से आने वाले सदस्यों की संख्या अधिक रही दूसरे नंबर पर राजनीतिक एवं सामाजिक कार्यकर्ता रहे। कांग्रेस दल के भीतर सैद्धान्तिक, व्यक्तिपरक और सत्तागत संघर्ष पनपा। जिसका दृष्टान्त वी.वी. गिरि, संजीव रेड्डी के राष्ट्रपति चुनाव में देखने को मिला।

सन् 1969 में कांग्रेस दल का विभाजन दो धड़ों में हो गया कांग्रेस संगठन (ओ) तथा कांग्रेस (आई)। सत्ताधारी कांग्रेस (आई) अल्पमत में आ गई। कांग्रेस (संगठन) को एक नयी संसदीय पार्टी तथा प्रतिपक्ष के रूप में मान्यता प्रदान की गई।

दलीय सफलता (1967)

दल	कुल प्रत्याशी (चुनाव लड़े)	प्रत्याशी जीतें	मतों का प्रतिशत प्राप्त वैध
1. इंडियन नेशनल कांग्रेस	0516	283	40.8
2. स्वतंत्र	0178	042	08.5
3. जनसंघ	0249	035	09.3
4. संयुक्त समाजवादी दल	0123	023	04.9
5. भारतीय साम्यवादी दल	0104	023	04.9
6. भारतीय साम्य. दल (मार्क्सवादी)	0063	019	04.5
7. प्रजा समाजवादी दल	0110	013	03.1
8. भारतीय रिपब्लिकन पार्टी	0072	001	02.5
9. अन्य दल	0080	039	07.1
10. निर्दलीय	0368	042	14.4
योग	**1863**	**520**	**100**

चौथी लोकसभा में विपक्ष के प्रभावशाली सदस्य थे– आचार्य कृपलानी, डॉ. राममनोहर लोहिया, मधुलिमये, हीरेन मुखर्जी, प्रकाशवीर शास्त्री, अटलबिहारी वाजपेयी, पीलू मोदी, एम.आर. मसानी, प्रो. एन.जी. रंगा, सुचेता कृपलानी, जार्ज फर्नांडीस, इन्द्रजीत गुप्त, बलराज मधोक, हेम बरूआ तथा नाथ पाई आदि। वहीं सत्ता पक्ष में भी कुशल संसज्ञों का अभाव नहीं था। डॉ. त्रिगुण सेन, अशोक मेहता, के.एल. राव, एम.सी. छागला, दिनेश सिंह, आई.के. गुजराल, के.सी. पंत, डॉ. कर्णसिंह तथा तारकेश्वरी सिन्हा आदि। हालाकि चौथी लोकसभा में कांग्रेस अध्यक्ष कामराज व अतुल्य घोष और एस.के. पाटिल जैसे कांग्रेस के बड़े नेता चुनाव में पराजित हो गए थे। पूर्व आम चुनावों की तुलना में चतुर्थ आम चुनाव में कांग्रेस को असफलता मिली जिसके निम्न कारण बताएं जा सकते हैः–

1. नेहरू रूपी वटवृक्ष का राष्ट्रीय क्षितिज से अवसान।
2. नए नेतृत्व इंदिरा गांधी की छवि का उभार पर न होना।
3. सन् 1962 में भारत की चीन युद्ध में पराजय, कांग्रेस की विदेश नीति के कारण भू–क्षेत्र का पुनः प्राप्त न होना।
4. खाद्यानों, एवं महंगाई का मुद्दा।
5. कांग्रेस दल में गुटबंदी एवं धड़ेबंदी का विस्तार।
6. विरोधी दलों के आंदोलनों से कांग्रेस की छवि को मलीन करना।
7. जनता परिवर्तन और बदलाव की मनोदशा में।
8. जनता विरोधी दलों की घोषणाओं को परखना चाहती थी।
9. दलों में आन्तरिक लोकतंत्र का सवाल।

चौथी लोकसभा की खास उपलब्धि यह रही कि गैर–कांग्रेस विपक्ष की आपस में तालमेल की प्रकिया बनाकर आगे बढ़ा। लोकसभा से ही लोकलेखा समिति का अध्यक्ष विपक्ष से होने की परम्परा पड़ी।

पांचवीं लोकसभा (1971–1977) में इंदिरा गांधी के नेतृत्त्व में कांग्रेस एक बार पुनः भारी बहुमत से सत्ता में लौटी। प्रमुख विपक्षी दल कांग्रेस (ओ) को लज्जाजनक पराजय का मुंह देखना पड़ा। केवल सोलह स्थानों

पर ही संतोष करना पड़ा। जनसंघ, सी.पी.आई., सी.पी.एम., स्वतंत्र पार्टी तथा दोनों सोशलिस्ट पार्टी के कुछ खास उम्मीदवार ही निर्वाचित हुए। पार्टियों की हार के कारण दलों में बिखराव एवं विभाजन हो गया, सदन में प्रमुख विपक्षी पहुंचे उनमें अटलबिहारी वाजपेयी, पीलू मोदी, मधुलिमये एवं ज्योर्तिमय बसु आदि प्रमुख थे। इस लोकसभा में दलीय स्थिति इस प्रकार रहीः–

पांचवी लोकसभा (1971–77)

क.स.	दल का नाम	लोकसभा में प्राप्त स्थानों की संख्या
01.	कांग्रेस (आई)	352
02.	भारतीय साम्यवादी दल (मार्क्सवादी)	025
03.	भारतीय साम्यवादी दल	023
04.	द्रविड मुनेत्र कड़गम	023
05.	जनसंघ	022
06.	कांग्रेस (संगठन)	016
07.	स्वतंत्र पार्टी	008
08.	संयुक्त समाजवादी दल	003
09.	प्रजा समाजवादी दल	002

पांचवी लोकसभा कई प्रकार से महत्त्वपूर्ण रही। राष्ट्रीय एवं अंतरराष्ट्रीय स्तर पर अनेक ऐसी घटनायें हुई, जिनको लेकर संसद में गंभीर वाद–विवाद हुए। नागरवाला मामले में स्टेट बैंक द्वारा मौखिक आदेश पर 60 लाख रूपयों को दिये जाने तथा आन्तरिक सुरक्षा व्यवस्था के मुद्दे पर विपक्ष ने हंगामा किया। न्यायाधीशों की वरीयता के मामले को इंदिरा गांधी द्वारा अनदेखा किये जाने पर जबरदस्त वाद–विवाद हुआ। देश में व्यापक सूखे, मुद्रास्फीति तथा हड़तालों के कारण देश में ऊहापोह की स्थिति रही। 1974 में जयप्रकाश नारायण ने समग्र क्रांति आंदोलन के द्वारा मृतप्राय विपक्ष में नई जान फूंक दी। 1975 में आन्तरिक आपातकाल की उद्घोषणा ने विपक्ष को सलाखों के पीछे कर दिया। सबसे अधिक आलोचना दो बार, एक–एक वर्ष के लिये लोकसभा का कार्यकाल बढ़ाने तथा संविधान

के 24वें संशोधन के कारण हुई। आन्तरिक आपातकाल में समाचार पत्रों के प्रकाशन को सेन्सर कर दिया गया। विपक्ष के नेताओं का विचार था कि श्रीमती गांधी ने आपातस्थिति की घोषणा अपनी कुर्सी को बचाने के लिये की थी। 12 जून 1976 को इलाहाबाद उच्च न्यायालय ने अपने एक निर्णय में श्रीमती गांधी के निर्वाचन को अवैध घोषित कर दिया तथा उन्हें छह वर्ष के लिए संसद के किसी सदन के लिए निर्वाचित होने के अयोग्य करार दिया। न्यायाधीश ने श्रीमती गांधी को बीस दिन का समय दिया जिसमें वे न्यायालय के निर्णय के विरूद्ध उच्चतम न्यायालय में अपील कर सकती थी। 18 जून को कांग्रेस संसदीयदल की बैठक हुई जिसमें गांधी के नेतृत्त्व में विश्वास प्रकट किया गया जबकि विपक्ष का मानना था कि श्रीमती गांधी का प्रधानमंत्री बने रहना गैर–कानूनी था। तत्कालीन कांग्रेस अध्यक्ष देवकांत बरूआ ने कहा कि 'भारत इंदिरा है और इंदिरा भारत'। 18 जनवरी 1977 को प्रधानमंत्री श्रीमती गांधी की सिफारिश पर पांचवी लोकसभा को असाधारण परिस्थितियों में भंग किया गया तब आपात–स्थिति एवं जयप्रकाश नारायण के आंदोलन के कारण देश में व्यापक असंतोष था तथा कांग्रेस सरकार की स्थिति संकटापन्न थी हालांकि 1971 में भारत ने पाकिस्तान पर निर्णायक विजय (बंगलादेश–निर्माण) प्राप्त की। पाकिस्तान के साथ शिमला समझौता हुआ। भारत–सोवियत मैत्री सन्धि पर हस्ताक्षर हुए। 16 दिसम्बर 1971 को श्रीमती इंदिरा गांधी के संसद में घोषणा की कि एक लाख पाकिस्तानी सिपाहियों ने ढाका में आत्मसमर्पण की घोषणा की। श्रीमती गांधी 'आयरन लेडी' के रूप में उभरी। पाकिस्तान की ओर से लेफ्टिनेट जनरल ए.ए.के. नियाजी ने आत्म–समर्पण किया और भारत तथा बंगलादेश की ओर से लेफ्टिनेट जनरल जगजीत सिंह अरोड़ा ने आत्मसमर्पण स्वीकार किया। यह भारतीय इतिहास का एक गौरवपूर्ण क्षण था। पांचवी लोकसभा के कार्यकाल में श्रीमती गांधी की कीर्ति–पताका जहां पाकिस्तान–विजय, पोकरण प्रथम परमाणु परीक्षण, के कारण उच्चतम शिखर पर पहुंची हुई थी वहीं आपातकाल की घोषणा एवं परिवार–नियोजन के कार्यक्रमों में अत्याधिक

कठोरता बरते जाने के कारण वह बहुत बदनाम भी हुई। विपक्ष ने इस अवसर का लाभ उठाते हुए 'लोकतंत्र बनाम तानाशाही' का नारा बुलन्द किया। श्रीमती इंदिरा गांधी के समर्थक तो उनके सैंडलों को ही अपनी तीर्थस्थली तक मानने लगे थे।

छठी लोकसभा का चुनाव 16 से 20 मार्च 1977 को सम्पन्न हुए। लोकसभा में चार प्रमुख दल कांग्रेस (ओ), भारतीय जनसंघ और सोशलिस्ट पार्टी ने मिलकर एक नई पार्टी बना डाली, जिसका नाम जनता पार्टी रखा गया। पूर्व केन्द्रीय मंत्री जगजीवनराम ने कांग्रेस छोड़कर 'कांग्रेस फॉर डेमोक्रेसी' बनायी। इन दोनों नवोदित दलों ने एक कांग्रेस विरोधी मोर्चा तैयार किया। जनता पार्टी को निर्वाचन के लिये मान्यता नहीं मिलने के कारण, जनतापार्टी तथा कांग्रेस फॉर डेमोक्रेसी के सदस्यों ने कांग्रेस (संगठन) अथवा भारतीय लोकदल के चिन्हों पर चुनाव लड़ा, इन दलों को प्रादेशिक दलों का भी समर्थन प्राप्त था। जनतापार्टी तथा कांग्रेस फॉर डेमोक्रेसी को चुनाव में क्रमशः 269 तथा 28 स्थान प्राप्त हुए। कांग्रेस को लोकसभा में मात्र 152 स्थान ही प्राप्त हुए। आजादी के बाद पहला अवसर था कि कांग्रेस को इतने कम स्थानों पर संतोष करना पड़ा।

छठी लोकसभा में दलीय स्थिति (1977–79)

क.स.	दल का नाम	उम्मीदवारों की संख्या	प्राप्त मत	वैध मतों का प्रतिशत
01.	कांग्रेस	492	152	34.5
02.	जनता पार्टी, कांग्रेस फॉर डेमोक्रसी, लोकदल, कांग्रेस(संगठन)	421	297	43.0
03.	साम्यवादी दल	091	007	02.8
04.	साम्यवादी दल(मार्क्सवादी)	053	022	04.3

उत्तरी भारत के अधिकतर राज्यों में कांग्रेस को भारी पराजय का सामना करना पड़ा। दक्षिण में कांग्रेस को अच्छी सफलता हासिल हुई, जिसके निम्न कारण बताये जा सकते हैं–

1. दक्षिण में परिवार नियोजन कार्यक्रम को कठोरता से नहीं चलाया जाना।
2. कांग्रेस कार्यकर्ताओं को एकजुट होना।
3. जेपी जैसा दक्षिण में कोई विपक्ष का नेता नहीं था।
4. दक्षिण के राज्य आन्तरिक आपात तथा व्यवस्था के समर्थक थे। अतः दक्षिण के परिणाम कांग्रेस के पक्ष में रहे।

24 मार्च को मोरारजी देसाई को प्रधानमंत्री पद की शपथ दिलाई, वे देश के पहले गैर–कांग्रेसी प्रधानमंत्री थे। कांग्रेस पहली बार मान्यता प्राप्त विपक्ष बनी। इतना ही नहीं, मान्यता प्राप्त विपक्ष के नेता के लिए पहली बार वेतन एवं भत्ता अधिनियम बनाया गया। छठी लोकसभा के कुल कार्यकाल के दौरान तीन बार और तीन सदस्यों को विपक्ष के नेता के रूप में मान्यता प्रदान की गई। यशवंत राव चाव्हाण, सी.एन. स्टीफेन तथा जगजीवनराम विपक्ष के नेता रहे। जनता पार्टी की सरकार जल्दी ही सत्ताधारी नेताओं की अपनी–अपनी महत्त्वकांक्षाओं के कारण डगमगाने लगी। विपक्ष के नेता यशवंत राव चाव्हाण ने 10 जुलाई 1979 को मोरारजी देसाई सरकार के विरूद्ध अविश्वास प्रस्ताव रखा। 16 जुलाई 1979 को विश्वासमत लिया जाना था, 15 जुलाई 1979 को ही मोरारजी देसाई ने पद से त्यागपत्र दे दिया। राष्ट्रपति ने विपक्ष के नेता को सरकार बनाने के लिए आमंत्रित किया लेकिन वाई.वी. चाव्हाण ने सरकार बनाने से साफ इन्कार कर दिया। चौधरी चरणसिंह को आमंत्रित किया गया कि वे सरकार बनाए। 27 जुलाई 1979 को मोरारजी देसाई ने जनता संसदीय दल से इस्तीफा दे दिया और सक्रिय राजनीति से सन्यास की घोषणा की। मोरारजी देसाई के त्यागपत्र के बाद जगजीवनराम जनता संसदीय दल के नेता निर्वाचित हुए। 28 जुलाई को चौधरी चरणसिंह ने प्रधानमंत्री पद की शपथ ली। लेकिन जब मंत्रिपरिषद् ने उनके विरूद्ध अविश्वास का प्रस्ताव रखा तो उन्होंने त्यागपत्र दे दिया। वे भारत के अकेले प्रधानमंत्री

थे जिन्होंने एक दिन भी संसद का सामना नहीं किया। जनता संसदीय दल के नेता जगजीवनराम के दावों की ओर ध्यान नहीं देते हुए लोकसभा भंग कर दी तथा मध्यावधि चुनाव हुए। जनता पार्टी का अपना पूरा ध्यान 'इंदिरा गांधी विरोध' पर आधारित था, उनके विरूद्ध अनेक मामले चालू किए। उन्हें लोकसभा से निकाला गया तथा जेल तक करवायी गई। जनता पार्टी दो गुटों में बंट गई जिसके एक नेता चन्द्रशेखर थे तथा दूसरे चौधरी चरणसिंह एवं राजनारायण, दोनों गुटों की प्रतिस्पर्धा के कारण सरकार गिर गई। लोकनायक जयप्रकाश नारायण का स्वप्न भंग हो गया। पहली गैर–कांग्रेस (जनता पार्टी) सरकार का प्रयोग विफल रहा। राजनारायण ने जनतापार्टी छोड़ते हुए कहा था कि दल को बाहर से तथा चरणसिंह को भीतर से तोड़ेंगे। उन्होंने ऐसा करके दिखाया भी। चौधरी चरणसिंह ने प्रधानमंत्री का पद ग्रहण करने के बाद कहा था कि 'मेरी पुरानी साध' पूर्ण हुई। इन कथनों से ही स्पष्ट है कि निजी महत्त्वाकांक्षायें कितनी हावी थी। चौधरी चरणसिंह की किसान रैली क्या शक्ति का आकलन नहीं थी? वस्तुतः आन्तरिक कलह, अनुशासनहीनता, घटकवाद, विश्वासघात एवं व्यक्तिगत महत्त्वाकांक्षाओं के कारण छठी लोकसभा दो वर्ष, चार माह, 28 दिन ही अस्तित्त्व में रह सकी।

भारतीय राजनीति में 1977 का पहला वर्ष था जब देश में द्वि–दलीय व्यवस्था की संभावनाएं स्पष्ट दिखायी देने लगी थी। 1977 में कांग्रेस के पराजय से कांग्रेस में फूट पड़ गई, दो गुटों में विभाजित कांग्रेस के एक गुट की नेता श्रीमती गांधी थी तो दूसरे गुट के पहले नेता ब्रह्मानंद रेड्डी और बाद में देवराज अर्स। 1979 में जनता पार्टी भी दो गुटों में बंट गई, एक गुट के नेता चन्द्रशेखर तथा दूसरे गुट के नेता चौधरी चरणसिंह एवं राजनारायण। जनवरी 1980 में जब सातवीं लोकसभा के चुनाव हुए तो छह बड़े राजनीतिक दल थे– दो कांग्रेस, दो जनता पार्टी, दो साम्यवादी

एवं अटलबिहारी वाजपेयी के नेतृत्व में नवोदित भारतीय जनता पार्टी। सातवीं लोकसभा में पुनः कांग्रेस ने भारी बहुमत से लोकसभा में वापसी की। लोकसभा में गैर–कांग्रेस किसी दल को विपक्ष की मान्यता पाने के लिए आवश्यक पचास स्थान तक प्राप्त नहीं हुए। मान्यता प्राप्त विपक्ष नहीं बन सका।

7वीं लोकसभा में प्रमुख दलों की स्थिति (1980–84)

क.स.	दल	उम्मीदवारों की संख्या	प्राप्त स्थान	प्राप्त मतों का प्रतिशत
01.	कांग्रेस (आई)	492	353	42.7
02.	कांग्रेस (यू)	212	013	05.3
03.	जनता पार्टी (जे.पी.)	432	031	19.0
04.	जनता पार्टी (एस)	294	041	09.4
05.	सीपीआई	048	011	02.6
06.	सीपीएम	063	036	06.1

सातवीं लोकसभा में लोकदल (जनता एस) ही सबसे बड़ा विरोधी दल था, उसके 41 सदस्य थे। सातवीं लोकसभा में विपक्ष कमजोर था लेकिन अनेक प्रतिष्ठित सांसद थे– अटल बिहारी वाजपेयी, मधुदंडवते, समर मुखर्जी, इन्द्रजीत गुप्त, सोमनाथ चटर्जी, ज्योर्तिमय बसु, जी.एम. बनातवाला, जार्ज फर्नाडीस, सुब्रमण्यम स्वामी तथा रामविलास पासवान इत्यादि। सातवीं लोकसभा के लगभग पूरे कार्यकाल में सत्तापक्ष तथा विपक्ष के मध्य पंजाब की स्थिति, मंडल आयोग की सिफारिशों, आदि विषयों पर व्यापक बहसें हुई। 31 दिसम्बर 1984 को सातवीं लोकसभा

बीस दिन पूर्व भंग कर दी गई।

आठवीं लोकसभा (1985–89) के चुनाव इंदिरा गांधी की हत्या की पृष्ठभूमि में सम्पन्न हुए। कांग्रेस ने तीन–चौथाई बहुमत मिला। विपक्ष के सभी राष्ट्रीय दलों की करारी हार हुई, कोई मान्यता प्राप्त विपक्ष नहीं उभर सका। इस चुनाव की एक अन्य विशेषता यह थी कि प्रादेशिक दलों के महत्त्व में जबरदस्त वृद्धि हुई, 57 फीसदी गैर–कांग्रेसी संसद सदस्य प्रादेशिक दलों के थे। 24 से 28 दिसम्बर 1984 को सम्पन्न मतदान में दलीय स्थिति निम्नवत् रहीः–

8वीं लोकसभा में दलीय स्थिति (1985–89)

क.स.	दल	प्राप्त स्थान
01.	कांग्रेस (आई)	402
02.	जनता (एस)	014
03.	जनता (बीजेपी सहित)	012 (10+02)
04.	सीपीआई (एम)	022
05.	डीएमके	002
06.	कांग्रेस (यू)	003
07.	सीपीआई	006
08.	तेलुगूदेशम्	030
09.	एआईएडीएमके	012
10.	अन्य दल	051

आठवीं लोकसभा में कांग्रेस को अभूतपूर्व सफलता मिली। क्षेत्रीय दल तेलुगूदेशम् 30 स्थान प्राप्त कर विपक्ष के रूप में उभरा। भाजपा ने 02 सीटें प्राप्त कर उपस्थिति का अहसास करवाया। इंदिरा गांधी की हत्या

से उत्पन्न सहानुभूति लहर, विपक्ष के बिखराव, युवा प्रधानमंत्री का युवापन, स्वर्णमंदिर की सैनिक कार्यवाही, राजनीतिक स्थायित्त्व आदि मुद्दों पर जनता ने कांग्रेस के पक्ष में मतदान किया। यह चुनाव राजीव का था, राजीव इसके प्रचारक थे, राजीव प्रत्याशी थे और राजीव ही चुने गये। विपक्ष खंड–खंड और बिखरा हुआ था तथापि मधुदंडवते, माधव रेड्डी, शरद पवार, गीता मुखर्जी, सोमनाथ चटर्जी, दिनेश गोस्वामी, जयपाल रेड्डी, चौधरी चरणसिंह, दत्ता सामन्त तथा सुलेमान सेठ जैसे अनुभवी और योग्य व्यक्ति सदन में मौजूद थे।

आठवीं लोकसभा में जिन विषयों पर व्यापक वाद–विवाद हुआ उनमें महत्त्वपूर्ण थे– पंजाब में आतंकवाद और अव्यवस्था, इंदिरा गांधी की हत्या पर ठक्कर आयोग की रपट, हत्या के बाद हुई हिंसा पर रंगनाथ मिश्र समिति की रिपोर्ट, राष्ट्रपति ज्ञानी जैलसिंह एवं प्रधानमंत्री राजीव गांधी के संबंधों को लेकर विवाद, पनडुब्बी मामला, श्रीलंका में भारतीय शांति सेना की भूमिका, शाहबानों प्रकरण, गोरखालैंड आंदोलन तथा बोफोर्स घोटाला इत्यादि। आठवीं लोकसभा में संसदीय इतिहास की अनूठी घटना यह रही थी कि 8वीं लोकसभा के कार्यकाल समाप्त होने से चार माह पूर्व सभी विपक्षी सदस्यों ने सामूहिक त्यागपत्र दे दिया, कुल 124 सदस्य त्यागपत्र देकर सदन से बाहर हो गये। इस प्रकार सदन में विपक्षविहीन हो गया।

नवीं लोकसभा के चुनाव 22 से 26 नवम्बर 1989 को सम्पन्न हुए। 8 राष्ट्रीय दलों, बीस राज्य दलों तथा नवासी अन्य पंजीकृत दलों ने चुनाव में भाग लिया। वी.पी. सिंह के नेतृत्त्व में कांग्रेस (आई) के कुछ नेताओं ने अपना पुराना दल छोड़कर जनता दल नामक नये दल का निर्माण किया जिसमें जनतापार्टी, लोकदल 'ए', लोकदल 'बी' तथा कुछ और दल शामिल थे। कांग्रेस विरोधी दलों ने नेशनल फ्रंट का निर्माण किया जिसमें जनता

दल, डी.एम.के., सी.पी.आई., सी.पी.एम., कांग्रेस (एस), असम गणपरिषद् तथा कुछ अन्य दल भी शामिल थे।

1977 के बाद गैर कांग्रेसी दल

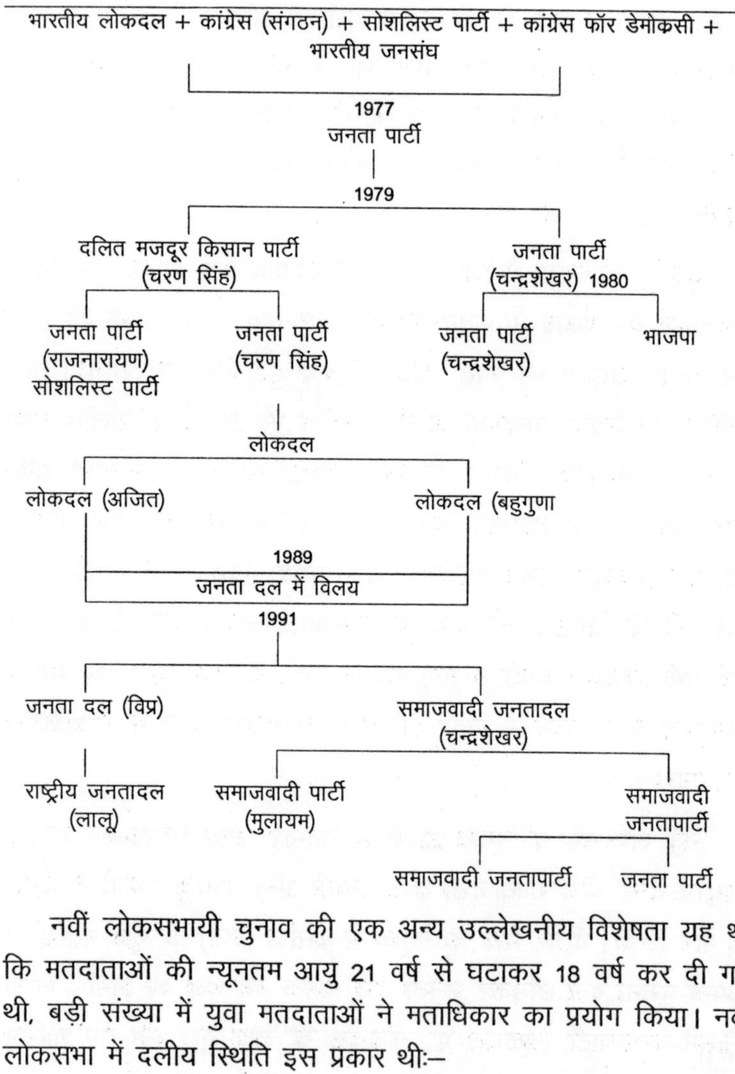

नवीं लोकसभायी चुनाव की एक अन्य उल्लेखनीय विशेषता यह थी कि मतदाताओं की न्यूनतम आयु 21 वर्ष से घटाकर 18 वर्ष कर दी गई थी, बड़ी संख्या में युवा मतदाताओं ने मताधिकार का प्रयोग किया। नवीं लोकसभा में दलीय स्थिति इस प्रकार थीः—

क.स.	दल	स्थान
01.	कांग्रेस	195
02.	भारतीय जनता दल	086
03.	सी.पी.आई. (एम)	032
04.	सी.पी.आई.	012
05.	ए.आई.ए.डी.एम.के.	011
06.	अकाली दल (मान)	006
07.	आर.एस.पी.	004
08.	बसपा	003
09.	फारवर्ड ब्लाक	003
10.	झारखंड मुक्ति मोर्चा	003
11.	नेशनल कांन्फ्रेस	003
12.	मुस्लिम लीग (एस)	002
13.	तेलुगूदेशम्	002
14.	निर्दलीय	012
15.	मनोनीत	002
16.	कांग्रेस 'एस', शिवसेना, इंडियन पीपुल्स फ्रंट, हिन्दू महासभा, केरल कांग्रेस, जी.एन.ए.एफ., सिक्किम संग्राम परिषद्, मार्क्सिट, महाराष्ट्रवादी गोमान्तक पार्टी, ऑल इंडिया मजलिस	010

नवीं लोकसभा में कांग्रेस की करारी हार हुई, फिर भी कांग्रेस अन्य पार्टियों से अधिक स्थान पाकर अभी भी सबसे बड़ा दल बनी रही, फिर भी वह सरकार नहीं बन पायी। दूसरी बार गैर कांग्रेस दल, जनता दल के नेतृत्त्व में तेलुगूदेशम, असम गणपरिषद्, डीएमके और कांग्रेस (एस) के साथ मिलकर राष्ट्रीय मोर्चा (एन.एफ.) की अल्पमत सरकार बनी। वामपंथी मोर्चे तथा भाजपा ने बाहरी समर्थन दिया। कांग्रेस (आई) को सरकारी विपक्ष तथा राजीव गांधी को नेता विपक्ष के रूप में मान्यता प्रदान की गई।

नेता विपक्ष को पहली बार सरकार द्वारा केबिनेट मंत्री स्तर का दर्जा दिया गया। राजीव गांधी विपक्ष के नेता के रूप में बैठने वाले पहले पूर्व प्रधानमंत्री थे। उन्होंने कहाकि वे सरकार के प्रहरी की भूमिका निभाने का भरसक प्रयास करेगें। आडवानी की रथयात्रा को समस्तीपुर में रोक जाने के कारण भाजपा ने समर्थन वापस ले लिया। वी.पी. सिंह की संयुक्त मोर्चा सरकार लोकसभा में अविश्वास प्रस्ताव पर हार गई और उन्हें त्यागपत्र देना पड़ा। यह पहला मौका था जब लोकसभा में किसी सरकार को सत्ताच्युत करने का अवसर मिला हो। कांग्रेस के बाहरी समर्थन से चन्द्रशेखर ने सरकार बनायी तथा भाजपा के नेता लालकृष्ण आडवानी को विपक्ष के नेता के रूप में मान्यता प्रदान की गई। बाद में चन्द्रशेखर सरकार से कांग्रेस ने समर्थन वापस ले लिया जिसके परिणामस्वरूप नेता विपक्ष के पद से आडवानी को भी इस्तीफा देना पड़ा। नवीं लोकसभा के कार्यकाल में शोर–गुल, बर्हिगमन, नारेबाजी, घेराव, बायकॉट की अनेक घटनाएं हुई। समाजवादी नेता मधुलिमये ने 13 मार्च 1991 को हुई बैठक को 'राष्ट्रीय–लज्जा' का दिन बताते हुए कहाकि संसद सदस्यों ने अपने लिये बढ़े हुए पेंशन, भत्ते और नई सुविधाओं को मंजूर करने वाला विधेयक सर्वसम्मति से पास कर डाला उसमें सर्वाधिक लज्जा का विषय तो यह है कि एक साल सदस्य रहने के बाद पेंशन का प्रावधान। यह विधयेक राष्ट्रपति की मंजूरी नहीं मिलने के कारण कानून नहीं बन सका। दूसरी गैर–कांग्रेसी सरकार भी मात्र एक वर्ष, दो माह और 25 दिन ही सत्तारूढ़ रही। इस गैर–कांग्रेसी सरकार में प्रधानमंत्री सत्तारूढ़ हुए– वी.पी. सिंह तथा चन्द्रशेखर।

दसवीं लोकसभा के चुनाव मई–जून 1991 में सम्पन्न हुए। 21 मई 1991 को पूर्व प्रधानमंत्री तथा कांग्रेस के अध्यक्ष राजीव गांधी की मद्रास के निकट पेरूम्बदूर में बम विस्फोट से हत्या कर दी गई। दसवीं लोकसभा में अनेक स्थानों पर हिंसात्मक घटनाएं हुई। लोकसभा में कुल 545 स्थान थे, उनमें से 543 स्थानों पर निर्वाचन होना था, शेष 02 स्थान मनोनयन के लिए आरक्षित थे। चुनाव में कांग्रेस को सर्वाधिक स्थान मिले। भाजपा दूसरे तथा जनतादल तीसरे स्थान पर रहा। कांग्रेस के पी.वी. नरसिम्हाराव

के नेतृत्व अल्पमतीय सरकार का गठन हुआ। सरकार की स्थिरता का लेकर अनेक शंकाएं थी। देश की आर्थिक स्थिति बहुत डांवाडोल थी, राजनीतिक संस्थाओं की इमेज पर भी प्रश्नचिन्ह् लग चुका था। राजनीतिज्ञों एवं राजनीतिक दलों पर से लोगों का विश्वास उठ गया था। राजनीतिज्ञों का एकसूत्री कार्यक्रम है, येनकेन प्रकारेण 'कुर्सी' की प्राप्ति या कुर्सी को हथियाना। पी.वी. नरसिम्हाराव का लम्बा प्रशासनिक अनुभव ही नहीं था वरन् वे एक वरिष्ठ विद्वान राजनेता भी थे, परन्तु अल्पमतीय सरकार में कुर्सी को बचाने के लिए उन्हें भी वे तमाम रास्ते अपनाने पड़े जो बहुमत प्राप्ति के लिए जरूरी थे। उन्होंने अल्पमत को बहुमत में तब्दील कर दिया। हर संसद सदस्य को एक करोड़ रूपए सालाना 'सांसद विकास निधि' के नाम से दिए जिसे वह अपने निर्वाचन–क्षेत्र की कल्याण योजनाओं में खर्च कर सकता है, इससे संसद सदस्यों का यह निहित स्वार्थ हो गया कि सरकार पांच साल तक चलती रहे। संसद में मुख्य विपक्ष के रूप में मान्यता भाजपा को मिली, लालकृष्ण आडवानी विपक्ष के नेता बने। हवाला कांड में आरोपित होने के कारण आडवानी ने संसद सदस्यता से त्यागपत्र दे दिया, बाद में विपक्ष के नेता का दायित्त्व अटलबिहारी वाजपेयी ने निभाया। पूर्व साझा सरकारों की तुलना में नरसिम्हाराव सरकार पूरे पांच साल सत्तारूढ़ रही। सर्वाधिक बार अविश्वास प्रस्ताव लाए गए, हर बार उनका मंत्रिमंडल और सक्षम होकर सामने आया।

विपक्ष विभाजित होता गया, नरसिम्हाराव सरकार का समर्थन बढ़ता गया। इसका कारण यह रहा कि विपक्ष की अपनी कमी, कमजोरी तो थी ही वहीं निहित स्वार्थों की पूर्ति के लिए मिलीभगत से इंकार भी नहीं किया जा सकता।

दसवीं लोकसभा में दलीय स्थिति (1991–96)

क.स.	दल	प्राप्त स्थान
01.	कांग्रेस	225
02.	भाजपा	119

क.स.	दल	प्राप्त स्थान
03.	जनता दल	055
04.	भारतीय साम्यवादी दल	013
05.	साम्यवादी दल (मार्क्सवादी)	035
06.	जनता दल (समाजवादी)	005
07.	तेलुगूदेशम्	013
08.	अखिल भारतीय अन्ना द्रमुक	011
09.	झारखंड मुक्ति मोर्चा	006
10.	शिवसेना	004
11.	फारवर्ड ब्लाक	004
12.	रिवोल्युशनरी सोशलिस्ट पार्टी	003
13.	गोरखा नेशनल फन्ट, बसपा, मुस्लिम लीग, केरल कांग्रेस, कांग्रेस (एस), असम गणपरिषद्, हरियाणा विकास पार्टी	007
14.	अन्य दल	005
15.	निर्दलीय	001

दसवीं लोकसभा के कार्यकाल में आर्थिक घोटाले, राजनीति के अपराधीकरण, जातिवाद, और साम्प्रदायिकता के कुत्सित प्रभाव, हर्षद मेहता कांड, प्रतिभूति घोटाला, सूटकेस प्रकरण, गोल्डस्टार मामला, डंकल प्रस्ताव आदि पर सदन में खूब चर्चाएं हुई। बाबरी मस्जिद बनाम राममंदिर मुद्दे की भी व्यापक चर्चा हुई। दसवीं लोकसभा के दौरान 17 स्थायी समितियों की स्थापना संसदीय प्रक्रिया के क्षेत्र में महत्त्वपूर्ण कदम था।

दसवीं लोकसभा ने अपना पांच वर्ष का कार्यकाल पूर्ण किया। 11वें लोकसभा के चुनाव में कांग्रेस को भारी पराजय का सामना करना पड़ा और त्रिशंकु लोकसभा तथा अस्थिर सरकारों का दौर आरम्भ हो गया।

ग्यारहवीं लोकसभा के चुनाव अप्रैल–मई 1996 में सम्पन्न हुए। जिसमें आठ राष्ट्रीय दलों, तीस राज्य स्तरीय तथा एक सौ एकेहतर अन्य पंजीकृत

दलों ने चुनाव में भाग लिया। सदन में किसी एक दल को पूर्ण बहुमत प्राप्त नहीं हुआ। भारतीय जनता पार्टी सबसे बड़े दल के रूप में उभरकर आई, दूसरे स्थान पर कांग्रेस (आई) थी। चुनावों में कांग्रेस ने स्थिरता, भाजपा ने परिवर्तन, जनता दल ने सामाजिक न्याय तथा वामपंथियों ने धर्मनिरपेक्षता के लिए मतदाताओं का समर्थन मांगा।

11वीं लोकसभा में दलीय स्थिति

क.स.	दल	प्राप्त स्थान
01.	भारतीय जनता पार्टी	160
02.	कांग्रेस (आई)	136
03.	जनता दल	043
04.	भा.क.पा. (मार्क्सवादी)	032
05.	भा.क.पा.	011
06.	अन्य दल	143
07.	निर्दलीय	009

11वीं लोकसभा के आम चुनावों में किसी एक राजनीतिक दल को स्पष्ट बहुमत नहीं मिलने के कारण राष्ट्रपति डॉ. शंकरदयाल शर्मा ने भाजपा, जो सदन में सबसे बड़ी पार्टी थी, के नेता अटलबिहारी वाजपेयी को सरकार बनाने के लिए आमंत्रित किया तथा 31 मई 1996 तक बहुमत सिद्ध करने को कहा। 28 मई को अटलबिहारी वाजपेयी ने प्रधानमंत्री पद से त्यागपत्र दे दिया, उन्हें बहुमत सिद्ध करने की जरूरत नहीं रही।

प्रथम बार 13 दिन अटलबिहारी वाजपेयी प्रधानमंत्री रहे। इसके पश्चात् संयुक्त मोर्चे की सरकार एच.डी. देवगौड़ा के नेतृत्व में बनी, 11 माह तक देवगौड़ा सत्तारूढ़ रहे तथा सात माह तक इन्द्रकुमार गुजराल संयुक्त मोर्चे की ओर से प्रधानमंत्री रहे। 16 मई 1996 को विपक्ष के नेता के रूप में पी.वी. नरसिम्हाराव को मान्यता दी गई। 1 जून 1996 को विपक्ष के नेता के रूप में अटलबिहारी वाजपेयी को मान्यता प्रदान की गई। एक वर्ष छः माह 14 दिन रही 11वीं लोकसभा ने कुल 248 दिनों तक कार्य किया,

छह सत्र हुए। ग्यारहवीं लोकसभा के संक्षिप्त कार्यकाल में तीन सरकारें बनी, बिगड़ी। वाजपेयी 13 दिन, देवगौड़ा 11 भाह तथा गुजराल 7 महीने प्रधानमंत्री रहे। इस लोकसभा के दौरान विपक्ष के सदस्य पी.ए. संगमा को लोकसभा अध्यक्ष बनाकर संसदीय इतिहास में नया अध्याय जोड़ा। इस काल के तीन प्रधानमंत्री हुए उनमें से दो प्रधानमंत्री देवगौड़ा और गुजराल राज्यसभा के सदस्य थे। 4 दिसम्बर 1997 को 11वीं लोकसभा भंग कर दी गई।

12वीं लोकसभा के चुनाव फरवरी–मार्च 1998 में सम्पन्न हुए। सात राष्ट्रीय दलों, तीस राज्य स्तरीय और 139 अन्य पंजीकृत राजनीतिक दलों ने चुनाव में भाग लिया। जबकि कुल 654 दलों में से 7 राष्ट्रीय, 35 राज्य स्तरीय तथा 612 पंजीकृत गैर मान्यता प्राप्त दल थे। चुनावों से पूर्व स्पष्ट रूप से तीन गठबंधन थे– भाजपा एवं सहयोगी दल, कांग्रेस एवं सहयोगी तथा संयुक्त मोर्चे के घटक। 12वें लोकसभायी चुनावों में दलीय स्थिति इस प्रकार रहीः–

क.स.	दल	स्थान
01.	भाजपा	179
02.	कांग्रेस (आई)	141
03.	जनता दल	006
04.	भारतीय साम्यवादी दल (मार्क्सवादी)	032
05.	तमिल मनीला कांग्रेस	003
06.	द्रविड मुन्नेत्र कषगम	006
07.	समाजवादी पार्टी	020
08.	तेलुगूदेशम्	012
09.	शिव सेना	006
10.	बहुजन समाज पार्टी	005
11.	भारतीय साम्यवादी दल	009

क.स.	दल	स्थान
12.	शिरोमणि अकाली दल	008
13.	समता पार्टी	012
14.	अन्य दल	094
15.	निर्दलीय	006
16.	रिक्तियां	006
	कुल	544

12वीं लोकसभा के चुनाव में किसी एक दल को स्पष्ट बहुमत नहीं मिला। भारतीय राजनीति में 'खंडित जनादेश' ने राजनीतिक अस्थिरता को जन्म दिया। क्षेत्रीय दलों का प्रभाव सर्वाधिक बढ़ा। सदन में सबसे बड़े दल भाजपा के नेता अटलबिहारी वाजपेयी को सरकार बनाने के लिए आमंत्रित किया गया। 10 मार्च 1998 को बारहवीं लोकसभा का गठन हुआ। परन्तु इस लोकसभा की जन्मकुण्डली में ही अस्थिरता का ग्रह बैठा हुआ था। 13 माह 05 दिन तक ही चल पाई। 26 अप्रैल 1996 को लोकसभा भंग कर दी गई। 12वीं लोकसभा अल्पजीवी सिद्ध हुई। ग्यारहवीं लोकसभा में अटलबिहारी ने 13 दिन तथा 12वीं लोकसभा में वाजपेयी ने 13 माह प्रतिनिधित्त्व किया। इस लोकसभा के गठन के दिन से ही अस्थिरता का वातावरण बना हुआ था। यह संभावना शीघ्र ही हकीकत में तब्दील हो गई जब भाजपा में शामिल अन्नाद्रमुक के नेता जयललिता ने समर्थन वापस ले लिया। समर्थन वापसी के बाद अटलबिहारी वाजपेयी एक मत से विश्वासमत हार गये। उड़ीसा के मुख्यमंत्री गिरधर गोमांग का मत निर्णायक भूमिका में रहा। गोमांग ने उड़ीसा के मुख्यमंत्री चुने जाने के बाद भी लोकसभा की सदस्यता से इस्तीफा नहीं दिया था और न ही वे अभी तक उड़ीसा विधानसभा द्वारा निर्वाचित हुए थे। उनका विश्वासमत के मतदान में भाग लेने का मुद्दा विवादास्पद रहा। लोकसभा अध्यक्ष टी.एम.सी. बालयोगी ने उन्हें स्वविवेक से निर्णय लेने का निर्देश दिया था। कानूनी तौर पर तो गिरधर गोमांग अभी भी लोकसभा के सदस्य थे लेकिन उड़ीसा के मुख्यमंत्री का पद धारण करने के बाद उन्हें

नैतिकता के आधार पर लोकसभा में मतदान नहीं करना चाहिये था, राजनीति एक पवित्र कार्य है, उसके अपने मूल्य है, अपनी परम्पराएं है। लोकसभा में पांच सदस्यों वाली बहुजन समाजवादी पार्टी ने मतदान के एक दिन पहले मतदान में भाग न लेने की घोषणा की, मतदान के दिन सरकार के विरूद्ध मतदान कर संसदीय संस्कृति की धज्जियां उड़ा दी। एक मत से सरकार पराजित होने तथा वैकल्पिक सरकार के गठन की कोई संभावना न बनते देखकर राष्ट्रपति के.आर. नारायणन ने मंत्रिमंडल की सिफारिश पर बारहवीं लोकसभा भंग कर दी।

तेरहवीं लोकसभा के चुनाव सितम्बर–अक्टूम्बर 1999 में हुए। दसवीं, ग्यारहवीं तथा बारहवीं लोकसभाओं के चुनावों से स्पष्ट हो चुका था कि अब एकदलीय प्रभुत्त्व का युग बीत चुका है, एक दशक से किसी दल को स्पष्ट जनादेश न मिलना भावी चुनावों के लिए भी दिशा संकेत था फलतः राष्ट्रीय दलों ने भी अपनी जुगत बैठाना शुरू कर दिया। दलों ने 'गठबंधन' बनाकर चुनाव लड़ने का निश्चय किया। 15 मई 1999 को राष्ट्रीय जनतांत्रिक गठबंधन (National Democratic Alliance – NDA) का गठन किया।

भारतीय जनता पार्टी के नेतृत्व में
नेता– अटल बिहारी वाजपेयी
N D A

- जनता दल (एकीकृत)
- समता पार्टी
- लोकशक्ति
- जनता दल (एस)
- शिरोमणि अकाली दल (पंजाब)
- भारतीय राष्ट्रीय लोकदल (हरियाणा)
- द्रमुक
- ए.डी.एम.के.

- पी.एम.के.
- टी.एम.सी.
- टी.आर.सी. (तमिलनाडु)
- बीजू जनता दल (उड़ीसा)
- शिवसेना (महाराष्ट्र)
- हिमाचल विकास कांग्रेस (हि.प्र.)
- सिक्किम डेमोक्रेटिक पार्टी

कांग्रेस के नेतृत्त्व में गठबंधन
नेता – सोनिया गांधी

- अन्नाद्रमुक (तमिलनाडु)
- राष्ट्रीय जनता दल (बिहार)
- राष्ट्रीय लोकदल (उत्तरप्रदेश)
- केरल कांग्रेस (मणिपुर)
- मुस्लिम लीग

वामपंथी गठबंधन

- समाजवादी पार्टी (एस.पी.)
- बहुजन समाजवादी पार्टी(बी.एस.पी.)
- राष्ट्रवादी कांग्रेस पार्टी (एन.एस.पी.)

सत्ता प्राप्ति की इस घुड़दौड़ में सिद्धान्त, नीति और विचारधारा से सन्यास ले लिया गया। कथनी–करनी दो ऐसे छोर बन गए जो कभी भी नहीं मिल सकते थे। 'पॉवर ओनली फॉर पॉवर एनी कोस्ट' मूलमंत्र बन गया। एनडीए ने अपना राष्ट्रीय एजेन्डा बनाया उसमें भाजपा ने अपनी मौलिक पहचान 'एकले चलो की नीति', रामजन्मभूमि, धारा 370 एवं समान नागरिक संहिता को छोड़ दिया। शरद पवार, पी.ए. संगमा और तारिक अनवर ने इस आधार पर कांग्रेस छोड़ी कि सोनिया गांधी विदेशी मूल की है और प्रधानमंत्री पद की दावेदारी जता रही है जो अनौचित्यपूर्ण है।

पवार, संगमा तथा अनवर ने नया राजनीतिक दल राष्ट्रवादी कांग्रेस पार्टी बनायी, जिसका नेतृत्व शरद पवार ने किया। निरन्तर विभाजित होता जनतादल फिर विभाजित हुआ। जनता दल (शरद यादव), जनता दल (एच.डी. देवगौड़ा), चुनाव आयोग ने जनता दल यादव गुट को जनतादल एकीकृत तथा जनतादल देवगौड़ा गुट को जनतादल सेक्यूलर के रूप में मान्यता दी। अब ज्यादातर राजनीतिक दल व्यक्तियों के नाम से पहचाने जाने लगे। नीतियां, कार्यक्रम और विचारधाराएं खूंटी पर टंग गई।

13वीं लोकसभा के निर्वाचन में विभिन्न दलों अथवा गठबंधनों की स्थिति लोकसभा में इस प्रकार रहीः–

तेरहवीं लोकसभा में दलों की स्थिति 1999

क.स.	दल	प्राप्त स्थान
	राष्ट्रीय जनतांत्रिक गठबंधन (N.D.A)	
01.	भाजपा	182
02.	तेलुगूदेशम्	029
03.	बीजू जनता दल	010
04.	शिरोमणि अकाली दल	002
05.	द्रमुक	012
06.	भारतीय राष्ट्रीय लोकदल	005
07.	जनता दल (यूनाइटेड)	021
08.	एमद्रमुक	004
09.	मणिपुर स्टेट कांग्रेस	001
10.	नेशनल कांफ्रेंस	004
11.	लोकतांत्रिक कांग्रेस	002
12.	पी.एम.के.	005
13.	एम.जी.आर. द्रमुक	001

क.स.	दल	प्राप्त स्थान
14.	मिजो नेशनल फ्रंट	001
15.	शिवसेना	015
16.	सिक्किम डेमोक्रेटिक फ्रंट	001
17.	तष्णमूल कांग्रेस	008
18.	हिमाचल विकास कांग्रेस	001
19.	निर्दलीय (मेनका गांधी)	001
	योग	**305**

कांग्रेस एवं सहयोगी दल

क.स.	दल	प्राप्त स्थान
01.	कांग्रेस	114
02.	अन्नाद्रमुक	011
03.	केरल कांग्रेस (एम)	001
04.	मुस्लिम लीग	002
05.	राष्ट्रीय जनता दल	007
06.	आर.एल.डी.	002
	योग	**137**

वाममोर्चा

क.स.	दल	प्राप्त स्थान
01.	मार्क्सवादी कम्युनिस्ट पार्टी	33
02.	भारतीय कम्युनिस्ट पार्टी	04
03.	फारवर्ड ब्लाक	02
04.	केरल कांग्रेस	01
05.	आर.एस.पी.	03
	योग	**43**

क.स.	दल	प्राप्त स्थान
अन्य		
01.	समाजवादी पार्टी	26
02.	बहुजन समाजवादी पार्टी	14
03.	राष्ट्रवादी कांग्रेस पार्टी	08
04.	निर्दलीय एवं अन्य	11
	योग	**59**
	कुल योग	**544**

13वीं लोकसभा के चुनावों में भाजपा के नेतृत्व वाला राष्ट्रीय जनतांत्रिक मोर्चा (एनडीए) सबसे बड़ी राजनीतिक शक्ति के रूप में उभरा, मोर्चे के नेता अटलबिहारी वाजपेयी ने तीसरी बार प्रधानमंत्री का पद संभाला। गठबंधन की मजबूरियों के चलते प्रधानमंत्री सहित 70 सदस्यीय मंत्रिपरिषद् का गठन किया। स्वतंत्र भारत के इतिहास में इतनी बड़ी 'जम्बो–मंत्रिपरिषद्' पहली बार बनी। तेलुगूदेशम् ने सरकार को बाहरी समर्थन दिया। लोकसभा में इंडियन नेशनल कांग्रेस की नेता सोनिया गांधी को 13 अक्टूम्बर 1999 को लोकसभा में विपक्ष की नेता के रूप में मान्यता प्रदान की गई। तेरहवें लोकसभायी चुनावों में अटलबिहारी वाजपेयी के नेतृत्व को जनस्वीकृति मिली, वहीं सोनिया गांधी को अस्वीकृति। क्षेत्रीय दलों की शक्ति में सर्वाधिक उभार आया। वामपंथी दलों के जन–समर्थन में गिरावट आयी। राज्य स्तर पर सत्तारूढ़ पक्ष के विरूद्ध 'एन्टी इन्कमबेन्सी फैक्टर' ने कार्य किया। 13वीं लोकसभा आठ माह पूर्व भंग कर दी गयी क्योंकि 2003 में कुछ राज्यों में विधानसभाओं के चुनाव (राजस्थान, छतीसगढ़, मध्यप्रदेश) हुए। भाजपा ने "चुनावी मौसम को खुशगवार" (गुड फिल फैक्टर) समझा और आन्नद–फानद में जनता की अदालत में जाने का निश्चय कर लिया तथापि जनता किसी को बेवजह दंडित नहीं करती है और न ही बिना शर्त सत्ता सौंपती है, हार और जीत दोनों सबक लेकर आते हैं। 'इंडिया शायनिंग' के नाम का नारा लेकर भाजपा अपने सहयोगियों सहित चुनावी–रणक्षेत्र

में जबरदस्त वीरोचित भाव से उतरने की मानसिकता पहले ही बना चुकी थी। मंत्रिमंडल की सिफारिश पर 06 फरवरी 2004 को 13वीं लोकसभा को 08 माह पूर्व भंग कर दिया। वाजपेयी सरकार द्वारा लोकसभा को समय से पूर्व भंग कराने का फैसला 60 वर्ष के गणतंत्र में सत्तारूढ़ दल द्वारा आठवीं बार हुआ। समय से पूर्व लोकसभा भंग करना हमेशा ही एक राजनीतिक मुद्दा रहा है। यह निर्णय चाहे इंदिरा गांधी का हो, राजीव गांधी का या अटलबिहारी वाजपेयी का।

संविधान का अनुच्छेद 83 बिल्कुल स्पष्ट रूप से बताता है कि राष्ट्रपति समय–समय पर संसद को स्थगित अथवा भंग कर सकता है और राष्ट्रपति मंत्रिपरिषद् की राय को मानने के लिए बाध्य है।

पश्चिम में जहां–जहां पर भी लोकतांत्रिक शासन व्यवस्था है, वहां स्थापित तथ्य यह है कि प्रधानमंत्री उसी समय चुनाव में जाना उचित समझते हैं जब उनकी अथवा उनकी पार्टी की स्थिति सुदृढ़ हो। हालाकि चुनाव की तारीखों को शासनाध्यक्ष पर छोड़ दिया जाता है। ब्रिटेन की चार बार प्रधानमंत्री रही माग्रेट थैचर ने भी अपना कार्यकाल पूरा होने का इंतजार किये बिना ही नया जनादेश लिया।

भारत में समय से पूर्व लोकसभा भंग करने का सिलसिला 1970 से शुरू हुआ। अब तक 13 लोकसभा में से केवल 05 लोकसभाओं ने 05 वर्ष का कार्यकाल पूर्ण किया जबकि 08 लोकसभायें समय से पहले भंग की गई। चाहे राजनीतिक मजबूरियों के कारण या फिर राजनीतिक महत्वाकांक्षा के कारण।

चौथी लोकसभा का गठन 1967 में हुआ, अवधि पूर्ण होने से दो वर्ष पहले लोकसभा को भंग कर दिया गया, जबकि इंदिरा गांधी को सदन में पूर्ण बहुमत प्राप्त था। 1969 में कांग्रेस पार्टी में विभाजन हो गया था। डीएमके जैसे दलों के समर्थन के बल पर वह प्रधानमंत्री बनी रही। कानूनी तौर पर कांग्रेस से अलग हुए अपने धड़े के लिए नया जनादेश प्राप्त करें। उस समय कांग्रेस संगठन (ओ) को नेतृत्व एस. निजलिंगम्मा कर रहे थे। हालाकि विभाजन के बाद भी इंदिरा गांधी को बहुमत प्राप्त था। उस समय यह प्रश्न भी उठा था कि वे लोकसभा भंग होने के बाद भी

प्रधानमंत्री बनी रह सकती है अथवा उन्हें कार्यवाहक प्रधानमंत्री के तरह कार्य करना चाहिए। मामला सर्वोच्च न्यायालय में गया। न्यायालय का फैसला था कि चूंकि वे लोकसभा में विश्वास का मत नहीं हारी लोकसभा भंग होने के समय उन्हें पूर्ण बहुमत हासिल था, इसलिए उन्हें प्रधानमंत्री पद से इस्तीफा देने की कोई जरूरत नहीं है। 13वीं लोकसभा के भंग होने पर यह सवाल फिर उभरा कि राष्ट्रपति को वाजपेयी से यह पूछना चाहिये था कि उनकी सरकार इस्तीफा देगी या नहीं। प्रधानमंत्री ने सोलिसिटर जनरल से परामर्श करने के बाद राष्ट्रपति को बताया कि उन्हें पद से इस्तीफा देने की कोई जरूरत नहीं है।

1977 में इंदिरा गांधी ने आपातकाल के दौरान लोकसभा को उसका कार्यकाल पूर्ण हो जाने के सात माह बाद भंग किया। इस दौरान उन्हें सदन में पूर्ण बहुमत प्राप्त था।

1979 में जनतापार्टी की सरकार गिरने के बाद चौधरी चरणसिंह प्रधानमंत्री बने, किन्तु वे सदन में बहुमत सिद्ध नहीं कर सके। वे पहले दलबदलू प्रधानमंत्री थे। उन्होंने प्रधानमंत्री पद से इस्तीफा दे दिया और लोकसभा भंग कर दी गई।

1984 में इंदिरा गांधी की हत्या के बाद राजीव गांधी ने प्रधानमंत्री का पद संभाला। उन्होंने लोकसभा को भंग कर नया जनादेश प्राप्त किया। लोकसभा की अवधि के तीन माह शेष थे।

1991 में नवीं लोकसभा में पहले विश्वनाथ प्रतापसिंह ने और बाद में चन्द्रशेखर ने प्रधानमंत्री पद संभाला। किसी भी पार्टी या गठबंधन को पूर्ण बहुमत हासिल न होने की स्थिति में लोकसभा को समय से पूर्व भंग कर दिया गया।

1998 में ग्यारहवीं लोकसभा ने तो सारे रिकार्ड तोड़ते हुए तीन सरकारें देखी। वाजपेयी, देवगौड़ा, गुजराल सरकारें। तीनों सरकार अल्प अवधि तक ही सतारूढ़ रही। सदन में किसी दल या गठबंधन को पूर्ण बहुमत प्राप्त न होने के कारण राष्ट्रपति से समय पूर्व लोकसभा को भंग कर दिया।

1999 में वाजपेयी सरकार ने 13 महीने शासन किया। वह मात्र एक

वोट से सदन में विश्वास खो बैठी। लोकसभा भंग कर दी गई। अगले आम चुनाव होने तक वाजपेयी कार्यवाहक प्रधानमंत्री बने रहे।

2004 में लोकसभा अवधि के आठ माह शेष रहते लोकसभा भंग कर दी गई। हालाकि वाजपेयी सरकार को सदन में पूर्ण बहुमत प्राप्त था।

14वीं लोकसभा के चुनाव अप्रैल–मई 2004 में चार चरणों में सम्पन्न हुए। इस चुनाव में 221 राजनीतिक दलों ने भाग लिया उनमें से 183 दल तो खाता ही नहीं खोल पाए। भाजपा ने फीलगुड और इंडिया शायनिंग के नारे पर चुनाव लड़ा। कांग्रेस ने सोनिया गांधी के नेतृत्व में रोड शो की धूम थी। एक बार फिर बिखरा हुआ जनादेश देकर जनता जनार्दन ने सभी दलों को नसीहत दी कि शासन करने लायक कोई नहीं। टुकड़ों–टुकड़ों में मिला जनादेश न तो कांग्रेस के पक्ष में था और न ही भाजपा के खिलाफ। कांग्रेस की सीटें 114 से बढ़कर 145 हो गई और भाजपा की सीटें 182 से घटकर 138 हो गई। कांग्रेस ने गठबंधन को गले लगाते हुए 12 दलों के साथ गठबंधन कर चुनाव लड़ा, इस गठबंधन को 'संयुक्त प्रगतिशील गठबंधन (यूपीए)' की संज्ञा दी गई। भारतीय जनता पार्टी के नेतृत्व में अन्य दलों का गठबंधन एनडीए (राष्ट्रीय जनतांत्रिक गठबंधन) कहलाया। एनडीए में भी 12 घटक दल शामिल थे। 14वें लोकसभा में किसी दल को स्पष्ट बहुमत नहीं मिलने के कारण क्षेत्रीय दलों से गठबंधन कर वामदलों के बाहरी समर्थन से डॉ. मनमोहन सिंह के नेतृत्त्व में यूपीए गठबंधन ने सरकार का निर्माण किया।

एनडीए, यूपीए गठबंधन के आगे बढ़ते हुए जून 2007 में 'संयुक्त राष्ट्रीय प्रगतिशील गठबंधन' (यूएनपीए) का गठन किया। तेलुगूदेशम् के चन्द्रबाबू नायडू, इनैलो के ओमप्रकाश चौटाला, समाजवादी पार्टी के मुलायमसिंह और अमरसिंह, झारखंड के पूर्व मुख्यमंत्री बाबूलाल मरांडी, जम्मू–कश्मीर के पूर्व मुख्यमंत्री फारूक अब्दुला और असम गणपरिषद् के नेता शामिल हुए। यूएनपीए को 'पूर्व मुख्यमंत्री क्लब' (Ex-Chief Ministers Club) कहा जाता है। आगामी लोकसभा चुनावों के लिए तीसरा फ्रंट अपनी जमीन तलाश रहा है। जहां तक प्रतिपक्ष का प्रश्न है, विपक्ष के नेता के रूप में लालकृष्ण आडवानी को मान्यता प्रदान की। लोकसभा अध्यक्ष सोमनाथ चटर्जी चुने गए।

14वीं लोकसभा की दलीय स्थिति (2004)

दल	स्थान प्राप्त	प्राप्त मत का प्रतिशत	दल	स्थान प्राप्त	प्राप्त मत का प्रतिशत
कांग्रेस + गठबंधन	**222**	**35.82**	बीजू जनता दल	011	01.31
कांग्रेस	145	26.69	जनता दल (यूनाइटेड)	008	02.29
राष्ट्रीय जनता दल	024	02.22	अकालीदल (बादल)	008	00.91
द्रमुक	016	01.82	तेलुगूदेशम् पार्टी	005	03.06
नेशनलिस्ट कांग्रेस पार्टी	009	01.78	डब्लयू बीटीसी	002	02.08
पीएमके	006	00.56	मिजा नेशनल फ्रन्ट	001	00.05
झारखण्ड मुक्ति मोर्चा	005	00.48	एसडीएफ	001	00.04
तेलंगाना राष्ट्रसमिति	005	00.63	आईएफडीपी	001	00.07
लोकतांत्रिक जनशक्ति पार्टी	004	00.72	एनपीएफ	001	00.18
एमडीएमके	004	00.63	निर्दलीय (भाजपा)	001	00.18
पीडीपी	001	00.08	**अन्य दल**	**070**	**19.93**
एमयूएल	001	00.20	समाजवादी पार्टी	036	04.33
आईएनडी (आईएनसी)	001	00.20	बहुजन समाज पार्टी	019	05.33

दल	स्थान प्राप्त	प्राप्त मत का प्रतिशत	दल	स्थान प्राप्त	प्राप्त मत का प्रतिशत
वाममोर्चा	**061**	**08.34**	राष्ट्रीय लोकदल	003	00.64
साम्यवादी (मार्क्सवादी) दल	043	05.69	जनता दल (सेक्यूलर)	003	01.48
साम्यवादी दल	010	01.40	असम गणपरिषद्	002	00.53
आरएसपी	003	00.44	एसजेपी (आर)	001	00.09
एफबीएल	003	00.35	नेशनल कॉन्फ्रेस	002	00.13
केईसी	001	00.09	अन्य निर्दलीय	001	03.79
निर्दलीय (वाममोर्चा)	001	00.08	एनएलपी	001	00.09
राष्ट्रीय जनतांत्रिक गठबंधन	**189**	**35.91**	एमआईएम	001	00.11
भारतीय जनता पार्टी	138	22.16	अन्य	001	05.56
शिवसेना	012	01.82			

15वीं लोकसभा में चुनाव 16 अप्रैल से 13 मई 2009 के मध्य पांच चरणों में सम्पन्न हुए। 543 सीटों के लिए 8070 उम्मीदवारों ने भाग्य आजमाया। जिनमें 556 महिला उम्मीदवार थी। 369 राजनीतिक दलों ने विभिन्न क्षेत्रों में प्रत्याक्षी खड़े किए, अन्तिम रूप से 36 दलों के उम्मीदवार संसद में पहुचने में सफल हुए जबकि निर्वाचन आयोग द्वारा मान्यता प्राप्त दलों की संख्या 967 है।

16 मई 2009 को घोषित चुनाव परिणाम इस प्रकार रहेः

15वीं लोकसभा चुनाव परिणाम 2009

गठबंधन	दल	प्राप्त सीटें	योग
यूपीए (UPA)	कांग्रेस	206	
	डीएम के	18	
	राकंपा	09	
	तृणमूल कांग्रेस	19	
	झारखंड मुक्ति मोर्चा	02	
	नेशनल कान्फ्रेन्स	03	
	अन्य	05	262
एन डी ए (NDA)	भाजपा	116	
	जद (यू)	20	
	एस. एस.	11	
	शिरामणी अकाली दल	04	
	असम गण परिषद्	01	
	राष्ट्रीय लोकदल	05	157
तीसरा मोर्चा	वामपक्ष	22	
	बसपा	21	
	जनता दल (एस)	03	
	ए आई ए डी एम के	09	
	तेलगूदेशम दल	06	
	बीजेडी	14	
	टी आर एस	02	
	अन्य	03	80

चौथा मोर्चा	समाजवादी दल	23	
	आर जे डी	04	27
अन्य दल/निर्दलीय –		17	17

15वीं लोकसभा में चुनावों से पूर्व एक्जिट पोल के कई सर्वेक्षण स्पष्ट दिशा संकेत दे रहे थे कि किसी भी दल को स्पष्ट बहुमत नहीं मिलेगा, क्षेत्रीय दलों की सरकार निर्माण में अहम भूमिका रहेगी लेकिन 16 मई 2009 को घोषित परिणामों में पूर्व के सारे अनुमान को नकारते हुए पूर्व सत्तारूढ़ यूपीए सरकार को लगभग पूर्ण बहुमत मिला। डॉ. मनमोहन सिंह के नेतृत्व में सरकार का गठन हुआ। पिछली बार कांग्रेस को सरकार बनाने के लिए काफी कवायत करनी पड़ी थी, इस बार बहुमतका जादूई आंकड़ा 272 आसानी से हासिल हो गया। 15वीं लोकसभायी चुनाव में पुनः राष्ट्रीय दलों का वर्चस्व उभरकर आया। कांग्रेस को आशातीत सफलता हासिल हुई। 3 जून 2009 को मीरा कुमार को 15वीं लोकसभाअध्यक्ष नियुक्त किया, ये भारत की पहली महिला लोकसभा अध्यक्ष बनी वहीं भाजपा के वरिष्ठ नेता करिया मुडा को लोकसभा उपाध्यक्ष नियुक्त किया।

15वीं लोकसभा के चुनाव में 8070 उम्मीदवारों ने भाग्य आजमाया उनमें से 7514 पुरुष तथा 556 महिलाओं ने भाग लिया। चुनाव परिणामों में 485 पुरुष उम्मीदवार तथा 58 महिला उम्मीदवार विजयी रही। लोकसभा में पहुंचे 543 उम्मीदवारों में से 300 करोड़पति है तथा 150 पर कोई न कोई मुकदमा चल रहा है। 15वीं लोकसभा में अपेक्षाकृत युवा कम जीतकर आए हैं, सांसदों की औसत आयु 53 वर्ष है। लोकसभा में 42.35% उम्मीदवारों का व्यवसाय कृषि है। लोकसभा में सवर्ण जातियों का प्रतिनिधित्व 45 प्रतिशत पिछड़ी जातियों का प्रतिनिधित्व 23.3 प्रतिशत है।

15वीं लोकसभा में भाजपा प्रमुख विपक्षी दल है। लालकृष्ण आडवानी विपक्ष के नेता हैं। भारत के संसदीय इतिहास में यह पहला अवसर है जब राज्यसभा का कोई सदस्य दूसरी बार प्रधानमंत्री (डॉ. मनमोहन सिंह) बना है। कार्यवाहक प्रधानमंत्री गुलजारी लाल नंदा पूर्व प्रधानमंत्री इन्द्रकुमार गुजराल तथा वर्तमान प्रधानमंत्री डॉ. मनमोहन सिंह, इन तीनों का जन्म पाकिस्तान में हुआ है।

समय की कसौटी पर संसदीय व्यवस्था

जॉन स्टुअर्ड मिल ने संसद को राष्ट्र के महान अन्वेषण के रूप में गरिमा प्रदान की। वहीं लार्ड जेम्स ब्राइस और जी.डब्लयू. कीटन ने संसद के निधन पर शोक व्यक्त किया। एडमंड बर्क संसद को विचार–विमर्श की प्रभावी विधायिका के रूप में देखते है। रमजेम्योर का मानना हैं कि जब उसके सदस्य प्रतिज्ञाबद्ध हो तो उसका (संसद) नियत्रंण अवास्तविक हो जाता है।

सांसदों का उच्च वेतन की दरकार

सांसद अपने क्षेत्र का ट्रस्टी होता है, वह अपना काम दिल्ली और संसदीय क्षेत्र में समुचित साधनों सहित कर सके, इसके लिए एक कार्यालय का दरकार होती है साथ ही क्षेत्र में आने वाले लोगों के सत्कार की। इसलिए खर्चे की जरूरत पड़ती है। सांसद को वेतन के अलावा कुछ नहीं मिलता है, आय का दूसरा कोई स्रोत नहीं है। पश्चिमी देशों की तुलना में भारतीय सांसदों के वेतन–भत्ते काफी कम है। बढ़ती महंगाई तथा स्टेट्स को बनाए रखने के लिए धन की जरूरत होती है। प्रोटोकाल के अनुसार सांसद का रूतबा केन्द्रीय सचिव से ऊपर होता है लेकिन वेतन बहुत कम है। कई राज्यों में विधायक की तुलना में सांसद का वेतन कम है। इस विभेद पर अंकुश लगाया जाना चाहिए।

सांसदों को देय सुविधाएं

सांसदों के वेतन भत्ता एवं पेंशन भत्ता अधिनियम 2006 के द्वारा निम्न व्यवस्थाएं की गई है:–

1. वेतन 12 हजार से बढ़ाकर 16 हजार मासिक।
2. संसदीय कार्यों के दौरान दैनिक भत्ता 500 से बढ़ाकर 1000 रूपये।
3. सड़क मार्ग भत्ता 13 रूपये प्रति किलोमीटर।
4. हवाई यात्राएं वर्ष में 34
5. फर्नीचर 60 हजार रूपये (टिकाऊ)
6. फर्नीचर 15 हजार रूपये (गैर टिकाऊ)
7. टेलीफोन तीन लैण्डलाइन व एक बीएसएनएल मोबाइल फोन के साथ एक और बीएसएनएल मोबाइल फोन क्षेत्र के लिए।

8. डेढ़ लाख मुफ्त कालों के साथ 20 हजार अतिरिक्त मुफ्त कालें।
9. कम्प्यूटर के लिए मुफ्त बाण्डबैंड सुविधा।
10. भूतपूर्व संसद सदस्यों को पेंशन 8 हजार रूपये मासिक।
11. सांसदों की मृत्यु के पश्चात् उनके आश्रितों को आजीवन पेंशन 3 हजार रूपये मासिक।
12. सांसद विकास निधि दो करोड़ रूपये प्रतिवर्ष।
13. इसके अलावा पहले से जारी सभी सुविधाएं यथावत रहेगी।

संसद पर व्यय

वर्ष	व्यय
1952—53	01 करोड़
2002—03	265 करोड़

लोकसभा की बैठकें

वर्ष	बैठकें
1952—1961	1242
1992—2001	758

14वीं लोकसभा में 20 सदस्यों को अपनी सदस्यता से हाथ धोना पड़ा। लोकसभा के इतिहास में अब तक इतनी बड़ी तादाद में सदस्यों का सदस्यता से वंचित होने का यह रिकार्ड है।

प्रश्न पूछने के लिए रिश्वत लेने, सांसद निधि का दुरूपयोग करने एवं दलबदल कानून के अन्तर्गत दोषी पाए गए। इसमें भाजपा के 08, बसपा के 06, कांग्रेस के 02, सपा के 02, राजद का 01, जेडीयू का 01 सदस्य शामिल है।

सन् 2008 में लोकसभा की सिर्फ 34 बैठकें हुई। पिछले चार साल में सदन का 39 प्रतिशत समय व्यर्थ गया। इस वर्ष संसद का मानसून सत्र मात्र दो दिन के लिए आयोजित हुआ। इससे स्पष्ट है कि संसदीय मंच का निरन्तर अवमूल्यन हो रहा है।

मासिक वेतन (रूपये में)

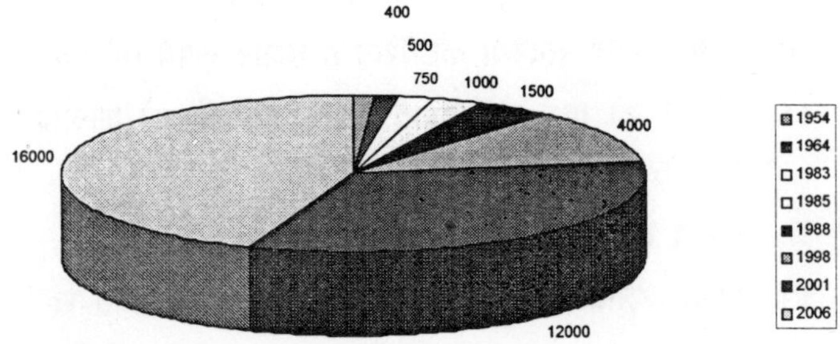

प्रतिमाह संसदीय क्षेत्र भत्ता (रूपये में)

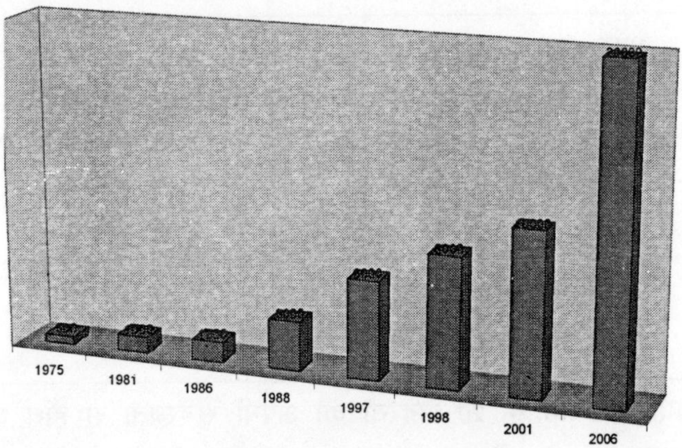

मासिक कार्यालय भत्ता (रूपये में)

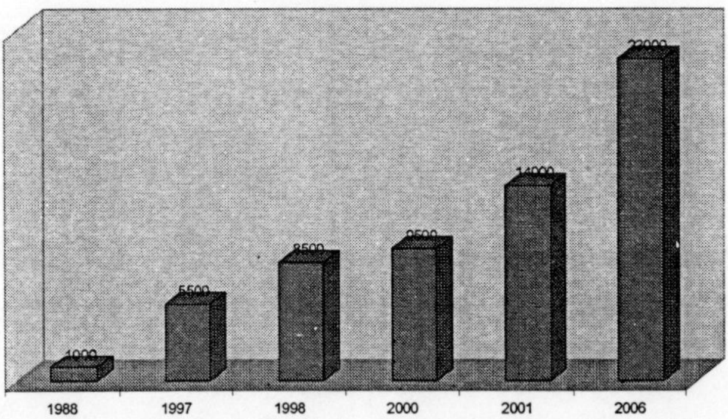

सांसदों के वेतन भत्तें
दैनिक भत्ता (रूपयें में)

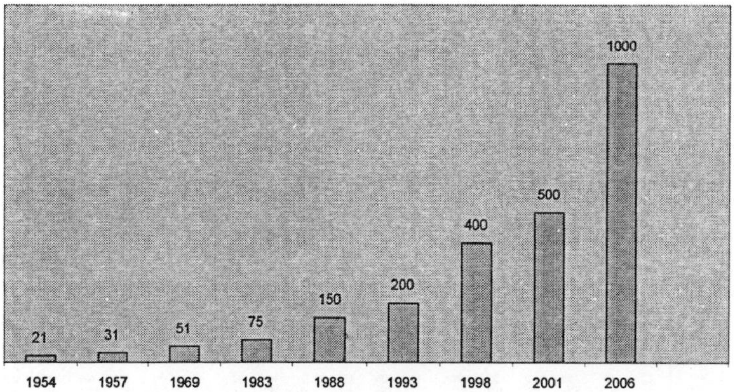

संसदीय क्षेत्र यात्रा भत्ता (रूपये प्रति किलोमीटर)

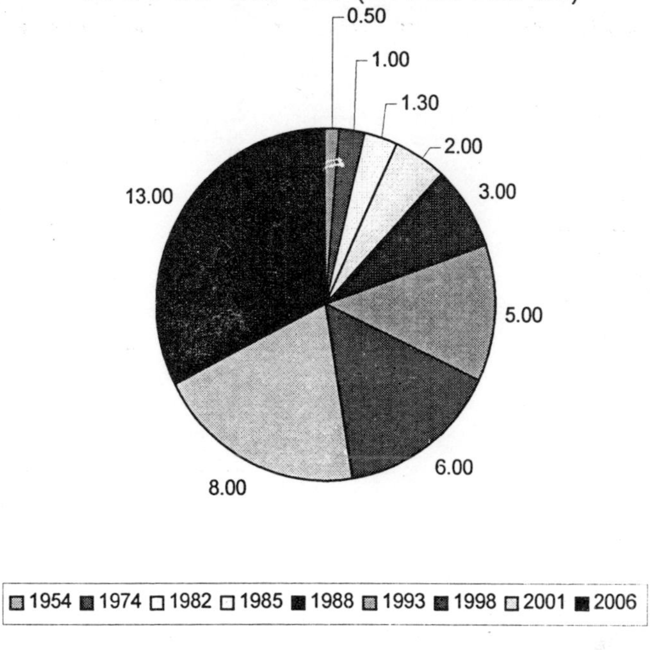

लोकसभा में सांसदों की पेशेवर स्थिति

पेशेवर स्थिति	पहली	दूसरी	तीसरी	चौथी	5वीं	6वीं	7वीं	8वीं	9वीं	10वीं	11वीं	12वीं	13वीं	14वीं	15वीं
खेतीहर/कृषक	22.5	29.1	27.4	30.6	33.2	36.0	39.3	38.3	40.40	29.57	32.11	49.0	42.6	47.88	41.35
आर्टिस्ट	-	-	-	0.2	-	-	0.2	0.9	0.59	1.11	1.48	-	-	-	-
सिविल व सैन्य सेवाएं	3.7	4.0	0.9	3.2	3.4	1.7	0.9	3.0	1.78	3.51	2.40	-	-	-	-
डिप्लोमेन्ट्स	-	-	-	-	-	-	-	-	0.40	0.74	1.84	-	-	-	-
अर्थशास्त्री	-	-	-	-	-	-	-	-	0.59	-	-	-	-	-	-
इंजीनियर और तकनीशियन	-	-	0-9	1.4	1.2	0.9	1.1	0.8	1.58	1.85	1.66	-	-	-	-
पूर्व शासक	1.1	1.4	2.1	1.4	0.4	0.6	0.2	0.6	-	1.11	-	-	-	-	-
स्वतंत्र कामगार/मजदूर नेता	-	-	0.2	0.2	-	1.7	0.6	1.3	0.99	0.92	1.48	-	-	-	-
पत्रकार/लेखक	10.4	10.2	5.8	4.8	6.3	2.7	2.9	1.3	3.17	2.22	1.66	-	-	-	-
जज	-	-	-	-	-	-	-	-	0.20	-	-	-	-	-	-
वकील	35.6	30.5	24.5	7.5	20.5	23.4	22.2	19.1	15.64	17.93	12.92	10.3	12.1	-	-
मेडिकल प्रेक्टिसनर्स	4.8	3.5	3.0	2.8	1.7	1.3	1.9	4.0	3.56	4.81	2.95	-	-	-	-
पायलट	-	-	-	-	-	-	-	-	-	0.20	3.69	-	-	-	-
राजनीति व समाजसेवक	-	-	18.7	22.9	19.0	20.0	17.2	16.0	17.03	0.74	19.00	18.0	20.0	-	-
धार्मिक मिशनरीज	-	-	0.2	0.8	0.4	-	0.2	0.2	0.40	1.66	1.84	-	-	-	-
अध्यापक व शिक्षाविद्	9.9	11.3	5.8	6.5	7.1	8.4	6.7	7.7	8.71	10.72	8.30	-	-	-	-
व्यापारी और उद्योगपति	12.0	10.0	10.5	7.5	6.8	3.3	6.3	6.8	4.36	8.50	8.67	-	-	-	-
अन्य	-	-	-	0.2	-	-	-	-	0.6	14.41	-	22.7	25.3	-	-
योग	**100**	**100**	**100**	**100**	**100**	**100**	**100**	**100**	**100**	**100**	**100**	**100**	**100**	-	-

लोकसभा सांसदों की शैक्षणिक योग्यताएं (1952–2009)

(आंकड़े प्रतिशत में)

	लोकसभा														
शैक्षणिक योग्यता	पहली	दूसरी	तीसरी	चौथी	5वीं	6वीं	7वीं	8वीं	9वीं	10वीं	11वीं	12वीं	13वीं	14वीं	15वीं
मैट्रिक से कम	23.2	25.4	28.7	11.5	23.1	9.8	10.0	7.9	4.1	3.91	3.23	2.2	2.8	3.49	4.60
मैट्रिक, उच्चतर माध्यमिक	18.4	19.1	17.7	22.1	16.0	24.9	22.3	21.0	21.68	18.81	14.52	20.2	16.9	17.67	17.31
स्नातक	37.1	33.9	32.0	35.4	34.4	38.7	40.3	44.6	43.36	45.62	45.77	44.8	48.0	45.85	43.64
स्नातकोत्तर (तकनीकी शिक्षा सहित)	17.8	19.5	20.0	24.7	24.7	24.9	25.8	24.6	26.70	27.93	30.24	28.1	27.2	28.91	23.94
डॉक्टर डिग्री या अन्य डिग्री	3.5	2.1	1.6	6.3	1.8	1.7	1.6	1.9	4.16	3.73	6.24	4.7	5.1	4.05	4.23 एवं 6.28
	100	**100**	**100**	**100**	**100**	**100**	**100**	**100**	**100**	**100**	**100**	**100**	**100**		

15वीं लोकसभा में मात्र एक सांसद अनपढ़ है

भारतीय संसद की कार्यशीलता (समय की बर्बादी)

लोकसभा	समय बर्बाद हुआ (प्रतिशत में)
11वीं लोकसभा	06
12वीं लोकसभा	11
13वीं लोकसभा	25
14वीं लोकसभा	39

घटती संसद की बैठकें

1952 से कुछ वर्षों में संसद की औसत बैठकें 138 दिन होती थी। बाद में यह औसत कुछ घटकर 120 दिन रह गई। 1988 में यह औसत घटकर 65 से 80 दिन रह गया। 2003 में औसत और घटकर 73 दिन रह गया। 2006 में मात्र 57 दिन बैठक हुई, 193 घण्टे संसद की कार्यवाही ठप्प रही जबकि प्रति घण्टे 11 लाख रूपए व्यय होते है। एक दिन की बैठक पर लगभग सवा करोड़ रूपये व्यय होते है। 17 मिनट में आठ विधेयक पारित कर लोकसभा गंभीरता का नजारा प्रस्तुत कर चुकी है।

संसद की बैठकें (1999–2008)

वर्ष	बैठकें
1999	51
2000	85
2001	81
2002	84
2003	74
2004	53
2005	85
2006	87
2007	66
2008	50

बैठकों पर खर्च

वर्ष	व्यय (करोड़ो में)
1990–91	27.72
1999–2000	149.55
2004–2005	287.05
2007–2008	381.08
2008–2009	436ण5

लोकसभा निर्वाचन व्यय (1952 से 2004)

लोकसभा	वर्ष	व्यय रूपये(करोड़ में)
प्रथम	1952	10.45
द्वितीय	1957	5.90
तष्तीय	1962	7.81
चतुर्थ	1967	10.95
पंचम	1971	14.43
षष्ठम्	1977	29.81
सप्तम्	1980	37.07
अष्ठम्	1984	78.28
नवम्	1989	110.15
दशम्	1991	320.00
ग्यारहवीं	1996	518.00
बारहवीं	1998	664.00
तेरहवीं	1999	900.00
चौदहवीं	2004	1300.00

भारतीय संसदीय परम्पराओं में भारी गिरावट आ रही है। एक ओर संस्थाओं का क्षरण हुआ है वहीं कार्यकरण की दशा और दिशा भी विकृत हुई है। आज से करीब एक शताब्दी पूर्व गांधीजी ने भारत की भावी व्यवस्था का खाका खींचने वाली पुस्तक 'हिन्द–स्वराज' में लिखा था कि जिसे आप लोकतंत्र की माता कहते है, वह पार्लियामेंट तो बांझ है। यह

शब्द बहुत कड़े है तो भी उस पर अच्छी तरह से लागू होते हैं। मैंने उसे बांझ कहा क्योंकि उस पार्लियामेन्ट ने एक भी अच्छा काम नहीं किया। अगर उस पर कोई जोर–दबाव डालने वाला नहीं हो तो वह कुछ भी न करे, ऐसी उसकी कुदरती हालत है। गांधीजी ने हिन्द स्वराज में ब्रिटिश संसदीय व्यवस्था का जो चित्रण किया है और भारतीय संसद के तौर–तरीकों को देखें तो ऐसा लगता है कि उन्होंने स्क्रिप्ट लिखी और सांसद उसे अभिनीत कर रहे है। सदन की कम होती बैठकें, हंगामों के कारण अमूल्य समय की बर्बादी, बढ़ता खर्च, गिरती साख, शृंखलाबद्ध रूप में उघड़ती भ्रष्टाचार की परतें, पैसा बनाने की होड़, कबूतरबाजी करते सांसद, लोकतंत्र के इस पवित्र मंदिर को क्या दिशा दे रहे है? विचारणीय विषय है।

इसमें कोई मीनमेख नहीं कि हमारी संसद में एक से एक बढ़कर विद्वान, चितंक, विचारक, समाजसेवी तथा विचारधारा के प्रति निष्ठावान, ईमानदार, निष्णात लोग भी हुए है और है भी। पार्लियामेन्टरी कमेटी व्यवस्था के रिकार्डों का गहराई से विश्लेषण करें तो स्पष्ट होता है कि कितनी मेहनत और गंभीरता से उन्होंने कार्य किया। संसदीय लोकतंत्र में सत्तापक्ष और विपक्ष के मध्य प्रतिद्वंदिता एक सहज प्रक्रिया है। परन्तु दुर्भाग्य से दोनों पक्ष, मान्य नियमों और परम्पराओं को खूंटी पर टांग कर सदन में जो कार्यवाहियों को अन्जाम देते है वह चिन्तनीय है। सरकार की ओर से जब कुछ गलत होता है तो विपक्ष निश्चित रूप से सत्तापक्ष को घेरने का प्रयास करेगा, परन्तु जब सत्तापक्ष विपक्ष को सुनने के लिए तैयार नहीं है तो विपक्ष 'काम रोको प्रस्ताव' लायेगा ही। यह संसदीय व्यवस्था का अमोघ अस्त्र है, अस्वाभाविक नहीं। सवाल गरिमा और मर्यादाओं के पालन का है। इसमें कोई शक नहीं कि भारत का शासन राजनीतिक दलों और चुनावों से ही बेहतर तरीके से चलाया जा सकता है। शासन–व्यवस्था के स्वरूप पर काफी बहसें हो चुकी है कि क्यों न संसदीय शासन व्यवस्था के स्थान पर अध्यक्षात्मक शासन प्रणाली को अपना लिया जावें लेकिन महत्त्वपूर्ण बात यह है कि आखिर व्यवस्था को गति देने वाले तो ये ही लोग है, केवल कार्यपालिका अध्यक्ष की अवधि निश्चित हो जाने से क्या समस्या का समाधान हो जायेगा। हमारी संसदीय व्यवस्था

के समक्ष जो समस्याएं है उनके समाधान तो स्वयं संसद के पास है, सवाल उन्हें प्रभावशाली ढंग से लागू करने का है। सांसद स्वयं संसद की अवमानना करें, यह ज्यादा बड़ा अपराध है। तभी तो लोकसभाध्यक्ष सोमनाथ चटर्जी यहां तक कहते है कि ''सांसद लोकतंत्र को समाप्त करने के लिए 'ओवरटाइम' कर रहे है। लोकसभा 'तमाशे' की जगह बनती जा रही है। लोकतंत्र में शुचिता के लिए ठोस प्रयास किये जाने की जरूरत है।

संदर्भ ग्रन्थ

1. संसद का इतिहास भाग प्रथम, द्वितीय,–सुभाष काश्यप, विश्वप्रकाश गुप्त
2. हमारी संसद–सुभाष काश्यप
3. भारतीय शासन एवं राजनीति–डॉ. बी. एस. फड़िया
4. इंडिया टूडे, जून 2009, नई दिल्ली
5. पॉलिटिक्स, नई दिल्ली

2

संसदीय लोकतंत्र की प्रतिज्ञाएं और प्रतिबद्धताएं

बीसवीं सदी की शुरूआत में ब्रिटिश–भारत की जो दुर्दशा थी जिसका जिक्र करते हुए एक अंग्रेज लेखक विलियम डिगवी लिखता है "सदी के प्रारम्भ में भारत में करीब 10 करोड़ मनुष्य ऐसे है, जिन्हें भरपेट भोजन नहीं मिलता। इस पतन की दूसरी मिसाल अन्य किसी देश में नहीं मिल सकती है", लेकिन आजादी के बाद?

भारतीय संसदीय प्रजातंत्र के उषाकाल की प्रतिज्ञाएं

हमें स्वतंत्रता प्राप्त किए 62 वर्ष हो चुके है, इस दौरान हमने कई क्षेत्रों में काफी प्रगति की है। पश्चिमी देशों ने तो भारत को निरक्षकों का देश घोषित कर दिया था। 1951 में साक्षरता का प्रतिशत 18.33 था जो 2001 में बढ़कर 64 फीसदी से अधिक हो गया है। वैश्विक प्रतिभा सूचकांक के अनुसार अगले दस वर्षों में भारत विश्व में 10वें स्थान पर होगें। 12 लाख महिलाएं पंचायतों के लिए चुनकर आ आई, विश्व में कहीं इतनी निर्वाचित महिलाएं नहीं है। छठे दशक में एल्डस हक्सले ने भविष्यवाणी की थी कि नेहरू के मरने के बाद भारत में सैनिक तानाशाही आ जाएगी। आज भारत सभी भविष्यवाणियों को झुठलाता हुआ उदारवादी लोकतंत्र स्थापित करने वाला विश्व का सबसे बड़ा देश है। पाकिस्तान, नेपाल, बंग्लादेश, श्रीलंका, बर्मा तथा इसके साथ आजाद हुए दुनियां के दूसरे देशों के साथ तुलना करने पर भारत लोकतंत्र के ऊंचे पायदान पर है। जी–8, आसियान, राष्ट्रमंडल आदि में भारत की वैश्विक छवि उभरी है।

परन्तु स्वतंत्रता आंदोलन के सपनों और संकल्पों की कसौटी पर 62 वर्षों की लोकतांत्रिक उपलब्धियों का मूल्याकंन करते है तो पाते है कि कई लोकतांत्रिक और राजनीतिक व्यवस्थाएं मजबूत हुई तो कई राजनीतिक प्रक्रियाएं ढ़ोग बनकर रह गई है। 15 अगस्त 1947 को प्रथम राष्ट्रपति डॉ. राजेन्द्र प्रसाद ने कहा था कि हम हर भारतवासी वचन देते है कि "हम विपन्नता, भूख और बीमारी के अन्त, भेदभाव और शोषण का अन्त करेंगे और हर व्यक्ति के लिए सुचारू जीवन आश्वस्त करेगें।" **(संलग्न भाषण की प्रतिलिपि)** 14 अगस्त 1947 को अर्द्धरात्रि में अन्तरिम संसद को संबोधित करते हुए जवाहरलाल नेहरू ने कहा था कि "आज हम दुर्भाग्य के एक कालखंड का अन्त कर रहे हैं और भारत अपने स्वत्व को फिर से हासिल कर रहा है। भारत की सेवा से तात्पर्य उन लाखों लोगों की सेवा है जो कष्ट में रहते है, इसका तात्पर्य निर्धनता, अज्ञान, बीमारी एवं अवसरों की असमानता को समाप्त करना है।" जब हम आजादी का जश्न मना रहे थे, हमारी पीढ़ी के महापुरूष महात्मा गांधी स्वाधीनता की रात जश्न मनाने के स्थान पर नाआखली में साम्प्रदायिक हिंसा से लोहा ले रहे थे। जिनके बारे में आईस्टाइन ने कहा था "आने वाली सदियां इस बात पर शायद विश्वास करें कि हाड मांस का ऐसा कोई जीव धरती पर रह रहा था।" गांधीजी की अभिलाषा थी "हर आंख का आंसू पोछा जाए। भले ही ऐसा करना हमारे वश के बाहर हो किन्तु जब तक लोगों की आंखों में आंसू रहेगें और लोगों को कष्ट रहेगा, तब तक हमारा काम पूरा नहीं होगा।"

60 वर्षों में प्रतिबद्धताएं जुमलों, जुगत और जुगाड़ के प्रति

स्वतंत्रता के 62 वर्षों में उपर्युक्त प्रतिज्ञाओं एवं मन्तव्यों के विपरीत नीति–निमर्ताओं का चलन, चाल और चेहरा रहा। कथनी और करनी में अर्श से फर्श अन्तर बना रहा। गुडविल, गुड गवर्न्नेस, गुड फील फेक्टर, गुड फील ऐक्टर जैसे जुमले तब तक स्लोगन ही कहें जायेगे जब तक झोपड़ी का रोदन शान्त नहीं हो जाता। सच्चे और बुनियादी लोकतंत्र की प्रतिबद्धता जनता की प्राथमिक जरूरतों को पूरा करने के प्रति होती है। यानि रोटी, कपड़ा, मकान, स्वास्थ्य एवं शिक्षा। परन्तु हमारे नीति–निर्माताओं की प्रतिबद्धताएं जुमलों, जुगत और जुगाड़ के प्रति रहीं हैं। इंदिरा इज

इंडिया, इंडिया इज इंदिरा, गरीबी वर्ष, सबको देखा बारी बारी अबके अटल बिहारी, शायनिंग इंडिया, पैसा खुदा तो नहीं खुदा की कसम खुदा से कम भी नहीं। यदि देवे हमें शक्ति तो मिलेगी भुख, भय और भ्रष्टाचार से मुक्ति। जैसे जुमलों की जुगलबंदी से जनता को झूनझुना थमाना गुड–गवर्न्नेस नहीं कहा जा सकता। कल तक जिन्हें बांस से छुना तक अपराध माना जाता था, आज उनके साथ जुगलबंदी करना, गर्व की बात मानना क्या वैचारिक–प्रतिबद्धता है? अवसरवाद की ताक में चालें और चेहरे बदलना परिस्थितियों का तकाजा है। वैचारिक प्रतिबद्धता और अविश्वासनीयता का संकट गुड–गवर्न्नेस नहीं जुगाड़–गवर्न्नेस की अवधारणा विकसित रहा है। इस जुगाड़–गवर्न्नेस ने भारतीय लोकतंत्र की तजबीज, तस्वीर बदल दी है। लोकतंत्र रूपी जहाज सभी तूफानों और तकलीफों का सामना कर सकता है, उसे खतरा उसके सवारों और संचालकों से होता है।

According to James Russell Lowell:

President Lincoln defined democracy to be The government of the people by the people for the people. This is a sufficiently compact statement of it as a political statement. Theodore parker said that "Democracy meant not I am as good as you are but you are as good as I am. "And this is the ethical conception of it" necessary as a complement of other."

D.W. Brogan

Democracy is like a raft. It never sinks but down it, your feet are always in the water.

According to Jawahar Lal Nehru

Good governance and parliamentary democracy demands many virtues. It demands of course ability. It demands a certain devotion to work. But it demands also a large measure of co-operation of self-discipline of restraint.

लोकतंत्र को संचालित करने और दिशा देने में चुनावों, राजनीतिक दलों, नेताओं तथा विपक्ष की अहम् भूमिका होती है, ये संस्थाएं गुड–गर्वेन्नस का मापदंड है। परन्तु भारतीय लोकतंत्र में ये संस्थाएं या संगठन अनेकानेक व्याधियों से पीड़ित है।

W - 7

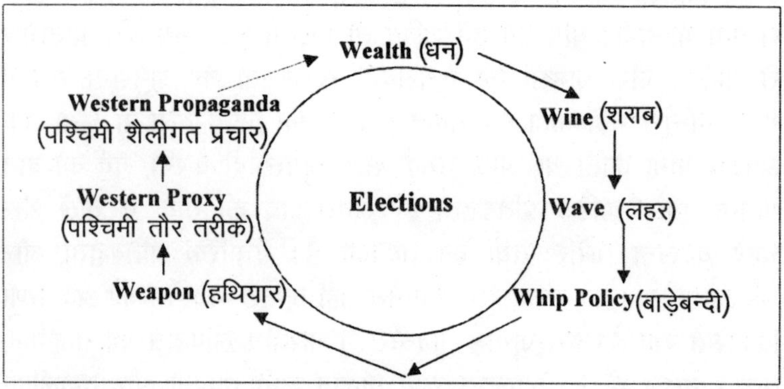
Wealth (धन)
Wine (शराब)
Wave (लहर)
Whip Policy(बाड़ेबन्दी)
Weapon (हथियार)
Western Proxy
(पश्चिमी तौर तरीके)
Western Propaganda
(पश्चिमी शैलीगत प्रचार)
Elections

F - 5

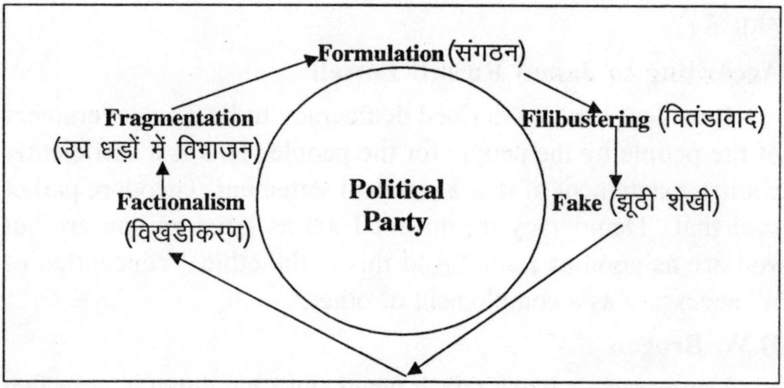
Formulation (संगठन)
Filibustering (वितंडावाद)
Fake (झूठी शेखी)
Factionalism
(विखंडीकरण)
Fragmentation
(उप धड़ों में विभाजन)
Political
Party

T - 3

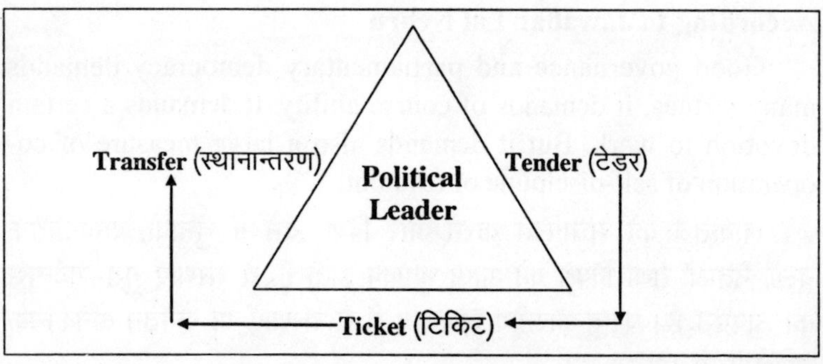
Transfer (स्थानान्तरण)
Tender (टेडर)
Ticket (टिकिट)
Political
Leader

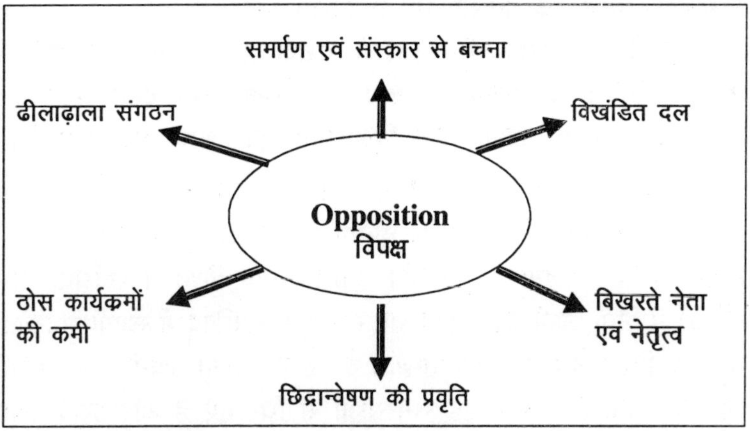

इसमें कोई मीनमेख नहीं की शासन का अपना एक रूतबा होता है लेकिन रूतबा फतवो की फिरस्त से प्रभावी नहीं हो, जनता से रूबरू होकर ही जनता में इमेज बनायी जा सकती है यह पब्लिक है सब जानती है। आजादी के 62 वर्षों में हर व्यक्ति अपनी हैसियत और हक का हिमायती बन चुका है। इसलिए प्रत्येक व्यक्ति शासन तंत्र के हाथों तिरस्कृत नहीं होना चाहता। जब 'जन' तिरस्कृत होगा तो 'तंत्र' कंकाल ही सिद्ध होगा।

वैश्वीकरण, विनिवेश, दूरसंचार, आवणिक परमाणिक, वैज्ञानिक, तकनीकी, रक्षा, व्यापार, शिक्षा, वाणिज्य, सूचना के क्षेत्र में निश्चित रूप से हमारे देश ने उल्लेखनीय उपलब्धियां हासिल की है मगर इन सब का लाभ जिसके नाम पर और जिसके खून–पसीने से सारा उपक्रम होता और चलता है। कहीं बीच में कपूर की भांति उड़ जाता है क्यों? भारत में तेजी से बदलाव आ रहे है। परन्तु हमारे राजनीतिज्ञ और नौकरशाह इस बदलाव की बयार को आत्मसात् नहीं कर रहे है। भारत आज दुनिया में सबसे ज्यादा संभावनाओं से भरा देश है, यहां एक तरफ देश का बड़ा तबका हर मामले में मुकाबला कर रहा है वहीं दूसरी ओर एक ऐसा तबका भी है जो इस मुकाबला के लायक भी नहीं है। इसी भारत और इंडिया के भेद पर नोबेल पुरस्कार विजेता अर्थशास्त्री **अमर्त्यसेन** कहते है कि **"भारत विरोधभासी आंकड़ों का देश है। एक ओर भारत का**

मध्यवर्ग दुनिया के किसी भी विकसित देश से होड़ ले रहा है वहीं दूसरी ओर अभी भी साठ के दशक की तमाम समस्याओं ने विश्व परिदृश्य में भारत की छवि को धब्बा लगा रखा है।'' यह वह देश है जहां गरीबी और विलासिता एक साथ चल रही है।

इसमें कोई मीनमेख नहीं कि 62 वर्षों में सपेरो का देश (भारत) अब साफ्टवेयर में तब्दील हो चुका है। दुनियां की चुनींदा मजबूत अर्थव्यवस्थाओं हमारे देश की गणना हो रही है। हमारी सेनाएं विश्व में सर्वश्रेष्ठ तीन सेनाओं में गिनी जाती है। संयुक्त राष्ट्रसंघ सुरक्षा–परिषद् में स्थायी सदस्यता के लिए विश्व के अनेक देश समर्थन दे रहे है। परन्तु अपनी नजरों में ही गिरे है अपनी ही बनायी हुई समस्याओं से घिरे हुए है और इसके लिए आम आदमी को कतई दोष नहीं दे सकते है। दोष हमारे राजनीतिज्ञों के चरित्र का है, क्योंकि वे हमारे समक्ष कोई ठोस आदर्श नहीं रख पाए है। चुनावी जीत के लिए सिद्धान्तों और नीतियां को ताक में रखना कहां तक उचित है?

शहीदे आजम भगतसिंह तथा राष्ट्रपिता महात्मा गांधी को भी पैसा लेने वाला व्यक्ति बताने वाले राजनीतिज्ञों को तिरस्कृत करने के स्थान पर राज्यसभा में बनाए रखा जाता है तो भ्रष्टाचार की गंगा का उफान कैसे रोका जा सकेगा। केन्द्र से भेजे गए एक रूपए में से केवल पांच पैसे ही जरूरतमंद तक पहुंच रहे है तो यह मानना होगा कि भ्रष्टाचार का वायरस गली–कूचे तक पहुंच चुका है। भ्रष्टाचार नीचे से ऊपर नहीं बल्कि ऊपर से नीचे चलता है जैसाकि जापानी कहावत है कि सड़न मछली के सिर से शुरू होती है। जब लोकसभा के सांसद धन लेकर प्रश्न पूछते हो तो क्या ग्राम पंचायत के अदना से सदस्य से कैसे ईमानदारी की अपेक्षा की जाएगी? पहले जनता के लिए नेता होते थे लेकिन अब नेता के लिए जनता है। राजनीतिक दलों ने संसद को तार्किक बाणों का मंच बनाने के स्थान पर ओछे आरोपो–प्रत्यारोपों का मोर्चा बना दिया है। सदन में वोट–बैंक पक्का करने के लिए छद्म बहसें होती है आम आदमी किसी भी दल के केन्द्र में नहीं है। जार्जवाल्ड का कथन है कि जब कोई बुद्धिमान बच्चा सवाल करता है और उसे जब अपने सवालों का जवाब नहीं मिलता तो

वह सवाल पूछना ही बंद कर देता है। भारतीय मतदात्ता उसी बुद्धिमान बच्चे के समान है, नेताओं से अपने सवालों के जवाब नहीं मिलने से वे भाग्य को ही कोसते है और उदासीन होकर अपने को भगवान भरोसे मान बैठते है। कन्फ्यूशियस ने कहा था कि जब कोई राज्य सुशासित होता है तो गरीब और कमजोर होना शर्मनाक बात है लेकिन कोई राज्य कुशासित होता है तो धनवान और समृद्ध होना और भी शर्मनाक है।

भारतीय राजनीतिज्ञों के बारे में यहां तक कहा जाता है कि "तस्कर, बिल्डर माफिया, लूट, अपहरण, तथा दलाल छाए हुए है। इन समस्याओं का समाधान ढ़ाई हजार वर्ष पहले के चितंक आचार्य चाणक्य के इस कथन में ढूंढा जा सकता है कि "जिस देश का राजा महलों में रहता है उसकी प्रजा झोपड़ियों में रहती है और जिस देश का राजा झोपड़ियों में रहता है उसकी प्रजा महलों में रहती है।"

यह विचारणीय प्रश्न है कि देश आर्थिक महाशक्ति बनने जा रहा है। आंकड़े आए दिन उछाल ले रहे है, मंहगाई का ग्राफ उर्ध्वमुखी हो रहा है, विदेशी मुद्रा भंडार तेजी से बढ़ रहे है तथा आर्थिक विकास दर लगभग नौ फीसदी पहुंच चुकी है, भारत में अरबपतियों की तादाद बढ़ रही है। संयुक्त राष्ट्र संघ की वार्सा घोषणा 1998 के अनुसार विश्व के 191 देशों में से 106 देशों में लोकतांत्रिक शासन है। उनमें भारत सबसे बड़ा प्रजातांत्रिक देश है। दुनियां के अमीर देशों में भारत 19वें पायदान पर रूस से आगे है। ब्रीक (ब्राजील, रूस, भारत, चीन (BRIC)) की बढ़ती अर्थव्यवस्थाओं में भारत ने स्थान हासिल कर लिया है। BRIC रिपोर्ट के मुताबिक 2010 तक भारत की आर्थिक विकास दर 13.3 फीसदी रहने की संभावना है और अर्थव्यवस्था का आकार 10 खरब डॉलर के आसपास रहेगा। भारत में 2004 में 67,798 मिलिनियर्स क्लब के सदस्य थे। 2006 में यह संख्या बढ़कर 84 हजार हो गयी। सालाना 19.3 प्रतिशत की रफ्तार से करोड़पति बढ़ रहे है। इन आंकड़ों को ही समग्र विकास का मापदंड माना जा रहा है परन्तु क्या विकास की गंगा गांव, गरीबी तक पहुंच रही है? सांख्यिकी एवं कार्यक्रम मंत्री जी.के. वासन ने लोकसभा में एक लिखित प्रश्न के उत्तर में बताया कि सांख्यिकी संगठन (सीएसओ) के आधार पर

बताया कि पिछले चार दशकों से देश में ग्रामीण और शहरी क्षेत्रों में प्रतिव्यक्ति आय का फासला बड़ी तेजी से बढ़ा है। आंकड़ों के प्रकाश में बताया[7] कि:–

वर्ष	ग्रामीण (प्र. व्यक्ति आय)	शहरी (प्र.व्यक्ति आय)	अंतर
1970–71	529	1294	365
1980–81	1245	2888	1643
1993–94	5783	13525	7742
1999–2000	10683	30183	19500

दरअसल आर्थिक विकास के पंडितों का सारा ध्यान हाईटेक, उद्योगों, सट्टेबाजों तथा सटोरियों पर है। सूचना, संचार और सेवा के क्षेत्र में रोजगार के अवसर बढ़े है लेकिन ये सभी नौकरियां अच्छे पढ़े लिखे लोगों के लिए है, आम आदमी के लिए तो दिवास्वप्न है।

हमारे पास उपग्रह और प्रक्षेपास्त्र तथा आधुनिक कम्प्यूटरकृत कारखाने है लेकिन सुदुर गांवों और आदिवासी इलाकों में खुशहाली पहुंचाने का सच्चा राजनीतिक संकल्प नहीं है। चाहे लाल किले से कितनी ही क्रांतिकारी योजनाओं की घोषणा क्यों न कर दे? स्कूली बच्चों को अक्षर ज्ञान के साथ जिंदा रहने लायक दोपहर का पोषाहार (मिड डे मिल) कार्यक्रमों की घोषणा क्यों न कर दे, जब तक हमारी राजव्यवस्था के संचालकों में उत्तरदायित्व और विश्वसनीयता का विकास नहीं होगा, ये योजनाएं मात्र खानापूर्ति ही रहेगी। पहला विकल्प होना चाहिए अपनी प्राथमिकताओं के निर्धारण का। प्राथमिकताओं का भटकाव व्यवस्था को दिशाहीन करता है। आचार्य जे.बी. कृपलानी ने पंडित जवाहरलाल नेहरू के भारी उद्योगों की नीति के संबंध में कहा था **"जब देश को भोजन की जरूरत थी तब सरकार ने देशवासियों को खाने के लिए इस्पात दिया।"** सही प्राथमिकताओं का निर्धारण हो जाए, सही स्थान पर सही आदमी का चयन हो तो सच्चा लोकतंत्र स्थापित हो सकेगा।

संदर्भ

1. भारतीय संविधान के निर्माताः मिथक और यथार्थ–शेषराव चाव्हान (अनु. पुनीत बिसारिया)
2. लोकतंत्र की चुनौतियां– सच्चिदानंद सिन्हा
3. उदारीकरण की तानाशाही – प्रेमसिंह
4. डॉ. अम्बेडकर और सामाजिक कांति की यात्रा – दत्तोपन्त ठेंगड़ी
5. नैतिकता के नए सवाल – स. राजकिशोर
6. जनमाध्यमों का मायालोक लोकतांत्रिक समाजों में विचारों पर नियत्रंण – नोम चॉम्स्की
7. लोकतंत्र समीक्षा, नई दिल्ली
8. मंथन, नई दिल्ली
9. इंडिया टुडे, नई दिल्ली
10. भारतीय राजनीति में आचारसंहिता – डॉ. उम्मेदसिंह इंदा
11. भारतीय राजनीति में नैतिक संकट – डॉ. सगत सिंह

3

संसदीय व्यवस्था का ह्यास : जिम्मेवार कौन ?

लोकतंत्र 19वीं सदी तक केवल एक राजनीतिक आदर्श था, परन्तु बीसवीं सदी में लोकतंत्र जीवन–दर्शन बन चुका हैं। ब्रिटिश अनुभवों को दृष्टिगत रखते हुए भारत ने संसदीय लोकतंत्र को अपनाया था। आज भारत में लोकतंत्र अपनाये हुए छह दशक का समय व्यतीत हो गया, लगभग साठ वर्षों में भारतीय संसदीय लोकतंत्र ने अनेक समस्याओं को झेला हैं, इसकी अग्निपरीक्षा हुई है। यह सुखद पहलू हैं कि कठिन से कठिन परिस्थितियों में भी भारतीय लोकतंत्र टूटा नहीं। इसीलिए 62 वर्षों की संसदीय लोकतांत्रिक प्रक्रियाओं का विश्लेषण करना समीचीन होगा। एन.डी. पामर ने 1973 में अपनी पुस्तक ''इण्डियन पॉलिटिकल सिस्टम'' में मत जाहिर किया कि ''पिछले कुछ वर्षों से भारत की राजव्यवस्था अनेक दबावों से जूझ रही हैं और भविष्य में भी त्रिशंकु लोकतंत्र एवं अन्य कारणों से इन दबावों और तनावों में कमी आने की कोई संभावना दृष्टिगोचर नहीं होती। संसदीय लोकतंत्र क्षयवाद का शिकार हैं।''

भारतीय राजव्यवस्था में व्यवस्था से बहुत अधिक मांगें की जाने लगीं हैं। लोक–कल्याण का आदर्श 'झूले से लेकर कब्र तक' की प्राप्ति के प्रयास का दायित्व सरकार पर छोड़कर आम–जन अपने दायित्व से विमुक्त हो गया है जबकि व्यवस्था (सरकार) स्वयं अपनी क्षमता और दक्षता बढ़ाने में असमर्थ होती जा रही हैं। जिस व्यवस्था में सुलह, समझौता और

सौदेबाजी प्रमुख हो, वहां समस्या–समाधान पर ध्यान किसका जाता है? अतः जहां व्यवस्था मूल कार्य से विमुख हुई है वहीं आम–जन ने भी दायित्वों से मुंह मोड़ा हैं। व्यवस्था का दिशाहीन होना स्वाभाविक है।

भारतीय संसदीय लोकतंत्र में जिस राजनीतिक शैली का विकास हुआ हैं, उससे मूल्यों और आदर्शों का कोई वास्ता नहीं, साधन कोई भी हो, महत्व साध्य का हैं। गांधीवादी आदर्श मेकियावेलीयन नीतियों के आगे सिसकते नजर आ रहे हैं, जिससे सर्वत्र असंतोष दृष्टिगोचर होता जा रहा हैं। वस्तुतः शासकीय नीति निर्माता जन–निरपेक्ष के हामी बने है और बनते जा रहे हैं, वहीं जनता ने यह राय बना ली है – 'को नृप होई हमें का हानि'। शासक और शासितों के बीच संसदीय लोकतंत्र में घनिष्ठ तालमेल और संपर्क होना चाहिए, उसका लगभग अभाव हैं। शासक अहंवाद के शिकार है तो शासित निराशावाद के।

भारतीय संसदीय लोकतंत्र में पिछले तीन दशकों की राजनीति का 'नकारात्मक राजनीति' कहा जा सकता हैं। क्षेत्रवाद, जातिवाद, भाषावाद और उग्रवाद जैसे तत्वों ने निरन्तर विस्तार पाया है जिसका फल यह हुआ है कि राजव्यवस्था बिखराव की ओर अग्रसर हो रही हैं, उसका विकृत–चेहरा उभरा हैं। राजनेताओं, पूंजीपतियों तथा नौकरशाही के त्रिगुट ने ऐसी चौकड़ी स्थापित कर ली है कि दोषी महिमामंडित होते हैं और निर्दोषी कारागृहों में जैसा कि वोहरा कमेटी ने नैना–कांड के संदर्भ में कहा हैं। 'राम रावण है और कृष्ण कंस।'

संविधान के 42वें संवैधानिक संशोधन द्वारा पंथनिरपेक्षता के पाश्चात्य आदर्श को अपनाया गया, वह पंथनिरपेक्षता मात्र मुखौटा बनकर रह गई है जबकि वास्तविकता में अल्पसंख्यकों की तथा जातीयता की राजनीति बढ़ती जा रही हैं, आरक्षण की बैसाखियों के माध्यम से मतपेटी का स्वास्थ्य सुधारने का प्रयास हर कोई कर रहा हैं वह भी पंथनिरपेक्ष देश में, फिर कैसी पंथनिरपेक्षता?

राजनीतिक किरदारों ने राजनीति को 'व्यवसाय' मान लिया हैं तथा उन्होंने राजनीति का सहज ही वरण कर लिया हैं, इसके लिए समुचित होम–वर्क नहीं किया। उन लोगों की समाज के प्रति अटूट प्रतिबद्धता भी

नहीं है। यही कारण है कि 'असामाजिक तत्व' भी राजनीति में प्रवेश पाकर महिमामंडित होना चाहते है। उनमें दूरदर्शिता और सामाजिक कल्याण के प्रति समर्पण भाव प्रायः कम ही देखने को मिलता हैं। धन, बल एवं भुज–बल को बढ़ावा मिला हैं, प्रश्नकाल का महत्व घटा है। नीति–निर्माता राज्य से ज्यादा, जाति और वर्ग के प्रतिनिधि बनकर रह गये हैं। भ्रष्टाचार रूपी दीमक ने व्यवस्था को इस कदर खोखला किया है कि सर्वत्र राजनीतिक प्रदूषण के असंख्य उदाहरण देखे सुने जा सकते हैं।

सत्तासापेक्ष जन–प्रतिनिधियों पर जनता–जनार्दन का कोई नियंत्रण नहीं। विधायिकाएं और कार्यांग दिशाभ्रमित हैं, न्यायपालिकाओं में मुकदमों का अम्बार है। विधायिका तथा कार्यपालिका सत्ता संघर्ष का एक ऐसा मंच बनती जा रही है कि निजी महत्वकांक्षाओं की पूर्ति के लिए संसदीय लोकतांत्रिक मूल्यों को होमने के लिए कटिबद्ध दिखाई पड़ते हैं।

लोकतंत्र के संवाहक राजनीतिक दल, सिद्धान्तहीन गठबंधन की महामारी से ग्रसित हैं। स्वार्थों को ही अन्तिम सत्य मानकर आश्वासन देने और घोषणाऐं करने में ही शान समझते हैं। जिन दलों को आतंकवाद, क्षेत्रवाद, सम्प्रदायवाद, जातिवाद एवं भ्रष्टाचार को प्रभावहीन बनाने की भूमिका निभानी चाहिए वे ही अप्रत्यक्ष रूप से इनका पोषण करने और इनको प्रभावशाली बनाने की भूमिका अदा कर रहे हैं। लगभग आठ सौ राजनीतिक दलों की मौजूदगी के बावजूद संविद, समझौता व सौदेबाजी का गोरख–धन्धा प्रमुख हैं। मुख्य मुद्दे की बात यह है कि भारतीय संसदीय लोकतंत्र असंख्य समस्याओं से घिरा हुआ हैं। इन तमाम समस्याओं के लिए न तो राजनेताओं को दोषी ठहराया जा सकता है और न ही व्यवस्थागत ढाँचे को और न ही प्रक्रियाओं को। कमियाँ लगभग सभी स्तरों पर हैं। चाहे नीति–निर्माता हों, चाहे नीति को कार्यरूप में देने वाले और चाहे नीति से प्रभावित होने वाले, सभी स्वार्थों से ग्रसित हैं। "युग का सत्य हो गया तम, किसको दर्द सुनाए गौतम।" की स्थिति बनी हुई है।

वस्तुतः 'लोकशाही शासन' में बहुमत का महत्वपूर्ण स्थान होता हैं। मन–वचन–कर्म में एकता की बात कहने वाले लोग वर्तमान में हाशिये पर

वहीं कर्म से धर्म (कर्तव्य) को अलग कर दिया गया जिससे भयंकर चारित्रिक गिरावट आई है। इस गिरावट का नतीजा यह कि सर्वत्र समस्याओं का अंबार देखने को मिलता हैं। स्वार्थ को अन्तिम सत्य मानकर 'सब कुछ चलता है' की तर्ज पर 'सही स्थान पर सही आदमी' का चयन नहीं किया जाता। जिसका फल यह कि कोई भी अपने कंधों पर उत्तरदायित्व लेने को तैयार नहीं। उत्तरदायित्व विमुखता सभी क्षेत्रों में बरकरार हैं। व्यवस्था के लिए सबसे बड़ी समस्या यह है।

हिन्दी के सुप्रसिद्ध कवि मुक्तिबोध प्रतीकात्मक रूप में इसे यों व्यक्त करते हैं–

"मानव के सपने गड़ गये। गाड़े गये।
ईसा के पंख झड़ गये। झाड़े गये।
सत्य की देवदासी चोलियाँ उतारी गईं। उघाड़ी गईं।

सपनों की आंते चीरी गईं। फाडी गईं।
बाकी सब खोल है। जिन्दगी के झोल है।"

संसदीय व्यवस्था की हमें झोल निकालनी है, उसे खोल मात्र होने से बचाना है। इसे सुदृढ़ राष्ट्रीय चरित्र द्वारा ही बचाया जा सकता है, जिसके दर्शन करने को सभी लालायित है, पर वह मिल नहीं रहा है। 'सुदृढ इच्छा शक्ति' और 'राजनीतिक–शुचिता' द्वारा यह सब संभव है। भारतीय लोकतंत्र को उन पलों का इन्तजार है।

संदर्भ ग्रंथ

1. भारतीय राजनीति – डॉ. सुभाष कश्यप, विश्वप्रकाश गुप्त
2. भारतीय राजनीति और संविधान – डॉ. सुभाष कश्यप
3. भारतीय शासन एवं राजनीति – मोरिन्स जानस्
4. इंडियन गर्वमेन्ट्स एंड पॉलिटिक्स – जे.सी. जौहरी
5. लोकतंत्रः स्वरूप एवं समस्याएं – रघुकुल तिलक
6. संसदीय व्यवस्थाः पुनर्विचार की आवश्यकता – डॉ. पुखराज जैन
7. भारतीय संविधान के निर्माता – शेषराव चाव्हाण

4

संविधान की कमियों की समीक्षाः नई दिशाओं की खोज

किसी भी देश का संविधान उस देश का एक जीवन्त प्रलेख होता है, देश की सर्वोच्च विधि होती हैं। विधिशास्त्री कैल्सन ने संविधान को 'महान–आदर्श की संज्ञा दी हैं। सरकार के सभी अंग संविधान से ही ऊर्जाग्रहण करते हैं। राजनीति विज्ञान के पितामह और संविधानों के सुप्रसिद्व चिन्तक अरस्तू की मान्यता हैं कि संविधान संस्थाओं को व्यवस्थित करने वाले ढ़ांचे से कहीं अधिक एक राज्य या राष्ट्र की आत्मा को प्रतिबिम्बित करने वाला एक जीवन्त अभिलेख होता हैं। ब्रिटेन ने तो इसी कारण से कभी संविधान ही नहीं बनाया क्योंकि राष्ट्र की इस जीवन्त आत्मा को शब्दों और संस्थाओं के पिंजरे मे बांधना होगा जैसे किसी युवा होते हुए बालक को कोई लोहे का जैकेट पहना दे। जैफरसन का मत है कि मृत पीढी को आने वाली भावी पीढी व समाज की आंकाक्षाओं व अरमानों को कैद करनें का अधिकार नहीं है क्योंकि सृष्टि में हर युग की नवरचना द्वारा नव समाज अपनी आवश्यकतानुसार करता है। संविधान कभी भी अंतिम नहीं हो सकता है और न ही वह अपने आप में अंतिम है। भारतीय संविधान के शिल्पी डॉ. भीमराव अम्वेडकर ने संविधानसभा में हमारे संविधान को गतिशील युग–प्रर्वतक एवं युग परिवर्तन के साथ होने वाला संविधान बतलाया था। समय और परिस्थितियों के अनुसार संविधान में

परिवर्तन संशोधन तथा परिमार्जन होना जरूरी ही नही अनिवार्य है। पंडित जवाहर लाल नेहरू का मानना है कि यह बेहतरीन संविधान जिसे कई वर्षो के मेहनत के बाद हमने तैयार किया है तब तक अच्छा है जब तक वह लागू होता रहे लेकिन जैसे–जैसे समाज बदलता है परिस्थितिया बदलती है हम उसे संशोधित कर देंगें यह मीडास और फारसियों के अपरिवर्तनीय कानून की तरह नही है की इसे बदला न जा सके। भले ही इसके चारों ओर की दुनिया बदल जाए। भारतीय संविधान की तपोनिष्ठ पीढी के प्रयासों और संविधान के क्रियात्मक–दायित्व की ओर संकेत करते विद्वान स्टोरी ने लिखा है कि भारत के युवक यह कभी नहीं भूलें कि अपने देश के संविधान के रूप में उन्हें एक ऐसी महान विरासत मिली हैं जिसे उनके पूर्वजों ने कितनी ही यातनाएं सहकर अपने श्रम, त्याग और लहू के बले पर खड़ा किया। यदि उसे समझदारी के साथ सुधारा जाए और विश्वासपूर्वक रक्षा की जाए तो आने वाली पीढ़ियों को स्वतंत्रता का संदेश देता रहेगा।[8] समय और परिस्थितियों को ध्यान में रखते हुए अब तक संविधान में 98 संवैधानिक संशोधन किये जा चुके है। संविधान को लागू हुए 59 वर्ष हो चुके है, किन्तु राष्ट्र की सामाजिक, राजनीतिक एवं आर्थिक समस्याएं जस की तस है, बीते छह दशकों पर विहंगम दृष्टि डालें तो स्पस्ट होता है कि औसत भारतीय का जबरदस्त चारित्रिक पतन हुआ है। मंत्री से लेकर संतरी तक आकंठ भ्रष्टाचार के अंधमहासागर में डूबे हुए है। वोटों की राजनीति ने राष्ट्र–घातक परिवेश को जन्म दिया। अलगाववाद और आतंकवाद का गठजोड़ भारत की एकता और अखंडता तथा सम्प्रभुता के लिए भयावह चुनौती बनता जा रहा है। आँकड़ों का आशावाद और आर्थिक सम्पन्नता की तस्वीर दिखाये जाने के बाद भी गरीब–अमीर के बीच की खाई गहरी होती जा रही है। हजारो वर्षों से चले आ रहे सनातन भारतीय समाज–जीवन की जिजीविषा यद्यपि इन चुनौतियों से निपट रही है तथा कुछ अच्छे संकेतों से इन्कार भी नहीं किया जा सकता है। फिर भी यह प्रश्न हर बार उठता है कि क्या हमारे संविधान में व्यापक परिर्वतन हो? समीक्षा हो? कमियों को दूर करने का ठोस प्रयास क्यों न किया जाए?

संविधान की समीक्षा के लिए 1999 में तत्कालीन केन्द्र सरकार ने पूर्व मुख्य न्यायाधीश एम.एन. वेंकटचलैया की अध्यक्षता में 22 फरवरी 2000 में राष्ट्रीय संविधान समीक्षा आयोग (NCRWC) का गठन किया जिसमें 10 अन्य सदस्यों को शामिल किया। इस आयोग ने 31 मार्च 2002 में अपनी रिपोर्ट प्रस्तुत की।[9] संविधान समीक्षा आयोग का अध्यक्ष बनते समय एम.एन. वेंकटचलैया ने संकोच व्यक्त किया था। आयोग शुरू से ही विवादों का केन्द्र रहा और न केवल राजनीतिक दलों ने ही नहीं बल्कि समाज के गणमान्य लोगों ने भी उसकी आलोचना की। कहा यह भी गया कि आयोग की कोई वैधता नहीं है क्योंकि न तो राजनीतिक आम राय उसके पक्ष में है और न संसद की स्वीकृति ही मिली है। राजनीतिक दलों ने तो 'गुप्त एजेंडा' 'कुत्सित इरादा' जैसे आरोप लगाए थे। पूर्व राष्ट्रपति के. आर. नारायणन तक ने आयोग को लेकर उठी आशंकाओं को समझा और कहाकि "आज संविधान की समीक्षा की तथा संविधान बनाने तक की बातें कही जा रही है। हमें यह विचार करना चाहिए कि क्या संविधान विफल रहा है या हम संविधान के अनुरूप आचरण कर पाने में विफल रहे है।"

संविधान सभा के अध्यक्ष तथा भारत के प्रथम राष्ट्रपति डॉ. राजेन्द्र प्रसाद ने ही सबसे पहले समीक्षा की बात कही थी। 28 नवम्बर 1960 में इंडियन लॉ इंस्टीट्यूट में भाषण देते हुए उन्होंने कहा कि भारतीय राष्ट्रपति के अधिकारों की समीक्षा होनी चाहिए। संविधान सभा के सदस्य रहे डॉ. के.एम. मुंशी ने 1967 में अध्यक्षीय प्रणाली लागू करने का सुझाव दिया था। दिल्ली उच्च न्यायालय के तत्कालीन मुख्य न्यायाधीश न्यायमूर्ति के. एस. हेगड़े ने भी उसी समय संविधान समीक्षण की बल दिया था। संविधान विशेषज्ञ मानते है कि अब तक संविधान की छह बार समीक्षा हो चुकी है। संसदीय प्रणाली के दोषों को देखते हुए अब इस पर गंभीरता से विचार–विमर्श होने से परहेज क्यों ?

न्यायमूर्ति एम.एन. वेंकटचलैया की अध्यक्षता वाले इस आयोग को संविधान के मूल ढ़ांचे में परिर्वतन किए बिना जरूरी बदलाव की सिफारिशें प्रस्तुत करनी थी। मुख्य रूप से दो मुद्दों पर विचार करना थाः–

1. आजादी के पांच दशकों में संविधान के प्रावधान कितने कारगर सिद्ध हुए है? और
2. बदलती जरूरतों को देखते हुए शासन की मौजूदा प्रणाली का किस प्रकार कारगर बेहतरीन उपयोग किया जा सकता है ?

जिस परिवेश में संविधान समीक्षा आयोग का गठन हुआ उसको लेकर सत्तापक्ष, प्रतिपक्ष तथा छोटे–छोटे क्षेत्रीय दलों में गहरा मतभेद ही नहीं मनभेद भी उभरा। तत्कालीन गृहमंत्री लालकृष्ण आडवाणी ने गांधीनगर में राष्ट्रीय कार्यसमिति की बैठक में कहाकि केशवानन्द भारती मामले में सुप्रीम कोर्ट ने स्पष्ट कर दिया था कि लोकतंत्र केवल संसदीय–लोकतंत्र ही नहीं होता, अध्यक्षीय प्रणाली भी लोकतांत्रिक ही होती है। गृहमंत्री के इस कथन का प्रतिपक्ष ने अर्थ यह लगाया कि सत्तारूढ़ दल का संविधान समीक्षा के पीछे कोई गुप्त एजेंडा है, अध्यक्षीय प्रणाली को लाने का उपक्रम है। प्रतिपक्ष का यह भी मानना था कि सत्तापक्ष अध्यक्षीय प्रणाली लाने की कवायद के पीछे 'व्यक्तित्त्व' को भुनाने की रणनीति और राजनीति रख रहा है। अध्यक्षीय प्रणाली में कार्यपालिका का प्रमुख वास्तविक शासक होता है जबकि संसदीय प्रणाली में 545 सदस्यों वाली पूरी संसद की प्रमुखता रहती है। अध्यक्षात्मक या राष्ट्रपतिय प्रणाली में प्रमुख रूप से दो दलों की ही प्रमुखता रहेगी जिसका खामियाजा क्षेत्रीय राजनीतिक दलों को भुगतना पड़ेगा।

छोटे दलों की राजनीति जिसे क्षेत्रीय क्षत्रप राजनीति कहा जाता है, जिसे मोटे तौर से स्थानीय हितों की राजनीति कहा जा सकता है। क्षेत्रीय, जातीय एवं साम्प्रदायिक भावनाओं को उभार कर देश में इन दलों ने अपनी पहचान कायम की है, इनमें से कुछ क्षेत्रीय दल जरूर वाजिब क्षेत्रीय समस्याओं के चलते उभरे हैं वहीं बहुत से ऐसे छोटे– छोटे राजनीतिक दल भी है जिन्होने समाज को बांटकर अपना जनाधार बनाया। राष्ट्रीय स्तर पर किसी भी दल को स्पष्ट बहुमत नहीं मिलता तब छोटे दलों की भूमिका बढ़ती जाती है, और वे अपने हितों की राजनीति अपने हिस्सों के लिए करना शुरू कर देते है। अध्यक्षीय प्रणाली में शासन सीधे जनता के जनादेश से होता है अतः यह प्रणाली बड़े दलों के लिए तो उचित है

लेकिन छोटे दल दरकिनार हो जाते है, इसलिए छोटे राजनीतक दलों ने संसदीय मॉडल को ही युक्तिसंगत स्वीकारा।

संविधान के स्वरूप को बदलना कोई आसान काम नहीं है। संविधान समीक्षा आयोग तो मात्र 50 वर्षों के क्रियान्वयन के आधार पर भावी व्यवस्था की दिशा–निर्देशन ही कर सकता था उसे पारित करने का कार्य तो दोनों सदनों को करना होता है। सदन में सत्तापक्ष, विपक्ष और छोटे राजनीतिक दल सभी मौजूद रहेगें ही फिर मूल्यांकन से घबराना दुर्बलता की निशानी नहीं थी? गठबंधन की सरकारों के युग में 2/3 बहुमत जुटाना बहुत टेढ़ी खीर है और 2/3 बहुमत के बिना संविधान में आमूलचूल परिर्वतन नहीं किया जा सकता है।

हमारे संविधान के कुछ पहलू ऐसे हैं जो मौजूदा परिस्थितियों एवं परिप्रेक्ष्य में स्पष्ट दिशा–निर्देशन नहीं दे पा रहे है जिनमें प्रमुख रूप से निम्न है :–

1. व्यवस्थापिका एवं न्यायपालिका के संबंध एवं सीमाएं
2. राष्ट्रपति एवं राज्यपाल के संबंध
3. राष्ट्रपति की आपातकालीन शक्तियों का प्रश्न
4. केन्द्र–राज्य संबंध
5. चुनाव–आयोग की शक्तियां एवं सीमाएं
6. संविधान की प्रस्तावना की प्रतिध्वनी
7. संविधान का अनु. 355, 356 एवं 370
8. समान नागरिक संहिता (अनु. 44) का प्रश्न
9. प्रधानमंत्री और मुख्यमंत्री का चुनाव
10. लोकसभा और विधानसभाओं को भंग करने की शक्ति
11. त्रिशंकु विधानमंडल की स्थिति में राष्ट्रीय सरकार का सवाल इत्यादि।

ऐसे ही अनेक मुद्दों पर संविधान या तो मौन है या उनकी कई प्रकार से व्याख्या की जा सकती है, इसलिए अगर इन मामलों पर एक साथ संविधान समीक्षा आयोग (NCRWC) ने विचार–विमर्श किया तो शंकाएं और आशंकाएँ क्यों? संविधान को लागू हुए 52 वर्ष हो चुके थे और किसी व्यवस्था की समीक्षा करने में इतना समय काफी होता है। समस्याओं पर बहस न करके मुंह चुराना भी एक बड़ी कमजोरी है। यदि आप समस्या–समाधान का हिस्सा नहीं हैं तो स्वयं ही एक बड़ी समस्या है। समय रहते सार्थक की समीक्षा और अक्षमता की पहचान कर लेनी चाहिए। पं. जवाहरलाल नेहरू ने कहाकि "समाज उस संविधान का आदर करेगा जो जन–आवश्यकताओं एवं आकांक्षाओं के अनुकूल होगा और ऐसा संविधान परिर्वतनशील होगा यदि ऐसा नहीं होगा तो समाज संविधान को खत्म कर देगा, उसे कभी वैधता प्राप्त नहीं होगी। संविधान जनाकांक्षाओं के साथ चलने वाला होना चाहिए।"

दुर्भाग्य से संविधान क्रियान्वयन में दोहरे मापदंड स्थापित हुए है। संविधान में समानता के मूल अधिकार (अनु. 14 से 18) की बात कही गयी है जबकि सम्प्रदायों के अपने–अपने कानून है। चाहे मुस्लिम पसर्नल लॉ हो या हिन्दू–लॉ, फिर विधि के समक्ष समानता का क्या मूल्य रह जाता है? स्वयं को हम खंडित करते जा रहे है वहीं देश की अखंडता का सपना देख रहे है।

संघात्मक व्यवस्था में ग्यारह राज्यों को विशेष दर्जा, जातियों के नाम पर आरक्षण, जनगणना तथा आवेदन–पत्रों में जाति, उपजाति, कौम आदि के कॉलम क्या इंगित कर रहे हैं? जातीय आधार पर गणना का उपक्रम (सच्चर समिति) क्या संकेत दे रहे हैं?

काम के अधिकार से परहेज, सांसदो के असंहिताबद्ध विशेषाधिकार, कबूतरबाजी की कला इत्यादि ऐसे विषय हैं जो संकेत देते है कि संवैधानिक व्यवस्था में कई विरोधाभास तो हैं ही साथ ही साथ क्रियान्वयन में सच्ची नियति का अभाव भी है। कभी सोने में खोट होता है तो कभी सुनार की नीति में भी। संविधान सभा में 26 दिसम्बर 1949 को सभा की अध्यक्षता करते हुए डॉ. राजेन्द्र प्रसाद का कहना था कि "हमारे संविधान

में ऐसे उपबंध है जो किसी न किसी रूप में आपत्तिजनक प्रतीत होते हैं। हमें यह मान लेना चाहिए कि दोष तो अधिकतर देश की परिस्थिति और जनता में हैं। जिन व्यक्तियों का निर्वाचन किया जाता है यदि व योग्य, चरित्रवान और ईमानदार हैं तो वे एक दोषपूर्ण संविधान को भी सर्वोत्तम संविधान बना सकेंगे। यदि उनमें इन गुणों का अभाव होगा तो यह संविधान देश की सहायता नहीं कर सकेगा। आखिर संविधान एक यंत्र के समान निश्प्राण वस्तु ही तो है। उसके प्राण तो वे लोग है जो उस पर नियंत्रण रखते हैं और उसका प्रवर्तन करते हैं और देश को आज एक ऐसे ईमानदार लोगों के वर्ग से अधिक किसी अन्य वस्तु की आवश्यकता नहीं है जो अपने सामने देश के हित को रखे।''

ठीक ऐसा ही विचार संविधान मनु डॉ. अम्बेडकर ने 25 दिसम्बर 1949 को संविधान सभा में प्रकट किए कि ''कोई भी संविधान कितना भी अच्छा क्यों न हो, वह बुरा साबित होगा यदि उसे क्रियान्वित करने वाले लोग बुरे हो। कोई संविधान कितना भी बुरा क्यों न हो वह अच्छा साबित होगा यदि उसे क्रियान्वित करने वाले लोग अच्छे हो। संविधान केवल राज्य को अंग उपलब्ध करवा सकता हैं, जैसे व्यवस्थापिका, कार्यपालिका एवं न्यायपालिका किन्तु जिन तत्त्वों पर राज्य के इन अंगो की कार्यप्रणाली निर्भर हैं वे तो है जनता और राजनीतिक दल, जो अपनी आकाक्षाओं को पूरा करने और राजनीति चलाने के लिए अपने उपकरण तय करेंगे, कौन कह सकता हैं कि भारत की जनता और उसके दल कैसा व्यवहार करेंगे।'' उदात्त लोकतंत्र उदार–चरित्र चेतना, शुचिता, सद्‌चरित्रता, क्षमता और बुद्धिमत्ता की भावना से पल्लवित और पुष्पित होते हैं किन्तु लोकतांत्रिक प्रतिनिधि संस्थाओं से जब प्रज्ञा, प्रतिभा और चरित्रवान लोगों को हटाकर दागियों को पुरस्कृत किया जाए तो स्थिति भयावह बनेगी ही। जिसका नतीजा यह की माफियातंत्र निरन्तर कुंडली मारता जा रहा है। मीडिया और माफिया का गठबंधन नए समीकरण प्रस्तुत कर रहा है। चुनावी दंगल में उम्मीदवारों की अग्नि परीक्षा होती है, परन्तु मतदान व्यवहार असंवैधानिक तत्त्वों से पूरी तरह से प्रभावित है।

समय रहते सार्थक की समीक्षा हो, अक्षमता की पहचान कर ली जाए, तभी संवैधानिक सरकार और संवैधानिक आदर्शों की पूर्ति हो सकेगी।

संदर्भ ग्रथ

1. भारत का संविधानः एक परिचय – डॉ. दुर्गादास वसु
2. अच्छी सरकार कैसी हो – नानूभाई नायक
3. भारत राजनीतिक व्यवस्था – जे.आर. सिवाच
4. संविधान के निर्माता – शेषराव चाव्हाण
5. विधिसम्मत पत्रिका भीलवाड़ा

5

संवैधानिक परिदृश्य : यथार्थ, आशंकाएं और दिशाएं

आज तक प्रचलित सभी शासन पद्धतियों में लोकतांत्रिक पद्धति सर्वश्रेष्ठ है किन्तु क्या यथार्थ में आज की लोकतांत्रिक व्यवस्था सचमुच सर्वश्रेष्ठ हैं? इस प्रश्न पर कम से कम विचार करने का भारत में तो समय आ चुका हैं। समय रहते सार्थक की समीक्षा और अक्षमताओं की पहचान कर लेनी चाहिए। राजाशाही या तानाशाही, हिटलरवाद या स्टालिनवाद, नक्सलवाद या माओवाद के प्रति लोगों का भ्रम टूटने में विलम्ब नहीं हुआ। वादों के मुखोटे उतरते देर नहीं लगती। लाल किताब के झण्डे लेकर घूमने वालों को एक ही रात में विलीन होते देखे गये। कभी देव तुल्य विचारधारा यथार्थ से परे होने के कारण तारकोल से लवरेज हो तो भावी आशंकाओं का भाप लेना चाहिए। यदि भारत में नीतियां सत्तासापेक्ष और जननिरेपक्ष बनती रही तो वह दिन दूर नहीं कि सर्वत्र अव्यवस्था और असुरक्षा का वातावरण पनपेगा।

क्या भारतीय संवैधानिक परिदृष्य पर कोई गंभीरता से प्रयास नहीं किया जा रहा है? संविधान समीक्षा आयोग का गठन कर लेने मात्र से काम नहीं चलने वाला है। विश्वासों का सर्वत्र संकट हैं। अनियंत्रित शक्ति या सत्ता मूल रूप से अविश्वास को जन्म देती हैं, इसलिए शक्ति या सत्ता पर अंकुश रखने वाले तत्वों का विकेन्द्रीकरण होना आवश्यक है लेकिन दुर्भाग्य से गैर–संविधानेत्तर संस्थाएं दिनों–ब–दिन अधिक शक्तिशाली

होती जा रही है और इन पर अंकुश रखने वाली एजेन्सियों का पूर्ण अभाव हैं। यह सुखद स्थिति नहीं। ई–युग (इन्टरनेट, इलेक्ट्रोनिक, इकोलॉजी, ई–गवर्नेन्स) की बात चल रही है तो जरा 'इलेक्सन–युग' की बात कर ली जाए। चुनाव लोकतंत्र के आधुनिकीकरण की महत्वपूर्ण एजेन्सी होते हैं, लेकिन भारतीय चुनाव प्रणाली भी अनेकानेक व्याधियों से ग्रसित हैं। धनबल और भुजबल के अतिरिक्त वाइन वेब, व्हीप, वेस्टर्न प्रोप्रगण्डा जैसे तत्व चुनावों को प्रभावित करते है। चुनावों का अर्थतंत्र सुधरे बिना लोकतंत्र की छवि सुधार पाना संभव नहीं हैं।

इन तत्त्वों से चुनावी–दंगल प्रभावित होने के कारण लोकतांत्रिक सदन जनतंत्र के सच्चे हामी नहीं वरन् जनोत्तेजना के प्रतीक बन जाते हैं। संविधान में आवश्यक संशोधन कर चुनाव प्रणाली को विकृतियों को रोकना चाहिए, इसके लिए आवश्यक है कि चुनाव फेयर और फ्री हों। दुर्भाग्य से भारतीय संवैधानिक परिदृश्य में सच्ची प्राथमिकताएं लोकतांत्रिक नहीं अपितु कबीलाई, जातीय, मजहबी, क्षेत्रीय और दलीय रही हैं इस प्राथमिकताओं ने न केवल असुरक्षा और असंतोष उत्पन्न किया है वरन् सम्पूर्ण समाज को खंड–खंड कर दिशाविहीनता में धकेला हैं।

प्रत्येक राजनीतिक दल अपना घोषणापत्र स्वेच्छा और सामर्थ्य के अनुसार बनाते हैं, उसके आधार पर जनादेश मांगता हैं, आवश्यकता यह है कि चुनाव आयोग को उन घोषणा–पत्रों के अनुसार दलों को चलाने के लिए संवैधानिक–शक्तियां दी जावें। घोषणा–पत्रों की अवहेलना कर सुविधा–शादियां कर लेना लोकतंत्र और जनता के साथ षड्यन्त्र है। जनता की आशाओं, आकांक्षाओं की वकालत के बजाय उनकी भावना से खेलना कहां तक लोकतांत्रिक हैं? अनुशासन के बिना कोई प्रणाली कारगर सिद्ध नहीं हो सकती है व्यक्ति, समाज, सरकार, दल और संसद सभी के लिए अनुशासन जरूरी हैं।

आज हमारी दसों दिशाएं समस्याग्रस्त हैं। जम्मू–कश्मीर की सीमाओं पर जो विदेशी ताकतें मंडरा रही हैं, वे संघर्ष विराम रूपी मंत्र पढ़ने या जपने से नहीं भागेंगे। बरसों से साजिशों का ताना–बाना बुनने वालों ने हमारे अस्तित्व को ललकारते हुए देश में जो जहर फैलाया हैं, उससे क्या

वे पीछे हट जायेगे? असाधारण परिस्थितियों का मुकाबला असाधारण साधनों से ही किया जाना अपेक्षित हैं। कश्मीर के संबंध में ठोस कार्य–नीति की आवश्यकता है।

आज देश का हर नागरिक जानता और मानता है कि देश की सबसे बड़ी गंभीर समस्या भ्रष्टाचार है। "भूख, भय, भ्रष्टाचार से मुक्ति" का नारा एक ढकोसला सिद्ध हुआ है। इस दिशा में प्रयास प्रतीकात्मक अधिक रहे है। विकास का वायदा करना तब तक बेमानी हैं जब तक भ्रष्टाचार को नहीं रोका जाता है। विकास हो भी जाय और भ्रष्टाचार पनपता रहे तो विकास की परिणति विनाश में होगी। हमारे सामने प्राचीन रोमन साम्राज्य के पतन का उदाहरण मौजूद है। रोमन साम्राज्य विकास के उच्चत्तम शिखर पर पहुंच गया था, परन्तु वहां चारित्रिक–पतन होता रहा और भ्रष्टाचार का उन्मूलन नहीं किया गया, अन्ततः रोमन साम्राज्य का ही अवसान हो गया। Romanswere the best road builders, but their enemies came by those very roads; (रोमन लोग विश्व के सबसे बड़े सड़क निर्माता थे, परन्तु उनके शत्रु उन्हीं की बनाई सड़कों से होकर आये) संभवत् जाने अनजाने कमोबेशी ऐसी त्रुटियां हम भी कर रहे हैं। दूसरा उदाहरण भी रोमन साम्राज्य का है कि रोमन साम्राज्य का अभ्युदय हुआ और चरम शिखर पर पहुंचा जब उसके लोग अपना सब कुछ रोम को देना चाहते थे और रोमन साम्राज्य का पतन शुरू हुआ तो उन्होंने (शासकों ने) समाज से ज्यादा से ज्यादा लेना शुरू कर दिया। लोकतंत्रात्मक गणतंत्र के नाम पर 'तन्त्र' की नौटकी की नजाकत को अब आकंन–परखने का समय आ चुका हैं। शिक्षा के क्षेत्र को भिक्षा का क्षेत्र बना रहे हैं, इससे जो बौद्धिक दरिद्रता पैदा होगी, वह नई पीढ़ी को कर्म की कंगाली के कगार तक ले जाएगी। गरीब और अमीर के बीच सियासत सीमेन्टी–दीवारें बना रही हैं। एक ओर धनिक अधिक धनाढ्य होते जा रहे हैं वही दूसरी ओर गरीब धरातल से छिटक कर रसातल में जा रहे हैं। ऐसा विरोधाभासी विकास कहाँ ले जाएगा।

मुम्बई, दिल्ली, बैंगलौर आदि मेगासिटी में चौबीस हजार की फाउन्टेन पेन, तेरह लाख की घड़ी, नब्बे हजार रूपयों का सूटपीस, बीस हजार के

जूते, उनपचास हजार रूपयों का ब्रीफ–कैस, पांच हजार रूपयों का फैस–क्रीम इस्तेमाल करने वाले लोग हैं, लेकिन ये लोग वे नहीं हैं जिन्होंने मेहनत के आधार पर सम्पति बनायी हैं, ये वे लोग है जिन्हें 'वोहरा कमेटी' ने 'त्रिगुट चौकड़ी' की संज्ञा दी हैं। जिसमें राजनीतिज्ञ, नौकरशाह तथा माफिया शामिल हैं। वहीं दूसरी ओर लोग बहुत कठिनाई से जीवन–यापन कर रहे हैं। राजस्थान–पत्रिका की अकाल–सर्वेक्षण टीम को बांसवाड़ा के आदिवासियों ने बताया कि "ढाणा सोडी दीदा, ढांपली हासवी, पेटे पाटा बाद्या। इन्दर बाबो हामो जोवे ने हमार करे तोस तो खरी। राज नी आस खोटी।" (घर–बार छोड़ दिए, पेट पर पट्टियां बांध ली है यदि ईश्वर मदद करे तो काम बने। राज से आशाएं रखना व्यर्थ हैं।) ऐसी ही स्थिति बारां के सहरिया आदिवासियों की अखबारों में सामने आई। ऐसी दोयम नीतियां भारत में सर्वत्र देखी जा सकती हैं। यह है इंडिया और भारत की तस्वीर।

पूर्व अमेरीकी राष्ट्रपति क्लिंटन ने कहा था, जगत में एक तरफ इन्टरनेट के क्षेत्र में भारतवासियों का बड़ा नाम हैं, तब सौ करोड़ की आबादी में 25 प्रतिशत भारतवासी भूखे सो रहे हैं, करोड़ों को पीने का पानी तक नसीब नहीं हो रहा हैं। अंत में उन्होंने कहा कि 'रसोई कैसी बनी' उसका कोई महत्व नहीं हैं, वह कितनों ने खायी इसका ही महत्व हैं।

संविधान में कई विरोधाभास हैं

पिछले 59 वर्षो में बहुत बड़ी भूलें संविधान के कियान्वयन में भी की गई, इतना ही नहीं कि संविधान को ही अन्तिम सत्य मान लेना चाहिए। स्वयं संविधान में भी कई विरोधाभास मौजूद हैं, उसका आकलन करना आवश्यक हैं। न्यायपालिका और संसद के संबंध, राज्यपाल और राष्ट्रपति के रिश्तों, राष्ट्रपति के आपातकालीन अधिकारों, केन्द्र–राज्य संबंधों और ऐसे ही अनेक मुद्दों पर संविधान या तो खामोश है या उसकी कई व्याख्याएं की जा सकती हैं। इन समस्याओं के प्रति "शुतुरमुर्ग शीर्षासन" ठीक नहीं है। भारत के संविधान में देश के दो नाम है इण्डिया देट इज भारत। सर्वत्र दोहरे मानक हैं दोहरा चरित्र है और दावा है कानूनी समानता

का। सम्प्रदायों के अपने–अपने कानून हैं। खुद को हम खंडित करते जा रहे हैं और भारत की ओर देखते हैं अखंडता का सपना। देश के कुल 28 राज्यों में से 11 को विशेष दर्जा हैं। विभिन्न राज्यों में नदियों के बहते पानी को ही बांध लेने का सवाल हैं, वहीं समाज की ओर समरसता का सपना देख रहे हैं? यह कैसा नजरिया है?

संविधान में जाति और लिंग के आधार पर भेदभाव मनाही हैं लेकिन जातियों के नाम पर आरक्षण (मंडल–आयोग) है जातियों के नाम पर जनगणना हो रही हैं, यहां तक कि न्यायिक आयोगों का गठन भी उसके जज की जाति के नाम से ही किया जाता है– जैसेः जैन–आयोग, खोसला–आयोग अथवा वधवा आयोग इत्यादि। अल्पसंख्यक शब्द की रंटत हो रही है पर अल्पसंख्यकों की परिभाषा ही लापता है। सच्चर समिति की सिफारिशें चर्चा का विषय बनी हुई है। संविधान में 98 संशोधन हो चुके हैं और 25 अभी लम्बित है लेकिन नीति–निदेशक तत्वों के प्रति कम ध्यान दिया गया। राजनीतिक दल और अपराधी की परिभाषा नहीं। नागरिकों को कानूनी समानता के संवैधानिक वादों के सामने विशेषाधिकार अकड़ कर खड़े हैं। रोजगार के अवसरों की समानता के सामने सुरसा के मुंह की तरह आरक्षण खड़ा हैं। मूल कर्तव्य उपनिषद् के 'सत्यंवद, धर्मम चर' उपदेश की तरह लगते हैं। आवश्यकता इन विरोधाभासों को मिटाने या घटाने की हैं।

क्या कदम उठाए जाएं :

- सबसे बड़ी जिम्मेदारी संविधान को क्रियान्वित करने वाले नेताओं पर है कि वे स्वच्छ और उदार प्रजातांत्रिक गतिविधियों के प्रति वचनबद्धता, निष्ठा और लगन का परिचय दें, नागरिक–चरित्र ही व्यवस्था का आधार स्तम्भ हैं। मौजूदा आचरण तो नीतिनिर्धारकों को सर्वाधिक तिरस्कृत प्रजाति में शामिल कर देगा। किसी भी लोकतंत्र में इससे अधिक चिंता और दुःख की बात कोई नहीं हो सकती कि जनता के चुने हुए प्रतिनिधि ही जनमानस का सम्मान और विश्वास को खोते जाए। उनकी खोज तक करनी पड़े।

- व्यवस्था, कार्य और कार्यशैली पर औचित्य प्राप्त कर लेना आवश्यक हैं 'पैराशूट–डेमोक्रेसी' बुनियादी लोकतंत्र नहीं हो सकता। ग्रासरूट की लोकतांत्रिक संस्थाओं को जन–प्रशिक्षण की उचित व्यवस्था करनी होगी।
- नीति–निर्माताओं को प्राथमिकता निर्धारण में बदलाव लाना होगा, समय, क्षेत्र परिस्थितियों के अनुरूप प्राथमिकताओं का निर्धारण हो।
- राजनीति दलों को मुद्दों और नायकों की प्राथमिकता को गौण मानते हुए नीतियों और कार्यक्रमों से पहचान बनाने का प्रयास करना होगा।
- रैलियों और थैलियों की राजनीति में झोपड़ी के आदमी की पूर्ण उपेक्षा हुई, उसे रोकने के लिए आवश्यक कदम उठाए। प्रशासन अन्तिम आदमी तक पहुंच बनाए।
- भ्रष्टाचार को रोकने के लिए न केवल लोकपाल विधेयक शीघ्र पारित हो वरन् इस संस्था को संवैधानिक दर्जा दिया जाए।
- अध्यादेश जारी करने की संस्कृति से बचना होगा, उदार लोकतांत्रिक व्यवस्था में यह अशोभनीय हैं। अध्यादेश जारी करने की अवधि का सांसदों एवं विधायकों का वेतन काटा जाए।
- संसद का केवल 18 प्रतिशत समय कानून–निर्माण में लगता हैं यह जनादेश की अवहेलना हैं, राष्ट्र की सम्पति के साथ खिलवाड़ हैं, सांसदों, विधायकों द्वारा सता–ग्रहण करते ही सम्पति की घोषणा करना अनिवार्य किया जाए। अनामी सम्पतियों का सरकार अधिग्रहण करें।
- कर्तव्यों को संवैधानिक मान्यता प्रदान की जाए।
- समान नागरिक आचारसंहिता की व्यवस्था को अपनाया जाए।

संदर्भ ग्रंथ

1. अच्छी सरकार कैसी हो – नानूभाई नायक
2. भारत की राजनीतिक व्यवस्था – डॉ. जे.आर. सिवाच
3. भारतीय शासन एवं राजनीति – डॉ. वी.एल. फड़िया
4. भारत का संविधानः एक परिचय – डॉ. डी.डी. वसु
5. भारतीय शासन एवं राजनीति – डॉ. एस.सी. सिंहल
6. हमारी संसद – डॉ. सुभाष कश्यप

6

संविधान में संशोधन प्रक्रिया का यथार्थ

मानव समाज गतिशील होता है। वक्त के साथ मानव की आवश्यकताएं और परिस्थितियां बदलती रहती हैं। एक अच्छे संविधान का गुण है कि वह समय की मांग को परिलक्षित करें, जरूरतों और परिस्थितियों में परिवर्तन के साथ संविधान में भी समयानुकूल परिवर्तन आवश्यक ही नहीं अनिवार्य भी हैं। जिस प्रकार एक पौधे के पल्लिवित और पुष्पित होने के लिए दाब, ताप और जल की जरूरत होती है ठीक उसी प्रकार से संविधान के विकास के लिए तीनों बातों का होना आवश्यक है–रीति रिवाज(अभिसमय) न्यायिक निर्णय और संशोधन की प्रकिया। संविधान संशोधन संविधान को जीवन्त बनाये रखने का महत्वपूर्ण उपकम हैं। यद्यपि संसार के विधि–वेत्ताओं ने किसी भी संविधान की संशोधन संबंधी धाराओं का अध्ययन करने के प्रति उचित रूचि का प्रदर्शन नहीं किया है तथापि इस तथ्य से इंकार नहीं किया जा सकता कि संविधान का यह भाग असाधारण महत्व का है। क्योंकि इसके द्वारा प्राप्त शक्ति के आधार पर संविधान की रूपरेखा को बदला जा सकता हैं।

> "The Power of Amendment by its very nature is a power of higher grade and of more potential importance than any other power provided for in the constitution." (Orfield)

निःसदेंह संशोधन द्वारा न केवल अधूरे संविधान की त्रुटियों को दूर करके उसे अधिक अच्छा रूप ही दिया जा सकता है अपितु उसे भविष्य

में आने वाले संकटों को दूर कर सम्मुख टिक सकने योग्य भी बनाया जा सकता हैं। अतः स्पष्ट है कि संविधान के संशोधन संबंधी प्रक्रिया उसके जीवन का रक्त–संचार है।

साधारण बोलचाल में संशोधन शब्द का अर्थ होता है 'सुधार' या किसी प्रलेख या यंत्र में मामूली–सा परिवर्तन। लेकिन संशोधन के प्रसंग में इसकी धाराओं को बदलने, मन्सूख करने तथा उनमें वृद्धि या कमी करने आदि प्रकियाओं को संशोधन कहा जाता था। सारांश यह है कि संविधान में होने वाले किसी भी परिवर्तन को संशोधन कहा जाता है। हरमन फाइनर ने संशोधन शब्द की व्याख्या करते हुए लिखा है कि "To amend is to deconstitute and reconstitute" तेजी से बदलते युग में जहां आधुनिक संविधानों में संशोधन संबंधी व्याख्या का होना आवश्यक है वहां संविधान का अर्थ संविधान में सभी प्रकार के परिवर्तन समझना ही उचित होगा।

भारतीय संविधान के अध्याय 20 की शीर्षक है– संविधान में संशोधन। इस अध्याय के अनुच्छेद 368 में संशोधन संबंधी प्रक्रिया का वर्णन किया गया है। इस कारण उच्चतम न्यायालय ने सदैव ही इस अनुच्छेद को संशोधन के विषय पर अपने आप में एक पूर्णसंहिता माना हैं।

संविधान के इस अनुच्छेद में संशोधन की प्रकिया इस प्रकार वर्णित की गई है कि–

(अ) लोकसभा या राज्यसभा में से कोई सदन संशोधन संबंधी बिल पेश करें। (ब) संसद के दोनों सदन इस बिल को निश्चित विधि अनुसार पारित कर राष्ट्रपति के सम्मुख पेश करें। (स) राष्ट्रपति इस बिल पर स्वीकृति प्रदान करें। संविधान के अनुच्छेदों के महत्व के आधार पर संशोधन के लिए तीन श्रेणियां निर्धारित की गई है– (1) संसद के साधारण बहुमत द्वारा संशोधन– अनु. 75,97,100(3), 105(3),118(12), 120(2),124(1), 125,133(3),135,148 आदि। (2) संसद के सभी सदस्यों के साधारण बहुमत और उपस्थित सदस्यों के 2/3 बहुमत से संविधान में

संशोधन। (3) संसद के दोनों सदनों के कुल बहुमत और उपस्थित एवं मतदान करने वाले सदस्यों के 2/3 मतों के अलावा कम से कम आधे राज्यों के विधानमंडलों की सहमति अनिवार्य होती है। इस श्रेणी में अनु. 54, 55, 73, 167, 124 से 147, 214 से 232, 245 से 255, संविधान की तीनों सूचियां (संघ, राज्य एवं समवर्ती सूची) संविधान के संशोधन संबंधी (368) इत्यादि। संविधान संशोधन की तीसरी श्रेणी संविधान के संघात्मक प्रवृति को प्रबल करती है। संशोधन के तीनों स्तरों से स्पष्ट होता है कि हमारा संविधान लिखित प्रकृति है, जिसमें निश्चित प्रक्रिया से ही संशोधन संभव हैं। संविधान नमनीय और कठोरता का समिश्रण है। संविधान काफी सीमा तक लचीलापन भी रखता है। संशोधन संबंधी कार्यवाही शुरू करने का अधिकार केवल संसद को है। डॉ. भीमराव अम्बेडकर ने संविधान संशोधन के प्रस्ताव को पेश करते हुए कहा था कि "जो संविधान से असंतुष्ट है उन्हें 2/3 बहुमत प्राप्त करना होगा। यदि वे वयस्क मत के आधार पर निर्वाचित संसद में 2/3 बहुमत प्राप्त नहीं कर सकते तो यह समझा जाना चाहिए कि संविधान के प्रति असंतोष में जनता उनके साथ नहीं हैं। यह भी उल्लेखनीय है कि संविधान संशोधन में जनमत संग्रह की कोई व्यवस्था नहीं है जैसी कि स्विट्जरलेण्ड में हैं। यहां यह बात भी महत्वपूर्ण है कि संसद संविधान में संशोधन कर सकती है लेकिन संविधान के मूल–ढाँचे (केशवानन्द भारती विवाद) को नहीं बदल सकती है। इसमें कोई मीनमेख नहीं कि संशोधन की प्रक्रिया संविधान को 'चलायमान' शक्ति प्रदान करती है लेकिन अनेक आधारों पर संशोधन प्रक्रिया की आलोचना भी की जाती रही है कि राज्यों को संविधान संशोधन के संबंध में पहल करने की शक्ति नहीं है यह शक्ति के विकेन्द्रीकरण का उल्लंघन है। संशोधन के तीसरे स्तर श्रेणी में आधे राज्यों की सहमति की बात कही गई है, आधे कौनसे राज्य? विशाल जनसंख्या वाले या छोटी जनसंख्या वाले अणुस्टेट। संसद तथा आधे राज्यों की सहमति के बाद राष्ट्रपति की सहमति क्यों जरूरी है? संसद द्वारा पारित संशोधन को सीधे पारित माना जाए जैसाकि अमेरिका में प्रचलित है। अमेरिकी कांग्रेस द्वारा पारित संविधान संशोधन पर राष्ट्रपति के हस्ताक्षरों की जरूरत नहीं रहती

हैं। स्वतंत्रता के पश्चात् संविधान में अन्धाधुंध गति से संशोधन किए गए है जिससे मूल रजाई की तुलना में पैबन्दों की भरमार हो गई है। आलोचकों का यहां तक कहना है कि व्यापक संशोधनों की आंधी से मूल संविधान तो समाप्त हो गया है केवल संशोधन बाकी रह गये है।

हमारे संविधान में प्रथम संशोधन 1951 में पारित कर अब तक प्रति वर्ष दो की औसत से संशोधन किए जा रहे है। अब तक 98 संशोधन पारित हो चुके है। तथा कुछ प्रस्तावित भी है। संशोधन की सुपरसोनिक स्पीड को देखते हुए प्रसिद्ध विधिवेता स्व. एन.ए. पालकीवाला ने 'संविधान का चेहरा विकृत करने की संज्ञा दी'। संविधान के 42वें संशोधन जिसे संविधान का लघु–परिवर्तन कहा जाता है सर्वाधिक विवाद की विषय रहा, जिसमें संविधान की प्रस्तावना को बदला गया, देश को समाजवादी अर्थनीति से जोड़ा गया, नागरिकों के मूल–अधिकारों में रद्दोबदल के साथ–साथ मूल–कर्तव्यों की भी व्यवस्था की गई। 1991 में समाजवाद शब्द को बिना हटाए–मिटाए उदारीकरण, वैश्वीकरण और निजीकरण (LPG) को स्वीकारने में कोई हिचक नहीं दिखाई गई। वहीं आज भी निर्वाचन आयोग द्वारा राजनीतिक दलों की मान्यता देते समय यह देखा जाता है कि वे समाजवाद में निष्ठा रखते है अथवा नहीं? यह कैसी विडम्बना है। संविधान की मूल प्रस्तावना मे धर्म, पूजा, उपासना की पद्धति की स्वतंत्रता का वर्णन है तो 42वें संशोधन द्वारा प्रस्तावना में पंथनिरपेक्षता (Secularism) शब्द जोड़ने का प्रश्न का क्या तुक था? जहां तक संविधान में अन्धाधुंध संशोधन श्रृंखला का प्रश्न है, संविधान में बहुत से संशोधन (42वें संशोधन को छोड़कर) ठीक भी है। पंचायतीराज का संवैधानिक दर्जा प्रदान करना (72वां, 73वां संशोधन) दल–बदल विरोधी कानून (52वां संशोधन) मतदाता की आयु 18 वर्ष निश्चित करना (61वां संशोधन) 84वें संशोधन द्वारा 42वें संशोधन द्वारा निर्वाचन क्षेत्रों के परिसीमन पर लगा प्रतिबंध हटा दिया गया अब 1991 की जनगणना के आधार पर नया परिसीमन किया गया यह 2000 से 2026 तक लागू रहेगा। वहीं 87वें संशोधन के द्वारा निर्वाचन क्षेत्रों के परिसीमन को वर्ष 2001 की जनगणना के आधार पर बनाये जाने का प्रावधान किया गया। 86वें संशोधन (2002) के द्वारा छह से

चौदह वर्ष तक की आयु के सभी बच्चों को निःशुल्क एवं अनिवार्य शिक्षा उपलब्ध करवाने की व्यवस्था की गई।

91वें संशोधन (2003) के द्वारा संविधान की धारा 75 में उपधारा 1ए जोड़ी गई जिसमें व्यवस्था की गई है कि मंत्री परिषद् में प्रधानमंत्री सहित कुल सदन के सदस्यों की संख्या 15 प्रतिशत से अधिक नहीं होनी चाहिए। संविधान के अनु. 164 की धारा 1ए में राज्य में भी ऐसी ही व्यवस्था लागू की गई है। 92वें संशोधन (2003) के द्वारा भाषाओं से संबंधित आठवी अनुसूची में बोड़ों, संथाली, मैथिली तथा डोगरी को भी शामिल किया गया है। अब मान्यता प्राप्त भाषाओं की संख्या 22 हो गई है।

जहां आवश्यकता होगी संशोधन करना भी होगा जैसाकि संविधान समीक्षा आयोग ने 58 संशोधनों की संस्तुति की है। परन्तु राजनीतिक कारणों व निहित स्वार्थों के लिए जो संशोधन किए गए तथा किए जायेंगे उन्हें संवैधानिक छेड़छाड़ की कहा जाएगा। कुछ लोग प्रणाली बदलने की भी वकालात करते हैं। परन्तु प्रणाली बदलने से कुछ हासिल होने वाला नहीं हैं। आदमी वही रहेगें उनकी कार्यशैली वही रहेगी जब तक संवैधानिक निरक्षरता जारी रहेगी सफलता मिलना संदिग्ध है। जरूरत है संवैधानिक अधिकारों एवं कर्तव्यों के प्रति जागरूकता लाने की। तब तक व्यवस्था कुछ नहीं कर सकेगी इसके साथ–साथ जनप्रतिनिधियों को माईबाप मानने और मालिक बनाने की प्रवृति से भी बचना होगा। जनप्रतिनिधि जनता के सेवक है, मालिक नहीं। इस मनोवृति का विस्तार करना होगा।

कुछ विचारणीय संशोधन

1. भारत जैसे महान लोकतांत्रिक देश में यह बात उचित नहीं लगती कि उसके एक अरब लोगों के लिए विधि–विधान का निर्माण मात्र 55 (10 प्रतिशत) सदस्यों के विचार–विमर्श से निर्मित हों जबकि संसद में एक मिनिट पर 34,500 रूपये खर्च आता है। इस प्रकार सदन की गणपूर्ति बढ़ायी जाए कि कोई भी विधेयक 2/3 बहुमत से पारित हो।

2. विधानपरिषदों एवं राज्यसभा के संगठनात्मक ढांचे पर पुनर्विचार हो, ये सदन कमोबेशी अपनी प्रासंगिकता खोते जा रहे है। हारे हुओं के लिए रेस्ट हाउस की बढ़ती छवि को रोका जावें।
3. आंग्लभारतीयों की मनोनयन की प्रवृति पर रोक लगायी जाए गणतंत्र के 59 वर्षों के बाद भी यह व्यवस्था जारी क्यों है? क्या धर्मनिरेपक्ष देश में यह शोभा देता है?
4. राजनेताओं के लिए आयुसीमा का प्रावधान होना चाहिए। इस हेतु आवश्यक संशोधन किया जाए।
5. निर्वाचन आयोग उन्हीं राजनीतिक दलों को चुनाव लड़ने के लिए स्वीकृति प्रदान करें जिन्होंने आन्तरिक लोकतंत्र की मिसाल कायम की हों।
6. अधिकारों के साथ कर्तव्यपालन को भी बाध्यकारी बनाया जाना चाहिए।
7. चुनाव में कम से कम 30प्रतिशत से कम मतदान प्राप्त करने वाले राजनीतिक दलों की मान्यता रद्द की जावें एवं उनसे चुनाव व्यय वसूला जाए।
8. आयोग गठन, जांच–कमीशन की कल्चर पर प्रतिबंध लगाया जाए।
9. मतदान को अनिवार्य बनाये जाने का प्रावधान किया जाए।

संदर्भ

1. भारतीय शासन एवं राजनीति– डॉ. ए.पी. अवस्थी
2. भारतीय संवैधानिक विकास एवं संविधान– एस.एल. सीकरी
3. भारत का संविधान– जयनारायण पाण्डेय
4. भारत का संविधान – डॉ. जय–जय राम उपाध्याय
5. भारतीय राजव्यवस्था– डॉ. पुखराज जैन
6. Constitution - Defaced and defind - N.A. Palkhiwala
7. भारतीय राजनीतिक व्यवस्था – प्रो. आर.पी. जोशी, आर.एस. आढ़ा (पुनर्रचना के विविध आयाम)

8. सुशासन में ही विकसित राष्ट्र का भविष्य – गुरचरनदास– दैनिक भास्कर, 26 जनवरी, 2008 (जोधपुर)

9. पत्रिका ईयर बुक 2007

10. संविधानः सपने और समाधान – डॉ. सुभाष काश्यप – राजस्थान पत्रिका, 26 जनवरी, 2008

11. सवालों में गणतंत्र – राजस्थान पत्रिका 26 जनवरी, 2008 (जोधपुर)

7

संसदीय विशेषाधिकार एवं संहिताकरण का सवाल

"संसद का सबसे महत्वपूर्ण विशेषाधिकार अपने विशेषाधिकारों की व्याख्या न करना है"। – लार्ड केयरन्स

संसद लोकतंत्र का मंदिर है, राष्ट्र की सबसे ऊँची पंचायत तथा सम्पूर्ण राष्ट्र का प्रतिनिधित्व करने वाला सदन है। यह तो संस्थात्मक अवधारणा हैं, संसदीय व्यवस्था भारत के एक अरब जनसंख्या की आशाओं तथा अभिलाषाओं का आशाद्वीप हैं। राष्ट्र का ब्रेन–ट्रस्ट को गतिशीलता देने वाले है जनता के प्रतिनिधि, सांसद। संसद एवं उसके सदस्यों के कार्य उच्च प्रकृति के होते हैं, इन कार्यों में किसी प्रकार का अवरोध या हस्तक्षेप राष्ट्र के लिए मंगलकारी नहीं होता। संभव हैं, कि देश की विकासशील नीतियों और कार्यक्मों पर विपरीत प्रभाव पड़े। नागरिक अपने कृतित्व का बिना रोक–टोक के विकास कर सकें इसलिए समानता एवं स्वतंत्रता का अधिकार ही नहीं दिया गया वरन् उसकी सुरक्षा हेतु संवैधानिक उपचारों का मौलिक अधिकार भी दिया गया। उन्हीं नागरिकों का प्रतिनिधित्व करती है संसद तथा ये सांसद। अतः संसद तथा सांसदों के कुछ विशेषाधिकार और उन्मुक्तियां संविधान द्वारा दी गई हैं। संसद के एक सदस्य को एक साधारण नागरिक की तुलना में कुछ अधिक व्यक्तिगत स्वतंत्रता एवं वाक् स्वतंत्रता प्राप्त हैं। भारतीय संविधान का अनुच्छेद 105 संसद को तथा अनु. 194 राज्य विधानमंडल को विशेषाधिकार प्रदान करते

है। संविधान में संसद के सदनों व सदस्यों को दिये गये विशेषाधिकारों का विस्तृत विवरण नहीं दिया गया हैं। इनमें कुछ विशेषाधिकार एवं उन्मुक्तियों का उल्लेख अनुच्छेद 105 में किया गया है। अनु. 105 के अनुसार संविधान के उपबंधों तथा संसद की प्रक्रिया के विनियामिक नियमों तथा स्थाई आदेशों के अधीन रहते हुए संसद में वाक्–स्वतंत्र्य होगा और संसद में या उसकी किसी समिति में कही हुई किसी बात अथवा दिये गये किसी मत के विषय में संसद के किसी सदस्य के विरूद्ध किसी न्यायालय में कार्यवाही न चल सकेगी। स्पष्ट हैं, कि यह संरक्षण सदन के भीतर कही गई बातों के लिये हैं। सदन के बाहर आम–नागरिक के रूप में यदि वह सदन में दिये गए किसी मानहानिकारी बात को दोहराता है तो वह भारतीय दण्ड संहिता की धारा 500 के अन्तर्गत मानहानि के अपराध के लिये दंडित किया जायेगा। अतः यह बात स्पष्ट है, कि विशेषाधिकार संविधान के उपबन्धों तक संसद की प्रक्रिया को विनियमित करने वाले नियमों तथा आदेशों के अधीन हैं। संसदीय लोकतंत्र के 59 वर्षीय काल–खंड में इनका प्रयोग प्रायः अलग तर्ज के लिये किया जाता हैं।

संविधान–निर्माताओं के विशिष्ट उद्देश्य थे–

(अ) सदन अपने कार्य प्रभावशाली ढ़ंग से कर सके।

(ब) सदन अपनी गरिमा को बनाये रख सके।

(स) सदन अपने सदस्यों के मध्य अनुशासन बनाये रख सके।

प्रत्येक संवैधानिक–व्यवस्था में शासन के निकायों को कुछ विशेषाधिकार प्राप्त होते हैं परन्तु भारत में तो विशेषाधिकार व्यवस्था के अंग बन गए हैं तथा व्यवस्था विशेषाधिकारों की वैशाखियों का सहारा लेने के लिए विवश हैं इतना ही नहीं इन विशेषाधिकारों ने नागरिक अधिकारों को दास बना दिया हैं।

भारतीय व्यवस्था अपने मूल में ब्रिटिश मॉडल की है, ब्रिटेन में संसद की विशिष्ट स्थिति है वह वैधानिक दृष्टि से सम्प्रभु संस्था है उसके लिए निर्णयों को कोई निरस्त या संशोधित करने का अधिकार किसी अन्य संस्था या व्यक्ति को नहीं है भले ही वह स्वयं राजमुकट या महारानी ही

क्यों न हो। ब्रिटेन मे सर्वोच्च स्वतंत्र न्यायिक संस्था का अभाव पाया जाता है। लार्ड सभा की प्रिवीकौंसिल ही न्यायिक समिति है। ब्रिटिश संसद की सम्प्रभुता के संदर्भ में **डीलोमे** का कथन है कि ब्रिटिश विधानं वेत्ताओं का यह आधारभूत सिद्धान्त है, कि "संसद स्त्री को पुरुष और पुरुष को स्त्री बना देने के अतिरिक्त और सब कर सकती हैं।" **डायसी** ने एक कदम आगे बढ़ कर कहा कि "ब्रिटिश संसद वैधानिक दृष्टि से इतनी शक्तिशाली है, कि वह एक शिशु को प्रौढ़ करार दे सकती हैं, किसी भी व्यक्ति को मृत्योपरान्त भी राजद्रोही सिद्ध कर सकती हैं गैर कानूनी संतान को कानूनी ठहरा सकती है और यदि उचित समझे तो किसी भी व्यक्ति को अपने ही मामले में न्यायाधीश बना सकती है।" संविधान–सभा की प्रारूप समिति के समक्ष संसद तथा सांसदों के विशेषाधिकारों का सवाला आया तो लिख दिया गया कि जब तक संसद नियम बना कर विशेषाधिकार तय न करे तब तक सांसदों को वही विशेषाधिकार होगें जो ब्रिटिश लोकसदन के सदस्यों को प्राप्त हैं। इसीलिये विधायिका चाहे संसद हो या राज्य विधानसभाएं सभी विशेषाधिकारों की व्यवस्था के लिये ब्रिटिश–मॉडल को अंतिम सत्य मानती हैं। परन्तु गौरतलब तथ्य यह है, कि भारत ने चाहे संसदीय मॉडल ब्रिटेन से लिया है तथापि शासन–व्यवस्था में बहुत अन्तर है। भारत में संविधान लिखित है, राष्ट्राध्यक्ष निर्वाचित है, सदन निर्वाचित है, स्वतंत्र न्यायपालिका को न्यायिक पुनरावलोकन का अधिकार है, इन सबसे बढ़ कर भारत में संविधान सर्वोच्च हैं। शासन का प्रत्येक अंग संविधान के अधीन है।

संविधान के अनु. 105 में विशेष रूप से दो विशेषाधिकारों को बताता हैं–

1. वाक् व अभिव्यक्ति की स्वतंत्रता–संसदीय लोकतंत्र का मूल मंत्र सदन में स्वतंत्र व स्पष्ट वाद–विवाद है। सदस्य अपनी बात स्वतंत्रतापूर्वक कह सकें, इसलिये यह आवश्यक है, कि उन्हें इस भय से मुक्ति दी जाय कि सदन के भीतर कुछ बोलने पर उन्हें दण्डित किया जा सकता है अथवा उसके आधार पर किसी न्यायालय में कोई कार्यवाही की जा सकती है। लेकिन यह विशेषाधिकार सदन के भीतर ही प्राप्त है

बाहर नहीं। वाक् स्वतंत्रता पर कुछ प्रतिबंध भी है जैसे (अ) अनु. 121 के अन्तर्गत उच्चतम न्यायालय या उच्च न्यायालय के किसी न्यायाधीश के अपने कर्तव्य पालन में किये गये आचरण के विषय में कोई भी चर्चा नहीं की जायेगी। (ब) लोकसभा के नियम 349–356 के नियमों के अनुसार संसद में अशिष्ट भाषा या अशिष्ट आचरण का प्रयोग नहीं किया जायेगा। अनु. 19 के अन्तर्गत सभी नागरिकों को विचारों की अभिव्यक्ति की स्वतंत्रता का अधिकार दिया गया हैं, लेकिन इसको अनु.19(2) में दिये गये कार्यों के आधार पर नियंत्रित एवं नियमित किया जा सकता हैं जब कि अनु. 105 में दी गई शक्ति को नियंत्रित, नियमित और समाप्त नहीं किया जा सकता है।

2. संसदीय अधिकार के अन्तर्गत प्रकाशन– संविधान के अनु. 105(2) के मुताविक कोई भी व्यक्ति संसद सदन के प्राधिकारी के अन्तर्गत कुछ भी प्रकाशित करने के लिये किसी न्यायालय में उत्तरदायी नहीं होगा। किसी भी संसदीय समिति का साक्ष्य, रिपोर्ट या कार्यवाही तब तक प्रकट या प्रकाशित नहीं की जायेगी जब तक कि उसे संसद के पटल पर न रख दिया जाय। संसद की कार्यवाही प्रकाशन का संरक्षण अधिनियम 1956 के अन्तर्गत सदनों की कार्यवाही के मूलतः सच्चे वृत्तांत को अखबारों में प्रकाशन को संरक्षण दिया गया है। विशेषाधिकार हनन का प्रश्न तब उत्पन्न होता है जब जानबूझ कर वाद–विवाद को गलत ढंग से पेश किया गया हो, ऐसा कोई विशेषाधिकार नहीं कि सांसदों के व्यवहार या सदन की कार्यवाही पर न्यायोचित व सद्भावनापूर्ण आलोचना पर कोई रोक हो। प्रेस–मीडिया को पछाड़कर दृष्य–मीडिया ने जब से संसदीय–कार्यवाही का सीधा प्रसारण देना शुरू किया हैं, जनमानस सांसदों के व्यवहार और संसदीय कार्यवाही की वास्तविक तस्वीर का स्वतः आंकलित करने लगा है।

संविधान के 42वें संशोधन 1976 के द्वारा अनु. 105 में संशोधन किया गया और यह उपबंधित किया गया कि सदन के सदस्यों और समितियों की शक्तियां, विशेषाधिकार और उन्मुक्तियां वही होंगी जिन्हें संसद समय–समय पर विकसित करें। वस्तुतः इस संशोधन द्वारा संसद की शक्तियां

बढ़ाने का प्रयास किया गया था लेकिन 44वें संशोधन अधिनियम 1978 के द्वारा अनु. 105 को पुनः पहले वाले रूप में कर दिया गया अब वे ही विशेषाधिकार है जो ब्रिटिश संसद सदस्यों को प्राप्त हैं।

सांसद को गिरफ्तारी से उन्मुक्ति दी गई है, नियमानुसार एक सांसद को सदन या उसकी किसी समिति के जिसका वह सदस्य हैं, अधिवेशन के चलते रहने के दौरान या सदनों या समितियों की संयुक्त बैठक के दौरान तथा अधिवेशन या बैठक से 40 दिन पूर्व और 40 दिन पश्चात् की अवधि मे गिरफ्तार नहीं किया जा सकता, यह सुविधा केवल दीवानी मामलों के गिरफ्तारी के संदर्भ में हैं, यदि संसद का कोई सदस्य अपराधिक कार्य करता है तब उसे इस अधिकार के अन्तर्गत संरक्षण प्राप्त नहीं होगा।

विशेश सत्र आहूत किये जा सकते है जब किसी अत्यंत महत्वपूर्ण विषय पर चर्चा की जानी हो, बैठकों की कार्यवाही गुप्त रखी जा सकती है प्रायः ऐसी बैठक विशेष परिस्थितियों में ही बुलायी जाती है।

कार्यवाही के प्रकाशन पर रोक लगायी जा सकती है जैसा कि सर्चलाईट के बाद में उच्चतम न्यायालय ने यह निर्णय दिया कि सदन के किसी सदस्य के भाषण का वह अंश प्रकाशित करना सदन के विशेषाधिकार का उल्लंघन है जिसे अध्यक्ष ने सदन की कार्यवाही से बाहर निकाल देने का आदेश दिया हो।

संसद सदस्यों को संसद के सत्र के समय साक्ष्य देने या किसी न्यायालय में साक्ष्यकार के रूप में उपस्थित होने से मुक्ति प्राप्त है।

सदन में सदस्यों द्वारा किये गये नियम विरूद्ध आचरण पर उन्हें दंडित करने एवं निष्कासित करने का अधिकार है जो अशोभनीय व्यवहार करें।

यदि कोई व्यक्ति सदन के विशेषाधिकार को तोड़ता है तो चाहे वह सदन का सदस्य हो या साधारण नागरिक हो, चाहे वह सदन के भीतर विशेषाधिकार को तोड़े चाहे बाहर, सदन उसके लिए दंडित करने का अधिकार रखता हैं। सदन के किसी सदस्य को धमकी देना, घूस लेना या

अपशब्द कहना सदन की शान के खिलाफ है। ऐसा यदि गैर सदस्य करता है तो भर्त्सना, प्रबोधन, कारावास या अर्थदण्ड दिया जा सकता है। संसद सदस्य यदि ऐसा करता है तो उसे उपर्युक्त दण्डों के अतिरिक्त निलम्बन और निष्कासित भी किया जा सकता है।

संसद या विधानसभा के विशेषाधिकार का आदर लोकतंत्र की मर्यादा का हिस्सा हैं परन्तु सांसदों तथा विधायकों का आचरण कई बार लोकतंत्र की मर्यादा के प्रतिकूल होता हैं। क्या राजनीतिज्ञों द्वारा मर्यादा के चीर हरण करने को विशेषाधिकार के आवरण से ढका जा सकता है? क्या विशेषाधिकारों का सहारा लेकर सांसद या विधायक स्वेच्छाचारी, दंभी और निरंकुश नहीं बनते जा रहे है? पूर्व लोकसभाध्यक्ष पी.ए.संगमा ने विशेषाधिकार को एक विसंगति की संज्ञा दी थी। कार्यपालिका को राष्ट्रहित और जनहित में सब कुछ छिपाने के सार्वभौमिक अधिकार के क्या मायने हैं? वहीं शासन में पारदर्शिता लाने का प्रयास क्या सिद्ध करते हैं? संविधान की नजर में भारत का हर नागरिक समान है और सबको अभिव्यक्ति का अधिकार प्राप्त हैं। चाहे वह राजा हो या रंक। विशेषाधिकारों की व्यवस्था विधि के शासन का उल्लघंन हैं। संविधान निर्माताओं ने इस मंशा से विध ाानमंडल के सदस्यों को कुछ विशिष्ट अधिकार दिये कि वे संसदीय कर्तव्यों का निष्पादन सरलता से कर सके परन्तु 59 वर्षों में ऐसे अनेक अवसर आए जब सांसदों तथा विधायकों ने इनका प्रयोग संविधान की भावनानुसार नहीं किया। प्रजातांत्रिक प्रणाली में शक्ति का प्रयोग संयम से किया जाये तो उससे सभी की गरिमा बढती हैं। भारत में पिछले वर्षों में संसद और विधानसभाओं की गरिमा का जो अवमूल्यन हुआ है और सदस्यों के व्यवहार में शालीनता का शनैःशनैः जो ह्यस हुआ हैं, उसके कारण निष्पक्ष और यथार्थ टिप्पणियां करने में भी कठिनाईयों का सामना करना पड़ता हैं उनके गर्दन पर विशेषाधिकारों की तलवार लटक रही हैं। सरकारिया आयोग के अध्यक्ष एस.सरकारिया ने कहा कि विधायिका के विशेषाधिकारों और संविधान प्रदत्त अभिव्यक्ति स्वातंत्रय के मूल अधिकार के बीच निरन्तर अलगाव की स्थिति बनी हुई हैं। इस कारण विधायिका न्यायपालिका तथा लोकतंत्र के चौथे स्तम्भ के बीच संघर्ष बराबर देखने को मिलता

रहता है। संविधान में यह भी उल्लेख है, कि इन विशेषाधिकारों को कानून द्वारा सूचीबद्ध किया जावे तथापि इससे लाभान्वित होने वाले वर्ग का निहित स्वार्थ इसी में है कि पूरे विशेषाधिकार संबंधी मामले अस्पष्ट, अपरिभाषित, अनिश्चित और अपरिसीमित बने रहे तथा न्यायालय के अधिकार क्षेत्र के बाहर रहें। आम नागरिक तथा मास–मीडिया के लिये यह स्थिति बहुत ही असंतोषजनक है। विशेषाधिकारों के जरिये समाज में अपना दर्जा बढ़ाने में इन अधिकारों का दुरूपयोग भी पर्याप्त मात्रा में किया गया। एक सांसद को एक वर्ष में सौ गैस कनेक्शन तथा सौ टेलीफोन कनेक्शन देने का कोटा है। ये कनेक्शन सामान्य कोटे की संख्या को कम करते है फिर कैसी समानता? ये अधिकार लोकतंत्र के मूल सिद्धान्त के विपरीत है।

विशेषाधिकारों को संहिताकरण या सूचीबद्ध करने का प्रश्न सरल नहीं है। यदि संहिताकरण सांसदों या विधायकों ने किया तो फिर "मामा की शादी मां पुरसने वाली" कहावत चरितार्थ होगी। संहिताकरण के लिये मिली–जुली व्यापक समिति की आवश्यकता होगी जिसमें राजनीतिज्ञ, आम नागरिक, प्रेस से जुड़े लोग, न्यायाधीश तथा समाजसेवी सभी वर्गों को शामिल करना होगा। फिरोज गांधी अधिनियम के तहत संसद में सदस्य जो कुछ कहते है उसके प्रकाशन पर कोई सदस्य मानहानि का मुकदमा नहीं चला सकता। विधानसभाओं को फिरोज गांधी अधिनियम को अंगीकार करने की छूट दी गई है। इसके बाबजूद आज भी अनेक विधानसभाओं ने इस अधिनियम को अंगीकार नहीं किया है और उनकी कार्यवाही का प्रकाशन देश के कानून से मुक्त नहीं है। विशेषाधिकारों को संहिताबद्ध करने से पूर्व कम से कम देश की सभी विधानसभाओं में जो भी कार्यवाही हो, उसके समाचार निष्पक्ष रूप से और पूर्वाग्रहों से मुक्त होकर प्रकाशित और प्रसारित करें। समाचार पत्र, समाचार पत्र रहे विचार पत्र या किसी का मुखौटा नहीं बने। 21वीं शताब्दी जिसे संचार क्रांति का युग कहा जाता है मीडिया के कंधों पर गुरूत्तर दायित्व है। समाचार माध्यमों से जुड़े लोग यह महसूस करते है, कि विशेषाधिकार स्वतंत्र अभिव्यक्ति में कई बार बाधक सिद्ध होते है। ऐसी दशा में सरकारिया का यह सुझाव

बहुत व्यवहारिक हैं, कि विशेषाधिकारों को संहिताबद्ध किया जाय। डॉ. सुभाष काश्यप का यह सुझाव भी महत्वपूर्ण हैं, कि प्रेस को अपने लिये आचरण–संहिता बनानी चाहिये। प्रमुख बात तो यह है कि नागरिक के अधिकारों की रक्षा की जावे यह कर्तव्य सांसदों तथा प्रेस दोनों का हैं। विशेषाधिकार के हनन का सवाल केवल लोकसभाध्यक्ष द्वारा ही न तय किया जाकर इसके लिये विशेषज्ञों की एक उच्च स्तरीय समिति का गठन किया जाए। संविधान में प्रेस, विधायिका तथा न्यायपालिका के अधिकारों एवं सीमाओं का स्पष्ट वर्गीकरण किया जाना आवश्यक है। केशवसिंह एवं मीनू मसानी के मामले में विशेषाधिकारों का मुद्दा अहम् बन गया था। प्रेस तथा विधायिका में टकराव संवैधानिक दुर्घटना बन सकती है। इस टकराव का कारण प्रतिनिधि और पहरेदार की भूमिका है। 'विधायिका आम आदमी से बनती हैं। प्रेस को वे ही अधिकार प्राप्त है।' इस साधारण बात को आम–आदमियों के संवैधानिक ज्ञान के अभाव तथा सत्ता के मद में चूर राजनीतिज्ञों ने भुला दिया हैं। सत्ता के हुक्मरानों ने अधिकारोन्मुख प्रवृति पर तो 59 वर्षों में खूब जोर दिया है परन्तु दायित्व और दूसरे अंगों की शक्तियों और सीमाओं पर इतना ध्यान नहीं दिया। लोकतंत्र संयम, संतुलन और सहकार से ही फलीभूत होता है[7] इसे आत्मसात् करने की जरूरत है।

संदर्भ

1. भारतीय संविधान का एक परिचय–डॉ. एम.पी. पायली
2. विश्व के प्रमुख संविधान–वीरकेश्वर प्रसाद सिंह
3. संविधानों की दुनिया–प्रभुदत शर्मा
4. विशेषाधिकार और अभिव्यक्ति स्वातंत्रय (संपादकीय)–राजस्थान पत्रिका, 27 जुलाई 1993 (जोधपुर)
5. विशेषाधिकार क्यों हो? सपांदकीय, राजस्थान पत्रिका (जोधपुर), 03 मार्च 1997
6. किसके हित में हैं विशेषाधिकार–शिवकुमार सिंह भदौरिया, जनसत्ता (दिल्ली) 04 जून 1993
7. विशेषाधिकार सूचीबद्ध करने का प्रश्न–डॉ. सुभाष काश्यप, जनसत्ता (दिल्ली) 06 मई 1993

8

संसद प्रतिपक्ष की आवश्यकता एवं उपादेयता

राजनीतिक दल विचारों के दलाल होते है। संसदीय लोकतंत्र रुपी रथ के पहिए होते है। वे लोकमत की धुरी है। जो लोकमत और लोकनिष्ठा की संस्थानात्मक प्रकटीकरण को प्रस्तुत करते है।[1]

लोकतंत्र की परिकल्पना एकदलीय व्यवस्था में नहीं की जा सकती है। यदि किसी संसद या विधानमंडल में एक ही दल हो और वही सरकार संचालन करें तो इस तथ्य से इंकार नहीं नहीं किया जा सकता है कि सरकार तानाशाही में तब्दील हो जाए। मुंडै–मुंडै मति र्भिन्नाः। प्रत्येक व्यक्ति का प्रत्येक घटना या तथ्य पर भिन्न भिन्न नजरिया होता है। केवल एक दल सभी मत मतान्तरों का प्रतिनिधित्व नहीं कर सकता। प्रत्येक घटना को एक चश्में से देखना लोकतांत्रिक दृष्टिकोण नहीं कहा जा सकता। सदृढ़ और संगठित विपक्ष परिपक्व लोकतंत्र की निशानी है। विपक्ष को सदैव वैकल्पिक सरकार देने के लिए तैयार रहना होता है। विरोधी दल के लिए विपक्ष और प्रतिपक्ष शब्द का प्रयोग होता है। वस्तुतः विपक्ष शब्द 'विरोध' की प्रतिध्वनी देता है जबकि प्रतिपक्ष दायित्वबोध को प्रकट करता है।[2] इसलिए प्रतिपक्ष शब्द ज्यादा युक्तिसंगत है।

विश्व संसदों का जनक ब्रिटेन में तो कहा जाता है कि ब्रिटेन का प्रधानमंत्री अपनी पत्नी से अधिक विपक्ष को जानता है। सत्तारूढ़ दल विपक्ष के भूत से हर क्षण भयभीत रहता है। यह संतोष का विषय है कि संसदीय लोकतंत्र में विपक्ष को सरकारी मान्यता ही नहीं दी गई वरन्

विपक्ष के नेता को केबिनेट स्तर का दर्जा देकर वेतन, भत्ते एवं अन्य सुविधाएं भी मुहिया करवायी गई है। यह राजव्यवस्था में व्यापक सहनशीलता और सौहार्द का उज्ज्वल पक्ष है।

टी डी वेल्डन के शब्दों में "एक लोकतंत्री राज्य का अंतिम मानदंड सरकारी तौर पर मान्यता प्राप्त विपक्ष का कानूनी अस्तित्व है।"

जहां तक विपक्ष या प्रतिपक्ष शब्द की उत्पत्ति का प्रश्न है, प्रतिपक्ष या विपक्ष शब्द लैटिन भाषा के शब्द 'ओजोपिया' से निकला है जिसका अर्थ होता है, विरोध करना। परन्तु विरोध कैसा, कितना और किस रूप में हो, यह विचारणीय प्रश्न है।

एक ओर ब्रिटेन का उदाहरण प्रत्यक्ष है कि वहां यह मत प्रचलित है कि विपक्ष का कार्य विरोध करना है। चर्चिल कहते है कि विपक्ष का एकमात्र कार्य है–विरोध करना है। टियर्ने का मत है कि विपक्ष का कर्त्तव्य कोई भी प्रस्ताव प्रस्तुत करना नहीं हैं सब चीजों का विरोध करना है और सरकार को पलट देना है।[3] ब्रिटेन में प्रतिपक्ष को सम्राट का स्वामीभक्त विपक्ष (हिज मैजेस्टीज लॉयल ऑपोजीशन) कहा जाता है। ब्रिटेन का सम्राट या साम्राज्ञी जब संसद में अभिभाषण देता है तो एक ओर ब्रिटिश प्रधानमंत्री खड़ा करता है तो दूसरी ओर प्रतिपक्ष का नेता मंचासीन रहता है। सम्राट प्रतिपक्ष को अपना प्रबल समर्थक स्वीकारते हुए उसके कन्धों पर जिम्मेदारी डालता है कि सत्तारूढ़ दल की त्रुटियों को जनमानस के समक्ष रखे। ब्रिटेन में प्रतिपक्ष को सरकारी मान्यता सम्राट के मंत्रीपरिषदीय अधिनियम 1937 के अन्तर्गत प्रदान की गई। प्रतिपक्ष किसे माना जाएं? इसका निर्णय दो आधारों पर किया जाता है–

1. सत्तारूढ़ दल के साथ संख्या बल में बड़ा दल तथा
2. सदन के अध्यक्ष द्वारा मान्यता प्रदान करने के आधार पर।

यदि संख्या की दृष्टि से दो दल बराबर की स्थिति में हो तो सदन का अध्यक्ष ही यह तय करेगा कि मान्य विपक्ष कौनसा दल कहलायेगा उसका निर्णय अंतिम होगा।

जहां तक प्रतिपक्ष को सरकारी मान्यता का प्रश्न है भारतीय संसदीय इतिहास स्पष्ट करता है कि भारत का संविधान 26 जनवरी 1950 को

लागू हुआ लेकिन उसके कुछ उपबंध उसकी स्वीकृति के दिन यानि 26 नवम्बर 1949 को ही लागू हो गए। इन उपबंधों में एक उपबंध अनु. 379 था जिसके द्वारा संविधान सभा संविधान लागू होने से पूर्व ही भारत की अन्तरिम संसद बन गई। यह एकसदनीय थी, सदस्य प्रत्यक्ष रीति से निर्वाचित नहीं हुए थे। सदस्य ब्रिटिश भारतीय प्रान्तों से परोक्ष तथा देशी रियासतों से मनोनीत सदस्य थे।

अन्तरिम संसद में कोई संगठित प्रतिपक्ष नहीं था। संविधान सभा में ज्यादातर सदस्य कांग्रेस दल से थे। अन्तरिम संसद के सदस्यों को सुविधा की दृष्टि से दो वर्गों में बांटा गया था–संलग्न तथा असंलग्न। संलग्न सदस्य वे थो जो कांग्रेस से संबंध रखते थे जबकि अन्य सदस्यों को असंलग्न कहा गया। 1950 में असंलग्न सदस्य मात्र 22 थे तो 1951 में यह संख्या बढ़कर 51 हो गयी। कांग्रेस के प्रचण्ड बहुमत के कारण प्रतिपक्ष (असंलग्न) असंगठित और महत्त्वहीन था। असंलग्न सदस्य किसी एक दल या गुट के प्रति आबद्ध नहीं थे अतः वे मनमानी रीति–नीति से सरकार की आलोचना करते थे। संगठित प्रतिपक्ष की कमी को कांग्रेस के भीतर से ही उभरे विपक्ष ने पूरा किया। जे.बी. कृपलानी, महावीर त्यागी तथा आर.के. सिंघवीं जैसे दिग्गजों ने सत्तारूढ़ दल तथा सरकार के कार्यों की खुलकर आलोचना की। पंडित जवाहरलाल नेहरू ने न केवल इन आलोचनाओं को सहन किया वरन् स्वागत भी किया।

1951 में आचार्य जे.बी. कृपलानी, टी. प्रकाशम्, के. कल्लपन, के.डी. मेनन, एस.एल. सक्सेना, सी.पी. घोष, महामाया प्रसाद, त्रिलोकीसिंह, ठाकुर निरंजन सिंह, के.आर. करंथ, सुचेता कृपलानी, सादिक अली तथा कुछ अन्य नेताओं ने मिलकर किसान मजदूर प्रजा पार्टी (के एम पी पी) का निर्माण किया। सितम्बर 1952 में किसान मजदूर पार्टी का विलय प्रजासमाजवादी पार्टी में कर दिया गया।[4] किसान मजदूर प्रजा पार्टी उन निष्ठावान गांधीवादियों का दल था जो सत्ता की राजनीति से ऊब चुके थे। कृपलानी कांग्रेस अध्यक्ष पद के लिए चुनाव में पुरूषोतम दास टण्डन से पराजित हो चुके थे। कांग्रेस संगठन पर सरदार वल्लभभाई पटेल की लौह–पकड़ से जनित व्यक्तिगत हताशा तथा कांग्रेस में व्याप्त गुटबंदी के कारण कृपलानी ने कांग्रेस से पल्ला झाड़ लिया।

1951 में ही भारतीय जनसंघ का जन्म हुआ। जनसंघ का जन्म एक प्रादेशिक दल के रूप में मई 1951 में जालन्धर में हुआ लेकिन इसने अखिल भारतीय रूप 21 अक्टूम्बर 1951 को नई दिल्ली में धारण किया। डॉ. श्यामाप्रसाद मुखर्जी ने 08 अप्रैल 1950 को पंडित जवाहरलाल नेहरू मंत्रिमंडल से त्यागपत्र देकर अन्तरिम संसद में विरोधी पक्ष की शुरूआत की।

1952 में प्रथम आम चुनावों में कांग्रेस को प्रचण्ड बहुमत (364 सीटें) मिला। 1954 में लोकसभा के कुल सदस्यों के 10 प्रतिशत सदस्यों को मिलाकर एक ऐसा गुट बनाने की कोशिश की गई जिसे शासकीय स्तर पर प्रतिपक्ष की मान्यता मिल सके। इसी उद्देश्य को लेकर आचार्य कृपलानी के नेतृत्व में समाजवादी–प्रगतिशील गुट का निर्माण किया गया लेकिन इस गुट में कई प्रयासों के बावजूद सदस्य संख्या 41 से अधिक नहीं हो सकी जबकि जरूरत 50 सदस्यों की थी। विपक्षी गुटों के कुछ प्रभावशाली सदस्यों में डॉ. श्यामाप्रसाद मुखर्जी, आचार्य जे.बी. कृपलानी, ए.के. गोपालन, जयपाल सिंह (लोकसभा) तथा डॉ. कालीदास नाग ने राज्यसभा में अपने–अपने नेतृत्व में विपक्ष को संगठित और संस्थागत बनाने का प्रयास किया लेकिन अध्यक्ष जी.वी. मावलंकर ने किसी भी राजनीतिक दल को मान्यता प्रदान नहीं की तथापि पंडित जवाहरलाल नेहरू लोकतंत्र के पुजारी तथा प्रथम श्रेणी के सांसद थे। उन्होंने संसद में सदैव शिष्ट भाषा का प्रयोग किया विवादास्पद मुद्दों पर खुली चर्चा, रचनात्मक आलोचना तथा मतभेदों को प्रोत्साहन दिया, विपक्ष की वाणी को वजनदार माना।

विपक्ष के नेता की संस्था का उदय दिसम्बर 1969 में हुआ। भारतीय संसद ने संगठन कांग्रेस के नेता डॉ. रामसुभगसिंह को लोकसभा तथा एन.एन. मिश्रा को राज्यसभा में विपक्ष के नेता की मान्यता प्रदान की। भारतीय संसद के स्वातंत्रोत्तर काल में यह प्रथम अवसर था जब सदन में किसी मान्यता प्राप्त विपक्षी दल तथा मान्यता प्राप्त किसी विपक्षी नेता का मनोनयन हुआ। लोकसभा अध्यक्ष संजीव रेड्डी ने अक्टूम्बर 1968 में पीठासीन अधिकारियों की त्रिवेंद्रम बैठक में कहाकि सत्तारूढ़ दल के बाद सबसे बड़े दल को विपक्षी दल के रूप में मान्यता प्रदान की जाए चाहे वह नियमित दल हो या विभिन्न दलों और गुटों से बना गठबंधन

हो। इसके नेता को विपक्ष के नेता के रूप में मान्यता दी जाए। पागे समिति ने विपक्ष के नेता के संबंध में सिफारिश की थी कि सबसे बड़े मान्यता प्राप्त विपक्षी दल के नेता को विपक्ष के नेता के रूप में मान्यता मिलनी चाहिए साथ ही इस समिति ने यह सिफारिश भी की कि विपक्ष के नेता को वेतन मिलना चाहिए और उसे एक 'संस्था' मानते हुए ऑफिस, निवास और सचिवालय स्टाफ उपलब्ध करवाया जाए। संसद ने विपक्ष के नेता के वेतन व भत्ता अधिनियम 1977 पारित कर राज्यसभा तथा लोकसभा के विपक्ष के नेताओं को संवैधानिक मान्यता प्रदान की तथा साथ ही कुछ अन्य सुविधाऐं भी प्रदान की।[5]

विश्व के अन्य देशों में प्रतिपक्ष के मान्यता का प्रश्न है। कनाडा में प्रतिपक्ष को 1905 में, आस्ट्रेलिया में 1920 में, दक्षिण अफ्रीका में 1946 में तथा भारत में 1969 में वैधानिक मान्यता प्रदान की गई। 1964 में संयुक्त राष्ट्रसंघ के कुल सदस्य 113 देशों में से केवल 30 देशों में संगठित प्रतिपक्ष विद्यमान था। इस तथ्य से स्पष्ट है कि प्रतिपक्ष को लोकतांत्रिक राष्ट्रों ने 'संस्थागत जरूरत' के रूप में स्वीकार नहीं किया है।

गिलबर्ट कैम्पिसन के मतानुसार "प्रतिपक्ष तत्समय अल्पमत वाला वह दल है जो एक इकाई के रूप में संगठित हो, जिसे सरकारी मान्यता मिली हो, जिसमें कामकाज संचालन की क्षमता हो और वह सदैव सरकार बनाने के लिए तैयार रहे जब सत्तारूढ़ दल अपना विश्वास खो दे। प्रतिपक्ष की अपनी नीति और सिद्धान्त होने चाहिए केवल सत्ता पर काबिज होने के लिए विध्वसंक रीति से विरोध करके व्यवस्था में अव्यवस्था को पैदा न करें।"

प्रथम लोकसभा अध्यक्ष जी.वी. मावलंकर– "प्रजातंत्र तब तक सही प्रकार से उन्नति नहीं कर सकता है जब तक कि राजनीतिक दलों की संख्या कम से कम न हो। जहां तक हो सके प्रमुख दल दो से अधिक न हो जो एक–दूसरे को सत्तापक्ष तथा प्रतिपक्ष के रूप में स्थापित कर सके।"

आरची बोल्ड एस. फोर्ड प्रतिपक्ष को परिभाषित करते हुए लिखते है "विरोधी दल शक्ति प्राप्त करने के लिए शांतिपूर्ण साधन अपनाता है।

राज्य के नियमों एवं परम्पराओं के अधीन कार्य करता है ताकि देश में अराजकता न फैले यदि सत्तारूढ़ दल किसी कारणवश सरकार चलाने में असमर्थ हो या सरकार चलाना असंभव हो तो विरोधी दल सत्ता अपने हाथ में लेने के लिए तैयार रहता है।''

संविधान सभा के वरिष्ठ एवं जानकार सदस्य हरिविष्णु कायथ के मतानुसार विपक्ष की जिम्मेदारी है कि (1) सरकार को सचेत रखे। (2) विरोध करें और (3) संभव हो तो अपदस्थ करे। वहीं सत्तापक्ष की जिम्मेवारी है कि (1) सरकार का समर्थन (2) तर्क का जवाब तथ्य और तर्कों से देना एवं (3) परम्पराओं की अनुपालना करें।[6]

एरस्किन प्रतिपक्ष की परिभाषा करते हुए लिखता है कि ''विपक्ष सबसे बड़ी संख्या वाला अल्पमत दल है जो सरकार द्वारा इस्तीफा देने की सूरत में कार्यभार संभालने की स्थिति में हो।''

उपर्युक्त मतों के प्रकाश में 'प्रतिपक्ष' शब्द से तात्पर्य है–

1. एक सुसंगठित संगठन जो लोकतांत्रिक मूल्यों एवं परम्पराओं का हामी हो।
2. सत्तापक्ष की रचनात्मक आलोचना में संलग्न हो।
3. वैकल्पिक सरकार देने की स्थिति में हो या मंशा रखे।
4. केन्द्रीय तथा राज्य स्तरों पर प्रभावशाली संगठन रखता हो।
5. नेतृत्व दक्ष, सक्षम और सचेत हो तथा जनता–जनार्दन उसमें विश्वास रखे।

संसदीय लोकतंत्र में प्रतिपक्ष की जरूरत

संसदीय लोकतंत्र में बहुमत प्राप्त दल ही नहीं वरन् मजबूत प्रतिपक्ष की महत्ती आवश्यकता होती हैं, क्योंकि प्रतिपक्ष लोकतंत्र का प्राण है। प्रतिपक्ष के अभाव में सत्तारूढ़ सरकार का उत्तरदायित्व नाममात्र का बनकर रह जाता है तथा सत्तारूढ़ पक्ष अधिनायकवादी नीतियों को अपना सकता है। संसदीय लोकतंत्र की प्राणशक्ति है– वाद–विवाद और वस्तुनिष्ठ बहसें। लेकिन 1977, 1989, 1991, 1996, 1998, 1999, 2003 एवं 2009 को छोड़कर शेष समय संसद में प्रतिपक्ष की स्थिति कमजोर रही है। जिससे गंभीर मसलो पर बहसें गूंगी और निरर्थक रही।

लोकतंत्र को लोकपथ पर लाने के लिए स्वस्थ और सशक्त प्रतिपक्ष की महती आवश्यकता होती है। सदन के भीतर प्रतिपक्ष के पास पैने हथियार हैः– वे प्रश्न पूछ सकते है, जांच की मांग कर सकते है, निंदा, काम रोको, तथा अविश्वास प्रस्ताव ला सकते है तथा सत्तारूढ़ दल को प्रताड़ित कर सकते हैं। वर्तमान में तो त्रिशंकु लोकतंत्र के उदय के कारण, प्रतिपक्ष निर्णायक एवं नियामक भूमिका अदा कर सकता है। अधिनायकवाद और लोकतांत्रिक राज्यों में अंतर यह है कि जहां तानाशाही में प्रतिपक्ष या तो मृत होता है या जेल में होता है वहां लोकतंत्र में वह संसद में विद्यमान होता है तथा सरकार को निरन्तर क्रियाशील बनाए रखता है। प्रतिपक्ष का गुरूत्तर दायित्व यह है कि सरकार की नीतियों का आकलन गुण–दोष के आधार पर करें। सत्तारूढ़ दल की त्रुटियों और लुप्तियों को जनता के समक्ष लाकर, जनमत को अपने पक्ष में करने का प्रयास करें। सक्षम, उत्तरदायी और सुसंगठित प्रतिपक्ष की आवाज को कोई भी सत्तारूढ़ दल दबा नहीं कर सकता क्योंकि उसे हमेशा यह भय रहता है कि प्रतिपक्ष वैकल्पिक सरकार के रूप विद्यमान है। इग्लैण्ड जैसे संसदीय लोकतंत्र देश में जहां प्रतिपक्ष सुदृढ़ है वहां प्रतिपक्ष के नेता को वैकल्पिक प्रधानमंत्री तथा उसके मंत्रिमंडल को छाया–मंत्रिमंडल कहा जाता है। लेकिन खेद का विषय है कि भारत में सत्तापक्ष और प्रतिपक्ष की प्राथमिकताएं रोटी, कपड़ा, मकान, स्वास्थ्य, शिक्षा, सामाजिक सद्भाव, निर्धनता तथा बेरोजगारी न होकर असली प्राथमिकताएं कबीलाई, जातीय और मजहबी है। प्रतिपक्ष को सुनिश्चित सकारात्मक नीतियां, सकारात्मक कार्यक्रमों, सकारात्मक आलोचनों तथा रचनात्मक प्रत्यालोचना के द्वारा जनसाधारण के समीप जाना समय की मांग है। आज जो व्यापक तथा स्थितिवाद शासन व्यवस्था का चक्रव्यूह है उसे प्रतिपक्ष ही तोड़ सकता हैं, क्योंकि सत्तारूढ़ दल तो मानता है किः–

"कीजिए किसके लिए गुमगुश्ता जन्नत की तलाश।
जबकि माटी के खिलौने से बहल जाते हैं लोग।"

लोकतंत्र का सबसे शक्तिशाली हथियार लोकमत है और वह जाग जाए तो देश में लोकशक्ति प्रकट किए बिना नहीं रह सकेगी और यह गुरूत्तर

दायित्व प्रतिपक्ष के कन्धों पर है। प्रतिपक्ष का दायित्व है कि वह लोकतंत्र रूपी भवन की 'छत–निर्माण' में व्यस्त न रहे बल्कि आधार और लम्ब बनाने का प्रयास करें, और यह आधार जन उपक्रम से ही बनेगा इसलिए प्रतिपक्ष को ऐसी नीतियों का अवलम्बन करना चाहिए कि वे सीधे जनता से सम्पर्क रखें, जनता की मांगों को सरकार तक पहुंचाने में संदेशवाहक का कार्य करें। यदि आंकड़ों का विश्लेषण करें तो हम पाते है कि भारत में सदैव सत्तारूढ़ दल कुल मतदान का 49 प्रतिशत पाकर भी एकजुटता के कारण सत्ता में रहा तथा कुल मतदान का 51 प्रतिशत विपक्षी दलों के पास रहा है लेकिन खंड–खंड में विभाजित होने के कारण प्रतिपक्ष की आवाज नकारी जाती रही है। दूसरी और प्रतिपक्ष के विभिन्न दल अपने दलगत स्वार्थ और दृष्टिभेद से एक दूसरे से इतना दूर रहते है कि उनकी आवाज सत्तारूढ़ दल के विरूद्ध जनमत का पक्ष ठोस रूप से नहीं रख पाती जैसाकि मौरिन्स जोन्स का मानना है कि "भारत के शासनतंत्र में सरकार एक समरूप (वैकल्पिक सरकार) और सशक्त विरोधी दल के सामने खड़ी नहीं है जो लगातार सत्ता को हड़पने को तैयार हो। प्रतिपक्ष तो सदा ''खग्रासीकरण'' का शिकार रहा हैं। प्रतिपक्ष की एकजुटता संसदीय लोकतंत्र की प्रथम आवश्यकता है। एक दलीय प्रभुत्त्व की समाप्ति के बाद सरकार और विपक्ष दोनों ही अस्थिर एवं शक्तिहीन हो गए है।

प्रतिपक्ष के कार्य एवं दायित्व

चुनाव, वास्तविक अर्थों में तब तक चुनाव नहीं हो सकता, जब तक कि निर्वाचकों के सामने कम से कम दो या बहुसंख्यक विकल्प मौजूद न हो। एक दलीय व्यवस्था में तो मात्र एक घोड़े की दौड़ होती है उसमें विकल्प उपलब्ध नहीं होता। जनता को वास्तविक पंसद का अवसर देने के लिए लोकतंत्र में विविध दलों का विकल्प रहना आवश्यक है। इन विविध दलों में से सर्वाधिक बहुमत प्राप्त करने वाला दल सत्तारूढ़ होता है और दूसरे स्थान पर रहने वाले दल को सदन में मान्यता प्राप्त प्रतिपक्ष कहा जाता है। जहां सत्ता की जिम्मेवारी सरकार का संचालन करता है वहीं प्रतिपक्ष का कार्य रेफरी की भांति चौकसी करना है कि सरकार सही रीति–नीति से शासन प्रशासन का संचालन करें, अपने घोषणा पत्र में निर्धारित कार्यक्रमों का अनुपालन करें। भारतीय परिप्रेक्ष्य में तो प्रतिपक्ष

का दायित्व गुरूत्तर है क्योंकि सत्तारूढ़ दल की तुलना में प्रतिपक्ष या विपक्षी दलों को मतदान का बड़ा प्रतिशत हासिल होता रहा है। कहा गया है "निदंक नियारे राखिये, आंगन कुटि छवाय।" इसी तरह राजनीतिक व्यवस्था में प्रतिपक्ष की महती जरूरत है। सरकार की स्वच्छ और रचनात्मक आलोचना करने का अहम् दायित्व विपक्ष के कन्धों पर है। निम्न बिन्दुओं के आधार पर विपक्ष के कार्यों एवं दायित्वों का विश्लेषण किया जा सकता है:–

लोकतंत्र को लोकपथ पर लाना एवं लोभतंत्र से बचाना– लोकतंत्र में लोकमत सरकार का आधार स्तम्भ होता है। चुनाव वह बैरोमीटर है जो यह बता देता है कि लोकमत किस राजनीतिक दल के साथ है। चुनाव से विजयी होने वाला दल सरकार का निर्माण करता है। सरकार का निर्माण करने पश्चात् सत्ताधारी दल अपनी नीतियों और कार्यक्रमों को जन–जन पहुंचाने का भरसक प्रयास करता है ताकि जनता जनार्दन सदैव उसके साथ रहे। संभव है सत्ता के मद में सत्ताधारी दल ऐसे कदम भी उठा ले, जो जनहित में न हो। सत्तारूढ़ दल की नीतियां में अधिनायकवाद की बू आने लग जाएं ऐसी स्थिति में प्रतिपक्ष ही लोकतंत्र को रास्ते पर लाता है। प्रतिपक्ष शासन की खामियों को जगजाहिर कर जनमत को अपने पाले में करने का भरसक प्रयास करते है। सरकार की नीतियों की विपक्ष घोर निन्दा करता है। भाषणों, सम्मेलनों, प्रदर्शनों तथा रैलियों आदि साधनों के माध्यम से विपक्ष अपनी ओर आकर्षित करता है। विपक्ष का लक्ष्य सदैव आगामी चुनावों में कुर्सी प्राप्त करना होता है। अतः स्पष्ट है कि लोकतंत्र को लोकपथ पर लाने के लिए प्रतिपक्ष की महती आवश्यकता होती है। सत्ता को किनारों में बांधने का कार्य प्रतिपक्ष ही करता है।

जनता में राजनीतिक जागरूकता लाने का प्रभावी तंत्र–लोकतंत्र में सत्ता पर क़िसी का जन्मसिद्ध अधिकार नहीं होता। निश्चित समय पर स्वतंत्र और निष्पक्ष चुनाव करवाना आवश्यक होता है। सत्तारूढ़ दल अपनी उपलब्धियों पर तथा विपक्ष सत्तारूढ़ दल की गलतियों और लुप्तियों पर जनसमर्थन जुटाकर सत्ता हथियाना चाहता है। प्रतिपक्ष सत्तारूढ़ दल की खामियां को प्रचार, भाषण, पोस्टर, दृश्य और अन्य साधनों द्वारा प्रकट

कर जनता को संदेश देता है कि सत्तारूढ़ दल की नीतियां और नियत में भारी खोट रहा है वरना अमुक कार्य कभी का हो गया होता। सत्तापक्ष ने अमुक मुद्दे पर अड़ियल रूख अपनाया नहीं तो अमुक समस्या हल हो गयी होती। शासन की अनेक लुप्तियों एवं खामियों की तह में जनमत नहीं पहुंच सकता क्योंकि जनमत को अन्य कार्यों (रोजी–रोटी) का भी ध्यान रखना होता है। प्रतिपक्ष का प्रेत, सत्तापक्ष का पीछा करता रहता है और प्रतिपक्ष अपने कार्यों के माध्यम से जनता में राजनीतिक जागरूकता पैदा करता है। प्रतिपक्ष का प्रयास रहता है कि विधानमंडल और देश में निरन्तर शासन पर बहस जारी रहे, सरकार की त्रुटियों को उजागर किया जाता रहे। सहमति एवं असहमति की 'कबड्डी' सदैव जारी रहे ताकि जनमानस राजनीतिक व्यवस्था के प्रति तरंगित रहें। सत्तारूढ़ दल या प्रतिपक्ष विचारों का दलाल है जो दल की विचारधारा को निरन्तर स्पष्ट, क्रमबद्ध एवं प्रतिपादित करने में लगे रहते हैं। वे मतदाना की शिक्षा में वृद्धि करते है, उसकी स्वतंत्रतापूर्वक चुनाव करने की प्रवृति को और तीखा करते है।

सत्तारूढ़ दल की नाक में नकेल डालने का असरदार हथियार विपक्ष–लार्ड एक्टन का यह कथन कि सत्ता व्यक्ति को भ्रष्ट करती है और पूर्ण सत्ता व्यक्ति को पूर्ण रूप से भ्रष्ट करती है। सत्ता के नशे में सरकार पर यदि कोई नियत्रंण न हो तो संभव है, लोकतंत्र से 'लोक' अलविदा हो जाए। सरकार की निरंकुश प्रवृत्ति पर रोक लगाने के लिए प्रतिपक्ष के पास पैने हथियार है। प्रतिपक्ष, सरकार से प्रश्न एवं पूरक प्रश्न पूछ सकता है, जिसका सत्तापक्ष को संतोषजनक उत्तर देना होता है। वर्तमान में तो सदन की कार्यवाही का सीधा प्रसारण होने से जनता को सीधा संदेश जाता है। किसी गंभीर मामले पर जांच की मांग उठाई जा सकती है, निंदा प्रस्ताव रखकर या कामरोको प्रस्ताव द्वारा सत्तापक्ष को प्रताड़ित किया जा सकता है। ध्यानाकर्षण–प्रस्ताव लाया जा सकता है। इन हथियारों से काम न चले तो अविश्वास प्रस्ताव लाया जा सकता है। विशेष मुद्दों पर बहस की मांग की जा सकती है। वर्तमान में तो त्रिशंकु लोकतंत्र के उदय के कारण प्रतिपक्ष निर्णायक और नियामक भूमिका अदा कर सकता है। अतः सत्तापक्ष प्रत्येक स्तर पर सोच समझकर कदम रखता

है। जैसाकि ब्रिटेन में कहा जाता है कि ब्रिटिश प्रधानमंत्री अपनी पत्नी से ज्यादा विपक्ष को जानता परखता है।

जनता एवं सरकार के मध्य सेतु है विपक्षः विपक्ष निरन्तर जनता जनार्दन के निकट संपर्क में रहकर शासन तथा जनता के बीच एक कड़ी का काम करता है, राजनीतिक दलों के व्यापक फैलाव के परिणामस्वरूप विरोध केवल संसदीय दीर्घाओं तक ही सीमित नहीं रहा है, गांव–गांव यहां तक ढाणी–ढाणी तक विरोधी दलों का विकास हो चुका है। अतः सरकार की नीतियों की आलोचना न केवल विपक्षी दलों द्वारा वरन् जनता द्वारा भी होती रहती है। आईटी क्रान्ति के बाद तो सारा परिदृश्य एकल होता जा रहा है। सूचनातंत्र में जनता अहम् भूमिका अदा कर रही है। एसएमएस (SMS) के माध्यम से ज्वलन्त मुद्दों पर मतदान करती है।

वैकल्पिक सरकार है विपक्षः चुनाव नतीजों में बहुमत प्राप्त करने वाला दल सरकार का निर्माण करता है। लोकतांत्रिक शासन व्यवस्था में राष्ट्रपति या राज्यपाल बहुमत दल के नेता को सरकार बनाने के लिए आमंत्रित करता हैं। बहुमत दल का नेता प्रधानमंत्री या मुख्यमंत्री बनता है। बाद में वे अपने–अपने मंत्रिपरिषद् का निर्माण करते है। मंत्रिपरिषद् सामूहिक उत्तरदायित्व के सिद्धान्त पर कार्य करती है। परन्तु वर्तमान में त्रिशंकु लोकतंत्र के परिप्रेक्ष्य में किसी भी राजनीतिक दल को स्पष्ट बहुमत प्राप्त नहीं हो पा रहा है। त्रिशंकु बहुमत की सरकारें बहुत कम बहुमत पर आधारित होती है, जो अस्थिर होती है। ऐसी स्थिति में विपक्ष वैकल्पिक सरकार देने को मौजूद रहता है। लार्ड लिण्डसे के शब्दों में "उच्चतम प्रतिनिधि सरकार के लिए न केवल एक शक्तिशाली प्रतिपक्षी की आवश्यकता होती है किन्तु उसके लिए यह भी आवश्यक है कि प्रतिपक्षी दल वैकल्पिक सरकार के सदृश हो।"

सत्तारूढ़ दल की अकर्मण्यता पर चेताता है–विपक्षः– लोकतांत्रिक प्रणाली में कोई भी राजनीतिक दल जनता के प्रबल समर्थन पर ही सत्तारूढ़ होता है। दल अपने चुनाव–घोषणापत्र देश व प्रदेश की जनता के समक्ष रखते हैं। जिस राजनीतिक दल के चुनावी घोषणापत्र में जनता अपनी

आकांक्षाओं को पूरा होने का आश्वासन पाती है, उस पार्टी की सरकार कुर्सी पर आरूढ़ होती है। विपक्षी दलों का कर्त्तव्य यह होता है कि यदि सरकार अपने घोषणापत्र के अनुसार आचरण नहीं करती है या उसके कदम उस ओर नहीं बढ़ते है या बढ़ते भी है तो धीरे–धीरे व अकर्मण्यता के साथ। जनता में असंतोष और आक्रोश बढ़ता है, ऐसी स्थिति में विरोधी दल जनता के असंतोष और आक्रोश को लेकर सदन में सरकार को आड़े हाथों लेता है, अपनी वजनी सुझावों के साथ प्रहार करता है तथा शासन की ढिलाई, लापरवाही और निकम्मेपन पर कटु आलोचना करता है। असंतोष और आक्रोश भरी आवाज में जनता की आवाज का प्रतिनिधित्व सदन में प्रतिपक्ष ही करता है।

विरोध दल की कमियां:–

1. विरोध के लिए विरोध (Opposion only for the sake of opposion): सदन में तथा सदन के बाहर, विपक्ष की अहम भूमिका होती है परन्तु कई बार विरोध और असहमति की धारा में अविवेकपूर्ण तथा अविचारपूर्ण होकर भी बहती है। विरोधी दल के कुछ सदस्य मात्र विरोध के लिए विरोध करते रहते हैं (Opposion only for the sake of opposion) । इसके कारण निम्न है–

1. सदन में वाग्वीर बनने के प्रयास के लिए ऐसा हो सकता है या
2. अखबारों की सुर्खियों में स्वयं का नाम छपवाने के 'छपास रोग' की लत। इसका दूसरा कारण है।
3. टीवी तथा आकाशवाणी द्वारा अपना स्वप्रचार पाने की जुगत में ऐसा किया जा सकता है

2. असंतुष्ट गुट की कठपुतली: विरोधी दल का पहला प्रयास तो यह होता है कि सत्तारूढ़ दल को पराजित कर, कुर्सी पर कब्जा कर लिया जाए परन्तु साम–दाम–दण्ड–भेद के ब्रह्मास्त्रों से जब काम नहीं चलता है तो विपक्ष सत्तारूढ़ दल में फूट डालकर कुर्सी हथियाना चाहते है। संभव है कि सत्तारूढ़ दल सभी को संतुष्ट नहीं कर सकता है, कुछ असंतुष्ट तो अवश्य रहेंगे। अंसतुष्टि की भावना भड़काकर उनकी मांगों का समर्थन विपक्ष कर बैठता है, हालांकि यह प्रवृति लोकतांत्रिक नहीं कही जा सकती है। कई बार तो मंत्रिगण अपने को सुरक्षित तथा साथियों

को नीचा दिखाने या गिराने के उद्देश्य से विपक्ष का सहारा लेते है। परन्तु तत्काल परिणाम चाहे संतुष्टिदायक हो, दूरगामी परिणाम अच्छे नहीं कहे जा सकते है। यहां विरोधी दल अपनी भूमिका निभाने में तो सफल हो जाता है परन्तु सत्तारूढ़ दल के किसी एक गुट विशेष का कठपुतली बनकर रह जाता है। विपक्ष के कुछ सदस्य सत्तापक्ष से मित्रता गांठ कर अपने हितों की भी पूर्ति कर लेते हैं। इस प्रयास में सत्तारूढ़ दल अपने पैरों पर स्वयं कुल्हाड़ी मारता है। सत्तारूढ़ दल को चाहिए कि स्वयं ऐसे कदम उठाए कि अपनी फूट मिल बैठकर हल कर लें। घर की लड़ाई विपक्ष खेमे में न पहुंचे। विपक्षी खेमों में पहुंचने पर फूट सार्वजनिक हो जाएगी।

"ये रिश्ता दो पाटों का, तेरा भी है मेरा भी है,
मत गिरा इस घर को, ये तेरा भी है मेरा भी है।"

3. कार्यकमों, उद्देश्यों एवं नेतृत्व का अभावः राजनीतिक नेतृत्व की मुख्य त्रुटि यह रही कि यह नकारात्मक तथा काल्पनिक प्रभावों से मुक्त नहीं है। हालांकि लोकतंत्र में राजनीतिक नेतृत्व का विकास एक आसान कार्य नहीं है क्योंकि इसके लिए असीम धैर्य एवं धीरज की जरूरत होती है इसके अतिरिक्त नेतृत्व के आत्म–बलिदान की आवश्यकता होती है जिससे जनता में उचित प्रभाव स्थापित किया जा सके। संगठित और सुव्यवस्थित विपक्ष नहीं उभरने के कारण खंडित विखंडित विपक्ष उभरे, जिनके कोई ठोस कार्यक्रम, उद्देश्य और नेतृत्व नहीं। कभी सत्तापक्ष टूट कर विपक्ष के साथ जुड़ा तो कभी विपक्ष टूट कर सत्तापक्ष के साथ। "सत्ता–प्राप्ति" के इस नूराकुश्ती में सत्तापक्ष तथा प्रतिपक्ष की दीवारें अनेक बार ढह गई। ज़िससे ज़नसाधारण में यह संदेश गया कि दोनों ही एक थैली के सिक्के हैं, कुर्सी ही अंतिम सत्य है। संगठन, विचारधारा, कार्यों तथा संवैधानिक प्रतिबद्धता से कोई सरोकार नहीं है।

4. गुणात्मक विपक्ष का अभावः प्रतिपक्ष की भूमिका बड़ी महत्वपूर्ण होती है। लोकतांत्रिक व्यवस्था में सत्तापक्ष तथा प्रतिपक्ष "शासन के दो फेफड़े" हैं परन्तु अपनी भूमिका वही दल दृढ़ता से निभा सकता है जिसके सदस्य गहन छानबीन व अध्ययन के व्यसनी हो। सारे तथ्य इकट्ठे करने

में जी तोड़ मेहनत करते हो। पुस्तकालय में बैठकर संबंधित विषयों का समुचित अध्ययन करते हो। क्षेत्र विशेष या घटना विशेष पर परिचर्चा से पूर्व फील्ड सर्वे कर चुके हो तथा महत्त्वपूर्ण विषयों पर विशेषज्ञों से ज्ञान अर्जित करने की क्षमता रखते हो। सदनों में उनके द्वारा उठाये गये मुद्दों का विश्लेषण करने पर स्पष्ट होता है कि अधिकतर सदस्य छिद्रान्वेषण, छीटाकंशी तथा आरोप–प्रत्यारोप में अपना समय नष्ट करते है। कई बार तो वाद विवाद का स्तर इतना गिर जाता है कि "तू–तू–मैं–मैं" और बाहुबल आजमाईश तक हो जाता है। परिणामस्वरूप बहस का कोई सार्थक परिणाम सामने नहीं आता। लोकतंत्र सहनशीलता और धैर्य की मांग करता है।

प्रतिपक्ष कैसा हो:–

1. सरकारी तथा गैर–सरकारी स्तर पर जनता को प्रशिक्षण देने के लिए विशेष कदम उठाये जाने चाहिए।

2. सरकार को शीघ्र ऐसी नीतियों तथा कार्यक्रमों को क्रियान्वित करना चाहिए जिससे जनता को आर्थिक स्वतंत्रता प्राप्त हो सके क्योंकि आर्थिक स्वतंत्रता ही वास्तव में राजनीतिक स्वतंत्रता का आधार है जैसाकि कहा जाता है–"भूखे पेट भजन न होत गोपाला ये ले तेरी कंठी और माला।" भूखे व्यक्ति के लिए राजनीतिक स्वतंत्रता कोई मायने नहीं रखती।

3. विभिन्न दलों के जनता एवं राष्ट्र के प्रति कर्त्तव्य है कि समान विचारधारा रखने वाले दलों में मिल जाए तथा दो या दो से अधिक दलीय प्रणाली को जन्म दें जिनका आधार स्पष्ट रूप से लोकतांत्रिक तथा धर्मनिरपेक्षता हों। इस प्रक्रिया से जहां दलीय संगठन मजबूत होगा, वहीं वैकल्पिक व्यवस्था भी उभर सकेगी।

4. सत्तारूढ़ दल का विशेष उत्तरदायित्व है कि विभिन्न क्षेत्रों में रचनात्मक प्रयत्नों द्वारा एक लोकतांत्रिक प्रतिपक्ष दल के विकास में सहायता करें।

5. सत्तापक्ष तथा प्रतिपक्ष के सदस्यों को चाहिए कि वे सदन की प्रक्रिया एवं कार्य संचालन संबंधी नियमों का प्रशिक्षण प्राप्त करें ताकि प्रभावशाली ढ़ंग से अपना पक्ष रख सकें।

6. सदस्यों के लिए (सत्तापक्ष एवं प्रतिपक्ष) जरूरी है कि उनका चरित्र बल निष्कंलक और बेदाग होना चाहिए साथ ही साथ उनका प्रभावशाली व्यक्तित्व भी होना चाहिए। जनता जनार्दन तथा सत्तापक्ष के अन्तःकरण को छू लेने में सक्षम होना चाहिए।

7. लोकतंत्र का अस्तित्व जनता पर निर्भर है। निर्वाचन के समय जनता को अपने मत इस प्रकार विभाजित करने चाहिए जिससे दो दलीय प्रणाली को प्रोत्साहन मिले।

8. प्रतिपक्ष को चाहिए कि सदन में मुद्दे उठाने या प्रश्न उठाने से पूर्व पूरा होमवर्क करें तथा आपस में व्यापक स्तर पर परिचर्चा कर प्रभावशाली ढ़ंग से सत्तापक्ष के समक्ष जाएं।

9. विधानसभाओं तथा संसद के सत्र वर्ष में अत्यन्त कम समय के लिए बुलाए जाते है जिसके कारण ज्वलन्त समस्याओं पर व्यापक बहस नहीं हो पाती केवल पूर्व नियोजित विधेयकों पर चर्चा होती है या बजट पर। सदनों से जो जनाकांक्षायें होती हैं, वे उन्हें प्राप्त करने से ही महरूम हो जाती है। यह प्रवृत्ति लोकतांत्रिक दृष्टि से अक्षम्य है। वर्ष पर्यन्त सदनों की बैठक हो यदि वर्ष भर बैठक नहीं हो सके तो कम से कम वर्ष में चार माह तो बैठक होनी ही चाहिए।

10. सत्तापक्ष और प्रतिपक्ष दोनों एक ही घातक बीमारी से पीड़ित है दिखावा अधिक और काम की बात कम करते हैं। केवल स्वप्रचार, भंडाफोड़, टोपी–उछालों की प्रवृतियां में मशगुल है। ये प्रवृतियां जनहितकारी नहीं है।

11. सदनों में कार्य निष्पादन के लिए अनेक समितियों का निर्माण किया जाता है उसमें सत्तारूढ़ दल तथा विपक्ष दोनों का प्रतिनिधित्व होता है। इसमें सत्तापक्ष अपना एकाधिकार रखना चाहता है। अतः प्रतिपक्ष के प्रतिनिधियों को चाहिए कि तथ्य और सत्य को सार्वजनिक करें तथा सत्तापक्ष के दबाव में न आए और न ही अनावश्यक गतिरोध पैदा करें।

भारतीय संसदीय लोकतंत्र की जीवट शक्ति प्रतिपक्षः

भारतीय राजनीतिक दल निश्चित कार्यक्रम, जीवन दृष्टि और मनोबल के आधार पर लोकतांत्रिक प्रक्रिया में आंशिक योगदान ही दे पा रहे हैं।

हमारे देश में मौजूदा समय में राजनीतिक दलों की संख्या आठ सौ से अधिक हो जाने के बाद भी केवल 1977, 1989, 1991, 1996, 1998, 1999, 2003 एवं 2009 को छोड़कर सशक्त प्रतिपक्ष नहीं उभरा जबकि ब्रिटेन में दो दलों की प्रबल भूमिका होने के कारण, विपक्षी दल सदैव वैकल्पिक सरकार देने को तैयार रहता है। राजनीतिक दल संगठन एवं सिद्धान्तों की दृष्टि से कमजोर है भारत में प्रत्येक राजनीतिक दल पांच 'एफ' श्रृंखला से पीड़ित रहा है– (1) निर्माण, (2) वितंडा, (3) गिरोहवाद, (4) फर्ब तथा (5) विखण्डीकरण। जिससे उनकी पहचान की आभा क्षीण होती जा रही है। कोई दल मंडल और सामाजिक न्याय का ढ़िढोरा पीट रहा है, तो कोई दल साम्प्रदायवाद बनाम छद्म धर्म निरपेक्षता का नारा देकर संघर्ष के लिए कमर कसे हुए है तो कोई सर्वधर्म सद्भाव बनाम तुष्टिकरण को लेकर मस्त है तो कोई दल सावधान यात्रा के द्वारा अपना वजूद बनाने में लगा हुआ है तो कोई सामाजिक, इंजीनियरिंग के फॉमूले को बह्मा, विष्णु, महेश मान रहा है।

आज कोई भी राजनीतिक दल देश के किसी कार्यक्रम, योजना, नीति, शिक्षा नीति, सांस्कृतिक और आर्थिक नीति पर अपना कोई स्पष्ट दृष्टिकोण नहीं रखता प्रायः यही कहा जाता है कि पार्टी सत्ता में आने पर विचार करेगी। सत्तापक्ष का कार्य येनकेन प्रकारेण तरीकों से सत्ता चलाना तथा प्रतिपक्ष का कार्य विवेकहीन होकर निंदा के लिए निंदा करना रह गया है। यही कारण है कि वे प्रतिपक्षी पार्टियां जिनसे आशा की जाती है कि वे सत्तारूढ़ दल के समानांतर एक वैकल्पिक नीति को प्रस्तुत करेगी केवल 'शेडो–बाक्सिंग' करती हुई लगती हैं। यदि गौर से सारे राजनीतिक दलों के घोषणापत्रों का विश्लेषण करें तो पाते हैं कि समानांरता तो दूर की बात हैं, उनमें कोई बुनियादी भेद या जीवन दर्शन का अंतर भी दृष्टिगोचर नहीं होता है। प्रतिपक्ष होने के नाते वह आलोचक हैं, इसीलिए आलोचना करना उसका रचना–धर्म बन जाता है। यदि उसे वैकल्पिक योजना या विकल्प पूछा जाए तो वह प्रस्तुत करने में विफल रहता है।

लोकतंत्र की 59 वर्षीय यात्रा में केवल 1977, 1989, 1991, 1998 एवं 1999 को छोड़कर, शेष समय में कांग्रेस का एकछत्र शासन रहा, कांग्रेस के पास राष्ट्रीय आंदोलन की विरासत की पृष्ठभूमि रही है, अतः भारतीय जनमानस के दिलो–दिमाग में यह छाप स्थापित हो गई कि

सत्तापक्ष सदैव रचनात्मक होता है जबकि प्रतिपक्ष सदैव खलनायक। इतना ही नहीं स्वतंत्रता प्राप्त किए 59 वर्ष पूर्ण हो चुके है इस कालखंड में राजनीतिक दलों ने 'राजशक्ति' बनाने का तो प्रयास किया लेकिन राष्ट्र शक्ति उनके घोषणापत्रों में प्रमुख विषय नहीं रही। आज भारत का प्रत्येक राजनीतिक दल जनता को सीधे सुमधुर स्पनीली दुनिया पहुंचाने की घोषणा करता है लेकिन स्वयं ठगी, बेईमानी, हेराफेरी, अपराधीकरण माफिया एवं कबूतर परस्त हो गया है जिससे लोकतंत्र की मेधा धूमिल हो गई है। ऐसी स्थिति में आज देश के सामने सबसे बड़ी चुनौती संसदीय लोकतंत्र को सुदृढ़ीकरण की है। भारतीय लोकतंत्र को जैसे का तैसा रहने दिया जाए या कोई ऐसा प्रभावशाली कदम उठाया जावें जिससे संसदीय लोकतंत्र में जीवतंता आए। भारतीय लोकतंत्र को जीवट बनाने का उपाय सशक्त अनुशासित एवं उत्तरदायी प्रतिपक्ष की व्यूहरचना है।

प्रतिपक्ष का मात्रात्मक मूल्यांकनः–

15 अगस्त 1947 को स्वतंत्रता प्राप्ति के बाद कांग्रेस ने सरकार बनायी, उसके दो प्रमुख विरोधियों में से मुस्लिम लीग तो विभाजन के कारण मनोबलच्युत और निष्क्रिय हो गयी तथा हिन्दू महासभा गांधीजी के हत्या के कारण बिखर गई। इस प्रकार प्रारम्भ के दिनों में कांग्रेस का विरोध करने वाले कोई सशक्त प्रतिपक्ष था ही नहीं। जो कुछ भी आलोचना हुई वह भीतर से ही हुई जिसे "आत्मालोचन" कहा जा सकता है। सन् 1948 में समाजवादी लोग कांग्रेस से पृथक हुए तथा उन्होंने विरोधी दल की आधारशिला रखी। महावीर त्यागी, सेठ गोविन्ददास, पुरूषोतम दास टंडन तथा फिरोजगांधी आदि ऐसे लोग थे जो कांग्रेस में होते हुए भी सरकार की नीतियों की आलोचना करते थे, हर गलती पर सरकार को आड़े हाथों लेते थे। 1977 के आम चुनावों में पहले भारत में केवल कांग्रेस का वर्चस्व बना रहा हालांकि 1967 के आम चुनाव में यह स्थिति बदल गई तथा विरोधी राजनीतिक दलों को कुछ महत्व प्राप्त हुआ, 1969 में कांग्रेस संगठन तथा सत्तारूढ़ दल में विभाजित हो गया। सदन में 65 सदस्यीय गुट उभरा जो 'संगठन कांग्रेस' कहलाता था। वह सदन में प्रतिपक्ष था, क्योंकि वह सदन की कुल सदस्य संख्या का 10 प्रतिशत से अधिक था। जो प्रतिपक्ष का मानदंड रखता था। कांग्रेस का विभाजन हो जाने से

अन्य दलों ने भी अपनी शक्ति बढ़ाने का प्रयास किया। 1971 के आम चुनावों से पूर्व संगठन कांग्रेस, जनसंघ, स्वतंत्र पार्टी तथा संयुक्त समाजवादी दल ने मिलकर एक संयुक्त मोर्चा बनाया जो सत्तारूढ़ कांग्रेस के विरूद्ध सशक्त प्रतिपक्ष के रूप में उभर सकें, लेकिन निर्णय कांग्रेस के पक्ष में गया, उसे 350 स्थानों पर शानदार सफलता मिली। प्रतिपक्ष कमजोर ही रहा। भारतीय साम्यवादी दल 25 सीटों पर विजय प्राप्त करके सदन के दूसरे बड़े दल के रूप में उभरा। सन् 1977 में हुए लोकसभायी चुनावों में स्थिति बदल गई। 1975 की आपात्कालीन समस्याओं को विपक्ष ने प्रमुख मुद्दा बनाया तथा जनता के सामने दो विकल्प रखे कि पुनः तानाशाही चाहिए या लोकतंत्र। यदि लोकतंत्र चाहिए तो जनता पार्टी को वोट दीजिए। इस चुनाव में विपक्ष संगठित और संयत तरीकों से चुनाव क्षेत्र में उभरा। जनता पार्टी सत्तारूढ़ हुई। उसने एक दलीय प्रभुत्व को समाप्त किया। यह पहला ऐतिहासिक अवसर था कि कांग्रेस केन्द्र में विपक्ष में बैठी। प्रथम बार प्रतिपक्ष के नेता को मंत्री का दर्जा दिया। पहली बार सशक्त व सुसंगठित एकल प्रतिपक्ष उभरा। लेकिन यह प्रतिपक्ष भी स्वयं एकजुट नहीं रह सका तथा कांग्रेस पुनः दो भागों में विभाजित्त हो गयी– स्वर्णसिंह कांग्रेस तथा इंदिरा कांग्रेस (इंका)। जनता पार्टी की सरकार केन्द्र में पहली गैर–कांग्रेसी सरकार थी जो पांच घटकों से मिलकर बनी थी। शामिल घटक दलों की खींचतान और व्यक्तित्वों की टकराहट के कारण यह सरकार दीर्घजीवी सिद्ध नहीं हुई, 10 जुलाई 1979 को कांग्रेस अविश्वास प्रस्ताव लाई तथा 22 अगस्त 1979 को जनता पार्टी के शासन का पतन हुआ।

लगभग 28 माह विपक्ष में बैठने वाली कांग्रेस ने 'स्थायी सरकार बनाम खिचड़ी सरकार' का नारा देकर 1980 के मध्यावधि चुनावों में भाग लिया। जिसमें कांग्रेस (इंका) ने 353 सीटों पर विजय हासिल कर, तमाम प्रतिपक्ष दलों का लगभग सफाया कर दिया। 1984 में हुए लोकसभायी चुनावों में कांग्रेस (इंका) ने 401 सीटों पर विजय प्राप्त कर प्रतिपक्षी दलों का नामोनिशान मिटा दिया तथा आन्ध्रप्रदेश के क्षेत्रीय दल तेलुगूदेशम् ने संसद में 28 सीटें जीतकर प्रतिपक्ष का आभास कराया। 1989 में नवमी लोकसभा के चुनाव हुए, जिसमें कांग्रेस ने 'स्थायी सरकार' तथा 'मेरा

भारत महान' का नारा देकर चुनाव मैदान में उतरी तथा कांग्रेस ने विपक्ष पर आरोप लगाया कि पंचायती राज विधेयक एवं नगरपालिका विधेयक राज्यसभा में पारित नहीं होने दिया। इधर विपक्ष के पास मुद्दों की कमी नहीं थी, भ्रष्टाचार, मूल्यवृद्धि, साम्प्रदायिकता का उफान, केन्द्र द्वारा राज्यों की उपेक्षा, बोफोर्स दलाली। विपक्ष ने प्रधानमंत्री पर आरोप लगाया कि वे जानबूझकर दलालों के नाम नहीं बता रहे है। सीएजी रिपोर्ट के आधार पर 101 विपक्षी सदस्यों ने लोक सभा की सदस्यता से त्यागपत्र दे दिया। 1989 के लोक सभायी चुनाव में किसी एक राजनीतिक दल को स्पष्ट बहुमत नहीं मिला, हालांकि 193 सीटें हासिल कर कांग्रेस संसद में सबसे बड़ी पार्टी के रूप में उभरी, लेकिन इंका ने सरकार बनाने से इंकार कर दिया। फलस्वरूप राष्ट्रीय मोर्चा ने कांग्रेस (एस) तेलुगूदेशम्, डी.एम.के., असम गण परिषद् ने भाजपा तथा साम्यवादी दलों के बाहरी समर्थन से सरकार बनायी। कांग्रेस एक सशक्त प्रतिपक्ष के रूप में दूसरी बार सत्ता पक्ष के सामने बैठी। लेकिन राष्ट्रीय मोर्चें की सरकार भी अल्पजीवि सिद्ध हुई। निजी महत्वाकांक्षा, पद और प्रतिष्ठा की होड़ में दूसरी गैर कांग्रेसी सरकार का पतन मात्र 15 माह में ही हो गया। जून 1991 में दसवें लोकसभायी चुनावों में कांग्रेस (आई) को 227 सीटों पर विजय प्राप्त हुई तथा पी.वी. नरसिम्हाराव के नेतृत्व में सरकार का गठन हुआ। भाजपा 88 सीटों को जीतकर सशक्त प्रतिपक्ष के रूप में उभरी। कांग्रेस पांच बार प्रतिपक्ष में बैठी तथा संयोग से पांच बार घटकवाद के आधार पर संगठित सरकारें थी और सत्तारूढ़ सरकारें निजी महत्वाकांक्षा, पद और प्रतिष्ठा के आपसी खींचातानी से गिरी या बाहरी समर्थन वापसी के कारण धराशाही हुई।

11वीं लोकसभा में भाजपा ने सरकार बनायी लेकिन 13 दिन बाद ही अविश्वास प्रस्ताव आ जाने के कारण त्यागपत्र देना पड़ा। पी.वी. नरसिम्हाराव को विपक्ष के नेता की मान्यता दी गई। बाद में एच.डी. देवगौड़ा की सरकार का गठन (1 जून 1996) के बाद भाजपा नेता अटलबिहारी वाजपेयी को नेता विपक्ष की मान्यता प्रदान की गई, वे 4 दिसम्बर 1997 तक इसी पद पर रहे बाद में लोकसभा भंग कर दी गई।

बारहवीं लोकसभा (1998–1999) का संसदीय इतिहास में सबसे कम कार्यकाल माना जाता है, इस काल में भाजपा की सरकार बनी और अटलबिहारी वाजपेयी प्रधानमंत्री बने। दूसरी सबसे बड़ी पार्टी कांग्रेस थी जिसे लोकसभा अध्यक्ष जी.एम.सी. बालयोगी ने कांग्रेस (आई) के नेता शरद पवार को 19 मार्च 1998 से नेता विपक्ष के रूप में मान्यता प्रदान की गई।

तेरहवीं लोकसभा (1999–2004) का गठन 10 अक्टूम्बर 1999 को हुआ। राष्ट्रपति के.आर. नारायणन ने सबसे अधिक मत पाने वाली पार्टी भाजपा के नेता अटलबिहारी वाजपेयी को सरकार बनाने के लिए आमंत्रित किया। कांग्रेस की नेता श्रीमती सोनिया गांधी को 13 अक्टूम्बर 1999 से लोकसभा में विपक्ष का मान्य नेता घोषित किया गया। 13वीं लोकसभा में कांग्रेस का 113 स्थानों पर विजयश्री हासिल हुई थी।

चौदहवीं लोकसभा के चुनाव 2004 में हुए किसी दल को स्पष्ट बहुमत नहीं मिला। कांग्रेस तथा सहयोगी गठबंधन ने 222 स्थानों पर जीत हासिल कर पूर्व सत्तारूढ़ राष्ट्रीय जनतांत्रिक गठबंधन (NDA) (189) को पछाड़ दिया। कांग्रेस के नेतृत्व में यूनाइटेड प्रोगेसिव एलायंस ने वामपंथी दलों के बाहरी समर्थन से पूर्व वित्तमंत्री डॉ. मनमोहन सिंह के नेतृत्त्व में यूपीए सरकार का गठन किया। लालकृष्ण आडवानी के नेतृत्त्व में राजग विपक्ष की भूमिका निभायी। पंद्रहवी लोकसभायी चुनाव (2009) में पुनः कांग्रेस ने बहुमत प्राप्त किया तथा सरकार बनायी। भाजपा को विपक्षी दल के रूप में मान्यता प्रदान की गई।

प्रतिपक्ष का गुणात्मक आकंलन

सन् 1969 के वर्ष को छोड़कर, 1977 तक भारत में कोई ऐसी स्थिति नहीं आई जिससे की सत्तारूढ़ दल, प्रतिपक्ष की मांगों पर ध्यान दे। विरोधी दल आलोचना, निन्दा, ध्यानाकर्षण प्रस्ताव द्वारा सत्तारूढ़ दल रूपी हाथी को कंकड़ मारने में तो सफल हुए परेशान तो कर सकते थे, पर चिन्तित नहीं। 1969 में हुए कांग्रेस विभाजन का लाभ उठाने के लिए 1971 के आम चुनावों से पूर्व विरोधी दलों ने "महानमैत्री" का निर्माण किया लेकिन 1971 के चुनावों में बैंकों का राष्ट्रीयकरण, राजाओं प्रिवीपर्स तथा समाजवादी नारे का लाभ कांग्रेस को मिला तथा मतदाताओं ने फैसला

कांग्रेस के पक्ष में किया। इंदिरा गांधी के मंत्रिमंडल को 'किचन केबिनेट कहा जाने लगा। जिसका परिणाम यह हुआ कि संसद के बाहर अनेक फैसले होने लगे। संसद लोगों द्वारा चुने हुए प्रतिनिधियों का मंच होते हुए भी जनता की भावनाओं का दर्पण नहीं थी और न ही राजनीतिक प्रक्रिया की धुरी।

प्रतिपक्ष की गंभीर चुनौतियों के अभाव में सत्तारूढ़ दल के अधिकतर सांसदों का कार्यक्षेत्र संसद से बाहर रहता था। लेकिन इसका आशय यह नहीं है कि विरोधी दलों की भूमिकाएं नकारात्मक ही रही हो। छोटे आकार और गंभीर मतभेदों के बावजूद विरोधी पक्ष ने सरकार की नीतियों और दृष्टिकोण को बदलने में सफलता प्राप्त की। बहुत सी रचनात्मक नीतियों का आग्रह प्रतिपक्ष की ओर से आया। तत्कालीन समय में उन्हें मनवाने की क्षमता प्रतिपक्ष के पास नहीं थी लेकिन कुछ वर्षों के बाद सत्तारूढ़ दल ने इन नीतियों को स्वीकारा। संविधान के 24वें संशोधन की मांग सर्वप्रथम प्रसोपा के सदस्य श्रीनाथ पै ने की थी। उसे आवश्यक परिवर्तन के पश्चात् कांग्रेस ने स्वीकार कर लिया। कांग्रेस ने अनेक छोटे समाजवादी दलों की नीतियों को अपना लिया जिसे **"वैचारिक–गतिशीलता"** का नाम दिया गया।

प्रतिपक्ष ने अनेक ऐसे सांसद दिये है जो लोकसभा और राज्यसभा में प्रतिष्ठा पाए हुए है। तुलनात्मक विश्लेषण करें तो स्पष्ट होता हैं कि सत्तारूढ़ दल की अपेक्षा विरोधी दलों ने अधिक सशक्त और प्रभावशाली नेतृत्व दिया हैं। सत्तासीन दल की असहयोगी प्रवृत्ति के कारण प्रतिपक्ष में भी उत्तरदायित्वहीनता पैदा हुई। सत्तारूढ़ दल सुसंगठित और विस्तृत होने के कारण उसका अनुत्तरदायित्व झलकता नहीं है परन्तु प्रतिपक्ष सूक्ष्म होने के कारण उसकी गलतियां पारदर्शी बन जाती हैं। विपक्षी दलों का ध्रुवीकरण नहीं होने के कारण वे सत्तारूढ़ दल पर प्रभावशाली दबाव नहीं डाल पाते है।

प्रथम लोकसभा में मान्य विपक्ष नहीं था तथापि आत्मलोचन की प्रवृति ने इसी कमी का पूरा किया। जनसंघ, हिन्दू महासभा, गणतंत्र परिषद्, अकालीदल, प्रजा सोशलिस्ट पार्टी, कृषक मजदूर प्रजा पार्टी ने समय

समय पर प्रतिपक्ष का कार्य किया। आचार्य कृपलानी, सारंगधर दास, ए. के. गोपालन, प्रो. हीरेन मुखर्जी, श्रीमती रेणु चक्रवती, अशोक मेहता, डॉ. श्यामाप्रसाद मुखर्जी, एन.सी. चटर्जी, एस.एम. मोरे, डॉ. लंका सुन्दरम्, एच. वी. कामथ तथा सरदार हुकम सिंह आदि प्रमुख प्रतिपक्षी नेता थे। विपक्ष द्वारा किए गए विरोध और प्रहारों के कारण 1956 में टी.टी. कृष्णमाचारी को मंत्री पद छोड़ना पड़ा। पंडित जवाहर लाल नेहरू लोकसभा में सर्वाधिक उपस्थित रहने वाले प्रधानमंत्री थे। विपक्ष के प्रति उनका दृष्टिकोण सकारात्मक था। उनकी दृढ़ धारणा थीं कि सत्तापक्ष की भांति ही विपक्ष भी जनमत के एक हिस्से का प्रतिनिधित्त्व करता है। 1953 में लोकसभा में कहा था कि **"मेरा पूर्ण विश्वास है कि किसी भी सरकार के लिए निर्भीक आलोचकों और विपक्षी का होना जरूरी है क्योंकि आलोचना के बिना लोग अपने आप में संतुष्ट होने लगते है, सरकार आत्मसंतुष्ट हो जाती है, सारी संसदीय व्यवस्था आलोचना पर आधारित है। नेहरू की पहल पर ही अकाली दल के सदस्य सरकार हुकमसिंह 20 मार्च 1956 को लोकसभा के उपाध्यक्ष निर्वाचित हुए। यह एक प्रकार से विपक्ष के प्रति सम्मान ही था।"**

दूसरी लोकसभा (1957–1962) में भी संख्याबल की दृष्टि से विपक्ष कमजोर रहा परन्तु गुणात्मक स्त्तर पर देखा जाए तो उसके सदस्य बड़ी उच्च कोटि के प्रतिभासम्पन्न लोग थे, संसदीय लोकतंत्र के सतर्क प्रहरी की भूमिका निभाने मे कोई कसर नहीं छोड़ी। पंडित जवाहरलाल नेहरू की संसदीय लोकतंत्र के प्रति गहरी आस्था थी वे संसदीय संस्थाओं को लोकतंत्र का मंदिर कहा करते थे। विपक्ष की रचनात्मक आलोचनाओं का आगे बढ़कर सम्मान करते थे। उन्होंने प्रजा समाजवादी पार्टी के अशोक मेहता को योजना मंत्री तथा योजना आयोग का उपाध्यक्ष बनाया ताकि मेहता अपने विचारों को क्रियान्वित करें। प्रोफेसर हीरेन मुखर्जी जैसे सदस्य सदैव सरकार को दुविधा में डालने का अवसर ढूंढते रहते थे। विपक्ष के दबाव के कारण सरकार को 'बेरूबारी वाला मामला' उच्चतम न्यायालय को सौंपना पड़ा। दूसरी लोकसभा के एक निर्दलीय सदस्य मीनू मसानी ने पंडित जवाहरलाल नेहरू की जीवनी लेखक माइकेल ब्रीचर को बताया था कि सदन में वाद–विवाद बड़े जानदार तथा तर्कसंगत होते थे, धीरे–

धीरे परम्पराएं विकसित हो रही थी।

पंडित नेहरू कांग्रेस के अन्दर से आई आलोचना का सुहद्य स्वागत करते थे। यही कारण था कि प्रसिद्ध मूंदड़ा कांड कांग्रेस सदस्यों ने ही उजागर किया था। जिसकी वजह से वितमंत्री टी.टी. कृष्णाचारी को पद छोड़ना पड़ा। केरल की निर्वाचित कम्युनिस्ट सरकार को बर्खास्त कर राष्ट्रपति शासन लागू किया गया। जब विपक्ष ने संसद के इस लोकतंत्र विरोधी कदम पर क्षोभ प्रकट किया तो पंडित नेहरू ने कहा "वे स्वयं नहीं चाहते थे ऐसी स्थिति फिर कभी आए जब ऐसा अलोकतांत्रिक कदम उठाना पड़े।" नेहरू ने लोगों में लोकतंत्र की आदत डालने के लिए पूरी जिन्दगी खपा दी। उन्होंने नामी लेख लिखकर भारतीयों को आगाह किया कि वे नेहरू को तानाशाह बनने का प्रलोभन न दें। उन्होंने खुद के बारे में लिखा कि उनकी निगरानी की जानी चाहिए। हमें किसी ज़ार की जरूरत नहीं है। वे अपनी सीमाएं खुद बनाते थे। जब अटलबिहारी वाजपेयी ने जवाहरलाल नेहरू के एक पूर्व सचिव एम.ओ. मथाई के विरूद्ध विशेषाधिकार हनन की एक शिकायत पेश की तो स्वयं नेहरू ने सिफारिश की कि मामले को रफा–दफा करने की कोई कोशिश न की जाए और मामला विशेषाधिकर समिति को सौंप दिया जाए।

दूसरी लोकसभा में प्रमुख विपक्षी सदस्यों में जे.बी.कृपलानी, रेणु चक्रवर्ति, हीरेन मुखर्जी, एस.ए. डांगे, अटलबिहारी वाजपेयी, ए.के. गोपालन, एन.जी. गोरे, मीनू मसानी तथा फ्रैंक एथनी आदि प्रमुख थे।

तीसरी लोकसभा में भी विपक्षी दल पचास की संख्या तक पहुंचने में असफल रहा जिसके कारण इस बार भी कोई मान्यता प्राप्त विपक्ष न बन सका। कांग्रेस पार्टी का प्रभुत्त्व बना रहा। दूसरे नंबर पर साम्यवादी दल रहा, उसके 29 सदस्य निर्वाचित हुए, जनसंघ को 14 तथा प्रजा समाजवादी दल को 12 स्थानों से संतोष करना पड़ा। इस दल की अवनति का प्रमुख कारण समाजवादी आंदोलन का कई छोटे–छोटे गुटों में बंट जाना था। स्वतंत्र पार्टी का प्रथम बार उत्कर्ष हुआ उसे 22 स्थान प्राप्त हुए थे। अगस्त 1959 में बम्बई में सी. रामगोपालचारी, एन.जी. रंगा, के.एम. मुंशी और एम.आर. मसानी जैसे नेताओं ने स्वतंत्र पार्टी निर्माण किया। तमिलनाडु में द्रविड़ मुनेत्र कड़गम (डी.एम.के.) नामक प्रादेशिक दल उदित हुआ उसे

लोकसभा में 07 स्थान प्राप्त हुए।

डी.एम.के. के उदय और जनसंघ के बढ़ते प्रभाव से स्पष्ट संकेत था कि विपक्ष का झुकाव अनुदारवादी प्रवृत्तियों की ओर हो रहा है साथ ही क्षेत्रीय विचारधाराओं का प्रभाव बढ़ने की संभावनाएं बढ़ी। 1963 में कांग्रेस दल को लोकसभा के तीन प्रतिष्ठित स्थानों से हाथ धोना पड़ा तथा उन पर विपक्ष के तीन नेता जे.बी.कृपलानी, राममनोहर लोहिया तथा मीनू मसानी निर्वाचित हुए। आचार्य जे.बी. कृपलानी ने सरकार के प्रति अविश्वास का प्रस्ताव पेश किया। नेहरू ने 1947 में शासन की बागडोर सभाली थीं, यह उनके नेतृत्व को पहली जबरदस्त चुनौती थी तथापि नेहरू ने अविश्वास प्रस्ताव को देश में स्थापित संसदीय लोकतंत्रीय शासन की बड़ी विजय बतायी। प्रधानमंत्री पंडित जवाहरलाल नेहरू ने कहाकि "वे व्यक्तिगत रूप से अविश्वास प्रस्ताव पर हुए वाद–विवाद का स्वागत करते हैं, समय–समय पर ऐसे अवसर आते रहने से सरकार का भला होता है, किन्तु जब देश के भविष्य का प्रश्न हो तो ओछे स्तर पर उतर कर व्यक्तिगत आरोपों और अपशब्दों के प्रयोग में उलझना शुभकारी नहीं।"

तीसरी ही लोकसभा में सरकार के प्रति 01 अगस्त 1965 को एच. एन. मुखर्जी ने पेश किया, इस समय प्रधानमंत्री श्रीमती इंदिरा गांधी थी। इन्दिरा–सरकार ने रूपये का अवमूलन कर दिया जिसका एच.एन. मुखर्जी ने कटु आलोचना की। प्रो. ए.जी. रंगा तथा पी.के. देव ने सरकार की फिजूलखर्ची की जमकर आलोचना की। इन्दिरा गांधी ने विपक्षी नेताओं के आरोपों को बेबुनियादी बताया। तीसरी लोकसभा में विपक्षी नेताओं ने सत्तापक्ष की अपेक्षा अधिक कर्मठता का परिचय दिया। रामसेवक यादव, डॉ. राममनोहर लोहिया, मनीराम बागड़ी, मधुलिमये, प्रकाशवीर शास्त्री, होमी दाजी, रेणु चक्रवर्ती, ए.के. गोपालन्, त्रिदीप कुमार चौधरी, हीरेन मुखर्जी, एन.सी. चटर्जी, एच.वी. कामथ, डॉ. एम.एस. अणे, जे.बी. कृपलानी, एम.आर. मसानी, बी.पी. मौर्य, एन.जी. रंगा, ऐरा सेजीयान, एम.एन. द्विवेदी, यू.एम. त्रिवेदी, फ्रैंक एंथनी आदि। इनमें कई तरह के सांसद थे एक तो वाक्पट्टू वाग्वीर तीक्ष्ण वक्ता तथा दूसरे कुशाग्र तेजस्वी बुद्धि के बहादुर तो कुछ दोनों ही क्षेत्रों के प्रखर विद्वान एवं जानकार।

मधुलिमये संसदीय कानूनों एवं प्रकियाओं के पक्की जानकारी रखते

थे, वे सदन में कोई न कोई विशेषाधिकार मुद्दा उठा ही लेते थे। वहीं एच.वी. कामथ जब अपने स्थान पर खड़े होते थे तो सरकारी पक्ष में हड़कंप मच जाता था, वे अपने अकाट्य तर्कों से पंडित जवाहरलाल नेहरू तक को कई बार चुप रहने के लिए मजबूर कर चुके थे। राममनोहर लोहिया ने प्रधानमंत्री पंडित नेहरू को अपनी क्रूर और कठोर आलोचनाओं तथा कटाक्षों का निशाना बनाया। उन्होंने भारत के बारे में लिखा 'श्वेत देशों में चाहे वे साम्यवादी हो या पूंजीवादी, आय में दो, पांच या सात गुणा अंतर है, भारत में यह अंतर आमतौर पर 5,000 या 300 गुणा अधिक है, आबादी के एक बड़े तबके को खाना–कपड़ा नसीब नहीं और दूसरे तबके के घरों में आधुनिक ऐशोआराम का प्रदर्शन बढ़ रहा है।[7] 'तीन आना बनाम पद्रंह आने' नामक वाद विवाद में ठोस तर्क देकर बताया कि देश का आम आदमी कैसे तीन आने में गुजारा कर रहा है।

डॉ. राममनोहर लोहिया पंडित नेहरू की ओर इशारा करते हुए कहाकि इन हजरत को देखिए, इनके कुत्ते पर रोज 25 रूपए खर्च आता है और देश के आम आदमी की रोज की आमदनी मात्र 25 पैसे है। पंडित नेहरू अपने बायें हाथ पर ठोडी टिकाए मुस्कुराते हुए अपनी आलोचना सुनते रहे। मनीराम बागड़ी, हीरेन मुखर्जी, आचार्य कृपलानी, रेणु चक्रवर्ती ने सरकार की बखिया उधेड़ने में कोई कमी नहीं रखी। रक्षामंत्री कृष्णमोहन का प्रधानमंत्री की अनिच्छा के बावजूद मंत्रिमंडल से त्यागपत्र देना पड़ा क्योंकि वह देश के सैन्यबलों को चीन के आक्रमण के विरूद्ध तैयार रखने में असफल रहे, बेकार की योजनओं पर उन्होंने रक्षा मंत्रालय की अनाप–श्नाप धन खर्च किया। 1962 की हार से सैन्यबल के मनोबल में गिरावट आयी। गुलजारी लाल नंदा को गृहमंत्री का पद इसलिए छोड़ना पड़ा क्योंकि वे दिल्ली में गोहत्या विरोधी अभियान में लॉ एंड आर्डर को सुरक्षित नहीं रख सके। मालवीय बनाम सिराजुद्दीन मामला 1963 में उजागर हुआ ये घोटाला 1955 में हुआ था लेकिन 7 वर्ष बाद उजागर हुआ। केशवदेव मालवीय नेहरू मंत्रिमंडल में खान एवं उर्जा मंत्री थे और सिराजुद्दीन से 55 हजार रूपए के आभूषण उपहार में लिए जिसके एवज में मालवीय ने खान को लगभग 60 लाख का लाभ पहुंचाया था। उच्चतम न्यायालय ने एक न्यायाधीश से जांच करानी पड़ी तथा मंत्री पद से त्याग–पत्र देना

पड़ा। वित्तमंत्री टी.टी. कृष्णमाचारी को भी मंत्री पद छोड़ना पड़ा। जब दस सांसदों ने उनके विरूद्ध राष्ट्रपति को ज्ञापन प्रस्तुत किया कि मंत्री ने पद का दुरूपयोग किया है।

तीसरी लोकसभा में विपक्ष द्वारा लाए गए अविश्वास प्रस्ताव भारी मत से पराजित हुए। विपक्ष ने जनमत को जागृत करने का काम किया और दर्शाया कि विपक्ष की भूमिका कहां तक जा सकती है और कैसे सरकार को लोकसभा के कटघरे में खड़ा किया जा सकता है।

संसदीय शासन को सुदृढ़ीकरण में नेहरू की भूमिका

भारत में संसदीय लोकतंत्र पल्लवित और पुष्पित करने में देश के प्रथम प्रधानमंत्री पंडित नेहरू की महत्ती भूमिका रही। नेहरू को इस बात का गहरा संतोष था कि जहां एशिया और अफ्रीकी देशों में लोकतंत्र विफल हुआ है, वहां भारत में सफल रहा है। उनका विश्वास था कि संसदीय शासन कानूनों और अभिसमयों पर निर्भर है। संसदीय शासन की सफलता के लिए सबसे बड़ी जरूरत होती है लोगों के मन में लोकतांत्रिक मूल्यों के प्रति गहरी आस्था। जनतंत्र का अर्थ है सहनशीलता। सहनशीलता सिर्फ अपने समर्थकों के प्रति नहीं बल्कि उन लोगो के प्रति भी जिनका हमसे मतभेद है। भारत की रक्षा, सुरक्षा, खुशहाली तथा तरक्की सबसे बड़ा लक्ष्य है, हमें आपस में झगड़ना बंद करके जिन समस्याओं से हम घिरे हुए है उन्हें जनतांत्रिक तरीके से शान्तिपूर्वक हल करने की कोशिश करनी चाहिए। 16 मई 1951 को संसद में बोलते हुए पंडित जवाहरलाल नेहरू ने कहाकि देश के समक्ष अनेक समस्याएं है ऐसी स्थिति में हमें अपनी प्राथमिकताएं तय करनी होगी। मेरी राय में देश की सबसे जरूरी समस्याएं है जिन्हें पांच शब्दों में बयान किया जा सकता है– **"जमीन, जल, जननी, जायदाद और गाय।"** हम ऐसी परम्पराएं छोड़ जाए कि आनेवाली पीढ़ियां उन पर चलकर लक्ष्य–सिद्धि कर सके। संसदीय शासन प्रणाली इस प्रकार विकसित हो, सर्वजन का कल्याण हो। सार्वजनिक वाद–विवाद हो। पूर्व लोकसभा अध्यक्ष रविराम के मतानुसार पंडित जवाहरलाल नेहरू का देश तथा तत्कालीन राजनीति में इस कदर प्रभामंडल था कि और तो और खुद विपक्षी नेता भी उन्हें आदर्श के रूप में देखते

थे। नेहरूः द इन्वेशन ऑफ इंडिया के लेखक शशि थरूर लिखते है "नेहरू एक ऐसे राजनेता थे जो राजनीति से ऊपर थे। एक अमेरीकी संपादक नोर्मन कंजिस ने एक बार नेहरू से पूछा कि "आफ्टर नेहरू हूं? नेहरू के बाद कौन? पंडित नेहरू ने जवाब दिया "चालीस करोड़ भारतीय खुद पर शासन करने में सक्षम है।" आज एक अरब भारतीय जिस बहुलवादी लोकतंत्र में अपने ऊपर शासन कर पंडित नेहरू के शब्दों और वादों को ही पुष्ट कर रहे है।

इंग्लैण्ड के प्रधानमंत्री भारत यात्रा पर आए थे। पंडित जवाहरलाल नेहरू ने यात्रा के दौरान अटलबिहारी वाजपेयी का परिचय कराते हुए कहा था कि "यह विपक्ष का युवा नेता हमेशा मेरी आलोचना करता है, किन्तु मुझे इसमें भारत के उज्ज्वल भविष्य की झलक मिलती है।"[8] यह विपक्षी के प्रति सम्मान की भावना। नेहरू आलोचना की स्वतंत्रता के कायल थे, शासन मे शीतलता उन्हें पंसद नहीं थी। नेहरू जी आगरा के पास एक गांव में भाषण देने गए थे, भाषण दे चुके तो एक सामान्य से व्यक्ति ने काफी रोष से पूछा– **"आपने इस देश के लिए किया ही क्या है?"** इस पर नेहरू ने कहाकि "तुम्हारी यह पूछने की हिम्मत हुई, यही क्या कम है।" यह है लोकतंत्र की सच्चाई। नेता जब जनता के साथ एकात्म्य स्थापित कर लेता है तो लोकतांत्रिक प्रक्रिया के लिए बड़ी लाभकारी सिद्धि है। संसार में सबसे बड़े लोकतांत्रिक देश में जिस लोकतांत्रिक संसदवाद का इतना ढोल पीटा जाता है वह एक दल प्रभुत्त्व या शासन के संदर्भ में कोरा भ्रम था? नेहरू भारतीय लोकतंत्र के विकास में प्रतिपक्ष के अभाव को भलीभांति जानते थे, उन्होंने इस कमी को स्वयं के दल से उभरी 'आत्मलोचना' तथा बिखरे विपक्ष को संबल और सहारा देकर पूरा किया। नेहरू ने संसदीय आचरण और शिष्टाचार पर निरन्तर जोर दिया। नेहरू ने विपक्ष की आवश्यकता जताते हुए कहा कि संसदीय प्रणाली में न केवल विरोध पक्ष की आवश्यकता होती है, न केवल प्रभावोत्पादक ढ़ंग से अपने विचार व्यक्त करना होता है बल्कि सरकार और विरोधी पक्ष के बीच सहयोग का आधार भी आवश्यक होता है। किसी एक विषय के संबंध में ही सहयोग काफी नहीं है, बल्कि संसद के काम को आगे बढ़ाने का आधार परस्पर सहयोग ही है और जहां तक हम ऐसा करने में सफल होगें। वहां तक हम संसदीय तंत्र की ठोस नींव

रखने में भी सफल होगें।

चौथी लोकसभा में सत्ताधारी कांग्रेस का एकछत्र वर्चस्व कम हुआ, विपक्षी दलों को भारी फायदा हुआ। स्वतंत्रता के बाद चौथा आम चुनाव पहला चुनाव था जो पंडित जवाहरलाल नेहरू के करिश्माई व्यक्तित्व के बिना लड़ा गया था। चौथे आम चुनाव का 'मतपत्र की क्रांति' की संज्ञा दी जाती है। भारतीय राजनीति पर कांग्रेस के एकाधिकार की जड़ता पहली बार टूटी। न केवल केन्द्र में वरन् उसे कई राज्यों की विधानसभाओं में भी पराजय का मुंह देखना पड़ा। 12 मार्च 1967 को श्रीमती इंदिरा गांधी सर्वसम्मति से कांग्रेस संसदीय दल की नेता चुनी गई। अपने प्रतिद्वंदी मोरारजी देसाई को उपप्रधानमंत्री और वित्तमंत्री बनाना पड़ा। जुलाई 1969 में देसाई से वित्तमंत्रालय छीन लिया गया, इस पर उन्होंने मंत्रिपरिषद् से इस्तीफा दे दिया। 19 जुलाई 1969 को उनका इस्तीफा स्वीकार करते हुए 14 बैंकों का राष्ट्रीयकरण कर दिया गया। 1969 में राष्ट्रपति निर्वाचन में श्रीमती गांधी ने निर्दलीय उम्मीदवार वी.वी. गिरि का साथ दिया चुनाव में गिरि जीत गए। कांग्रेस के वरिष्ठ नेताओं और श्रीमती गांधी के बीच चलने वाले संघर्ष ने संसद की कार्यप्रणाली पर प्रभाव डाला। वी.वी. गिरि के राष्ट्रपति बनने के बाद कांग्रेस में फूट पड़ गई। कांग्रेस के 62 सदस्यों ने पुराने दल को त्याग कर कांग्रेस संगठन नामक एक नए दल का निर्माण किया। कांग्रेस संगठन का निर्माण होने से सत्तारूढ़ कांग्रेस लोकसभा में अल्पमत में आ गई। संगठन कांग्रेस को मान्यता प्राप्त विपक्षी दल के रूप में मान्यता दी गई। डॉ. रामसुभग सिंह विपक्ष के नेता बने। अब श्रीमती इंदिरा गांधी अल्पमतीय सरकार की नेता थी उसे सत्ता में बने रहने के लिए अपने दल से बाहर के सदस्यों का समर्थन जुटाना पड़ा, उन्हें यह समर्थन वामपंथी दलों से प्राप्त हुआ। चौथी लोकसभा के काल में भारतीय राजनीति के चेहरे से 'स्थायित्व' का नकाब उतर गया नैतिक मूल्यों को खूंटी पर टांग दिया गया। साम–दाम–दण्ड–भेद का घिनौना खेल चल निकला। साधन–साध्य का अभेद का गुरू मंत्र निष्प्राण हो गया, खुले आम विधायकों की 'हार्स ट्रेडिंग' शुरू हो गई। चौथी लोकसभा में विपक्ष बड़ा भारी भरकम और प्रभावशाली था, देश की नामी गिरामी राजनीतिक हस्तियां विपक्ष में मौजूद थी। आचार्य कृपलानी, डॉ. राममनोहर

लोहिया, मधुलिमये, हीरेन मुखर्जी, एस.एम. बनर्जी, विजयलक्ष्मी पंडित, प्रकाशवीर शास्त्री, अटलबिहारी वाजपेयी, पीलू मोदी, एम.आर. मसानी, कंवर लाल गुप्त, प्रोफेसर एन.जी. रंगा, सुचेता कृपलानी, ए.के. गोपालन, जार्ज फर्नाडीस, इन्द्रजीत गुप्त, बलराज मधोक, सुरेन्द्रनाथ द्विवेदी, ज्योर्तिमय बसु, हेम बरूआ तथा नाथ पाई इत्यादि प्रमुख विपक्षी नेता थे। ये वे हस्तियां थी जिनके प्रति जनता का अगाध विश्वास था। जनहित के लिए तथा संसदीय जीवन और संस्थाओं में अपने योगदान के लिए व्यापक रूप में जाने जाते थे। इसी लोकसभा से ही लोक लेखा समिति का अध्यक्ष विपक्ष से होने की परम्परा स्थापित हुई।

पांचवी लोकसभा में इन्दिरा गांधी के नेतृत्त्व में कांग्रेस ने एक बार फिर भारी बहुमत से सत्ता में वापसी की। प्रमुख विरोधी दल कांग्रेस संगठन को हार का मुंह देखना पड़ा, क्षेत्रीय दलों को भारी क्षति हुई, बड़े–बड़े विपक्षी नेता सदन में वापस नहीं पहुंच पाए। ज्योर्तिमय बसु, अटलबिहारी वाजपेयी, पीलू मोदी, मधुमिलये, पी.जी. मावलंकर इत्यादि विपक्षी नेता ही पुनः जीत कर आए। पांचवी लोकसभा कई प्रकार से महत्वपूर्ण रही। राष्ट्रीय तथा अंतरराष्ट्रीय घटनाओं पर लोकसभा में भारी वाद–विवाद हुए। सदन का वातावरण काफी तनावपूर्ण रहा। लोकसभा अध्यक्ष जी.एस. ढिल्लों का कहना था कि उन्हें एसपीरीन की गोलियां खाकर सदन में आना पड़ता है। 1971 में घटित नागरवाला कांड पर आज तक पर्दा पड़ा हुआ है। स्टेट बैंक ऑफ इंडिया के मुख्य कैशियर वी.पी. मल्होत्रा को इंदिरा गांधी की आवाज में किसी ने फोन करके 60 लाख रूपये तुरन्त देने को कहा बाद में पता चला कि यह फोन श्रीमती गांधी का नहीं था। इस धोखाधड़ी में कैप्टन रूस्तम सोहराब नागरवाला को गिरफ्तार किया गया। 1972 में जेल में ही नागरवाला की मौत हो गई यही नहीं इस मामले की जांच करने वाले पुलिस अधिकारी की भी छह माह बाद सड़क दुर्घटना में मौत हो गई। यह मामला आज तक रहस्य बना हुआ है। इस मामले पर संसद में भारी हंगामा हुआ, हंगामे के कारण विपक्षी सदस्य ज्योर्तिमय बसु को सदन से निलम्बित कर दिया गया। एक अन्य विपक्षी सदस्य मधुमिलये ने न्यायाधीशों की वरीयता का उल्लघंन करने का मामला उठाया और कहाकि श्रीमती गांधी मामले को

अनदेखी कर रही है। रेलमंत्री ललित नारायण मिश्र का पांडिचेरी लाइसेंस केस को भी सदन में उठाया गया। जून 1975 में आन्तरिक आपातकाल की उद्घोषणा की गई जिसकी विपक्ष ने कड़ी आलोचना की किन्तु साम्यवादी नेता इन्द्रजीत गुप्त ने आन्तरिक आपातकाल को समर्थन दिया। जे.पी. के समग्र आन्दोलन और आन्तरिक आपातकाल से पूरा देश जाग उठा। आपातकाल की ज्यादतियों के विरोध से उपजे असंतोष से कांग्रेस सरकार की स्थिति कमजोर हुई। इंदिरा इज इंडिया, इंडिया इज इंदिरा कहा जाने लगा। लोकसभा एवं राज्यसभा के प्रकिया संबंधी नियमों में परिवर्तन कर सांसदों तथा विपक्षी नेताओं के पर कतरने का प्रयास किया गया।

लोकसभा का कार्यकाल बढ़ाने और संविधान के 24वें संशोधन की कटु आलोचना हुई। 24वें संशोधन विधेयक में संसद को यह अधिकार दिया कि वह संविधान के अनु. 368 में निर्धारित प्रक्रिया के अनुसार संविधान के किसी भी उपबंध का संशोधन कर सकती है। विपक्ष ने आन्तरिक आपातकाल की उद्घोषणा को लोकतंत्र का काला अध्याय बताया। वस्तुतः पांचवी लोकसभा में विपक्ष सलाखों के पीछे था, सत्तारूढ़ सरकार ज्यातियों की घोड़े पर सवार थी वहीं आम आदमी भूख, मंहगाई तथा अव्यवस्था से त्रस्त था। मीडिया के पर काट दिये गये थे।

छठे लोकसभायी चुनाव (1977) की एक विशेषता यह थी कि सभी गैर–साम्यवादी विरोधी दल एक मंच पर आ गए। ये दल थे कांग्रेस (संगठन) जनसंघ, भारतीय लोकदल और समाजवादी दल, इन दलों ने मिलकर जनता पार्टी का निर्माण किया। जगजीवनराम के नेतृत्व में गठित कांग्रेस फॉर डेमोक्रेसी भी जनतापार्टी के साथ थी। जनतापार्टी तथा कांग्रेस फॉर डेमोक्रेसी को निर्वाचन में मान्यता नहीं मिलने से कांग्रेस संगठन और भारतीय लोकदल के चुनाव–चिन्हों पर चुनाव लड़ा। इन दलों को पंजाब के अकालीदल, तमिलनाडु के डी.एम.के. और कुछ राज्यों में साम्यवादी (मार्क्सवाद) का भी समर्थन मिला। 1977 के चुनाव में कांग्रेस को भारी पराजय का सामना करना पड़ा। जनतापार्टी ने मोरारजी देसाई के नेतृत्व में सरकार का गठन किया। मोरारजी देसाई देश के पहले गैर–कांग्रेसी प्रधानमंत्री बने। छठी लोकसभा की एक बड़ी महत्वपूर्ण घटना मान्यता

प्राप्त विरोधी दल और विपक्ष के नेता का उत्कर्ष था। वाई.बी. चह्वान, सी.एम. स्टीफन तथा जगजीवनराम विपक्ष के नेता रहे। संसद में विपक्ष के नेताओं के वेतन और भत्ते अधिनियम 1977 ने लोकसभा तथा राज्यसभा में विपक्ष के नेताओं के वेतन और भत्ते निर्धारित किए। जून 1979 को उपप्रधानमंत्री चरणसिंह ने घोषणा की कि वे और राजनारायण सरकार से नाता तोड़ रहे है। कई सदस्यों ने दल–बदल किया। हेमवन्तीनन्दन बहुगुणा, जार्ज फर्नांडीस तथा बीजू पटनायक ने मंत्रिमंडल से इस्तीफा देकर मोरारजी देसाई सरकार के समक्ष सकंटों को और अधिक बढ़ा दिया। विपक्ष के नेता वाई.वी. चाह्वान ने मोरारजी देसाई सरकार के विरूद्ध अविश्वास प्रस्ताव रखा। मत लिए जाने के पहले ही स्थिति को भापते हुए मोरारजी ने प्रधानमंत्री पद से इस्तीफा दे दिया। राष्ट्रपति नीलम संजीव रेड्डी ने विपक्ष के नेता वाई.बी. चाह्वान से सरकार बनाने की संभावना तलाशी लेकिन चाह्वान ने सरकार बनाने से इंकार कर दिया। राष्ट्रपति ने चौधरी चरणसिंह को सरकार बनाने के लिए आमंत्रित किया लेकिन चौधरी चरणसिंह विश्वास मत हासिल नहीं कर सके तथा उन्होंने पद से त्याग पत्र दे दिया। चौधरी चरणसिंह भारत के ऐसे अकेले प्रधानमंत्री है जिन्होंने एक दिन भी संसद का सामना नहीं किया। राष्ट्रपति नीलम संजीव रेड्डी ने जनता संसदीय दल के नए नेता बाबू जगजीवनराम के दावों की ओर कोई ध्यान नहीं दिया तथा लोकसभा भंग कर दी गई तथा मध्यावधि चुनावों की घोषणा हो गयी। इस तरह पहली गैर–कांग्रेसी सरकार अपना कार्यकाल पूरा किए बिना ही गिर गई।

सातवीं लोकसभा (1980) में कांग्रेस भारी बहुमत से सत्ता में लौटी। इस लोकसभा में किसी भी दल को मान्यता प्राप्त विपक्ष बनने लायक स्थान नहीं मिले। लोकदल सबसे बड़ा विरोध दल था, उसके 41 सदस्य थे। इसके बाद सी.पी.एम. तथा जनतापार्टी थी। विपक्ष संख्याबल की दृष्टि से बहुत दुर्बल था तथापि गुणात्मक रूप से अनेक लब्ध प्रतिष्ठित सांसद विपक्षी दलों में थे जिनमें ज्योर्तिमय बसु, अटलबिहारी वाजपेयी, मधुदंडवते, समर मुखर्जी, इन्द्रजीत गुप्त, के.पी. उन्नीकृष्णन, जार्ज फर्नांडीस, सोमनाथ चटर्जी, सुब्रमण्यम स्वामी तथा रामविलास पासवान। मधुमिलये तथा पीलू मोदी का अभाव लोकसभा में खटकता था। सातवीं लोकसभा

में सत्तापक्ष तथा विपक्ष के मध्य पंजाब के मुद्दे पर झड़पे होती रही, मंडल कमीशन की रिपोर्ट पर वाद–विवाद हुए। केन्द्र–राज्य संबंधों की समीक्षा हेतु सरकारिया आयोग का गठन किया गया। सातवीं लोकसभा के कार्यावधि में श्रीमती इंदिरा गांधी की हत्या हो गई। राजीव गांधी प्रधानमंत्री बने, वे देश के सबसे युवा प्रधानमंत्री थे।

इंदिरा गांधी की हत्या की पृष्ठभूमि में 1984 में आठवीं लोकसभा के चुनाव हुए एक बार फिर कांग्रेस भारी बहुमत से जीती। कांग्रेस को 513 सीटों में से 402 स्थान पर जीत हासिल हुई ये जीत ऐतिहासिक रिकार्ड थी। भाजपा को दो तथ जनतापार्टी को मात्र 14 स्थानों पर ही संतोष करना पड़ा। आंध्रप्रदेश का तेलुगूदेशम् लोकसभा का सबसे बड़ा विरोधी दल बनकर उभरा। 8वीं लोकसभा अटलबिहारी वाजपेयी, चन्द्रशेखर, हेमवंती नन्दन बहुगुणा तथा जार्ज फर्नाडीस जैसे विपक्षी सांसदों की सेवाओं से वंचित रही। लोकसभा में आए विपक्षी सदस्यों में माधवराव रेड्डी, शरद पवार, गीता मुखर्जी, मधुदण्डवते, सुलेमान सेठ, सोमनाथ चटर्जी, दिनेश गोस्वामी, के.पी. उन्नीकृष्णन, दत्ता सामन्त, अमराय प्रधान, जयपाल रेड्डी, चौधरी चरणसिंह आदि मौजूद थे। ये योग्यता और अनुभव में कम नहीं थे। चाहे संख्या में कम ही क्यों न हो। डाक विधेयक पर विपक्षी सदस्यों ने पुरजोर भूमिका निभायी। सत्तापक्ष ने बहुमत के सहारे इसे पारित तो करवा लिया लेकिन जनमत और विपक्ष के भारी विरोध के कारण राष्ट्रपति ने इस विधेयक को अनुमति प्रदान नहीं की, ये कानून नहीं बन सका। भारत के संसदीय इतिहास की पहली इस तरह की घटना थी। पंजाब के आतंकवाद, इंदिरा गांधी की हत्या पर ठक्कर आयोग की रिपोर्ट, और हिंसा पर रंगनाथ मिश्र की रपट, राष्ट्रपति तथा प्रधानमंत्री के संबंधों, पनडुब्बी घोटाले, श्रीलंका में शांति सेना के मामले, शाहबानों प्रकरण, गोरखालैंड आंदोलन, बोफोर्स घोटाले आदि मुद्दों पर सत्तापक्ष और विपक्ष में गर्मागर्म बहसें हुइ। सीएजी की रिपोर्ट को लेकर बोफोर्स मुद्दे पर विपक्ष ने सत्तापक्ष पर तीखे प्रहार किए। 8वीं लोकसभा के कार्यकाल के समाप्ति के चार माह पूर्व सभी विपक्षी सदस्यों ने त्यागपत्र देकर सदन में विपक्ष की सभी सीटें खाली कर दी।

नवीं लोकसभा (1989) में कांग्रेस की करारी हार हुई, फिर भी कांग्रेस

अन्य दलों से अधिक स्थान पाकर सबसे बड़े दल के रूप में उभरी इसके विपरीत गैर–कांग्रेस दल, जनतादल के नेतृत्त्व में तेलुगूदेशम्, असमगण परिषद्, डी.एम.के. और कांग्रेस (एस) के साथ मिलकर राष्ट्रीय मोर्चा की अल्पमत सरकार बनी जिसे वामपंथी मोर्चे तथा भाजपा ने बाहरी समर्थन दिया। कांग्रेस सदन में सबसे बड़ा दल था लेकिन सरकार बनाने का कोई प्रयास नहीं किया। कांग्रेस (आई) को सरकारी विपक्ष तथा राजीव गांधी को नेता विपक्ष के रूप में मान्यता मिली। उन्होंने कहाकि हमें जनमत ने विपक्ष में बैठने की अनुमति प्रदान की है, वे सरकार में प्रहरी की भूमिका निर्वाह करेंगें। उनकी प्रतिष्ठा केबिनेट मंत्री के हैसियत की थी। वी.पी. सिंह के काल में राजीव गांधी विपक्ष के नेता बने रहे। लेकिन जब चन्द्रशेखर प्रधानमंत्री बने तो कांग्रेस ने उन्हें बाहरी समर्थन दिया। फलतः भाजपा विपक्ष तथा उनके नेता लालकृष्ण आडवानी ने विपक्ष के नेता का दर्जा दिया गया। विपक्षी नेता को पहली बार केबिनेट रैंक का दर्जा दिया गया। राजीव गांधी विपक्ष में बैठने वाले पहले पूर्व प्रधानमंत्री थे। लोकसभा में सरकार के विरूद्ध अविश्वास प्रस्ताव पारित होने की पहली घटना इसी लोकसभा में हुई, विपक्ष को वी.पी. सिंह सरकार को सत्ताच्युत करने का मौका मिला। चन्द्रशेखर कांग्रेस के समर्थन से प्रधानमंत्री बने लेकिन कांग्रेस द्वारा समर्थन वापस लिये जाने के कारण त्यागपत्र देना पड़ा तथा नए चुनाव हुए। 9वीं लोकसभा में जम्मूकश्मीर, पंजाब, असम की स्थिति, आतंकवाद, चुनावों में धनबल, भुजबल आदि मुद्दे छाए रहे। मेहम, मंडल और मंदिर के मुद्दे संसद में चर्चा के विषय बने। संसद की बैठके हंगामेखेज रही। नियमों–विनियमों, परम्पराओं–प्रथाओं और संस्थाओं पर अनेक प्रश्नचिन्ह उभरे। नवीं लोकसभा के अन्तिम बैठक को प्रसिद्ध समाजवादी नेता मधुदण्डवते ने 'राष्ट्रीय शर्मसार दिवस' की संज्ञा दी क्योंकि इस दिन संसद सदस्यों ने अपनी बढ़ी हुई पेन्शन, भत्ते एवं सुविधाओं का बिल सर्वसम्मति से पारित करते हुए यह भी प्रावधान कर दिया कि संसद सदस्यों को केवल एक वर्ष सदस्य रहने के बाद पेन्शन मिलेगी हालांकि इस विधेयक पर राष्ट्रपति की मंजूरी नहीं मिली जिससे यह कानून नहीं बन सका पर इसमें विपक्ष की कोई भूमिका नहीं थी।

दसवीं लोकसभा में किसी दल को पूर्ण बहुमत नहीं मिला लेकिन

सबसे बड़े दल के रूप में कांग्रेस उभरी लेकिन पूर्ण बहुमत का आंकड़ा नहीं पाया जा सका। कोई दल अकेले में सरकार निर्माण की स्थिति में नहीं था। उत्तरप्रदेश तथा बिहार जैसे बड़े राज्यों में कांग्रेस का लगभग सफाया हो गया। अनुसूचित जातियों ने बहुजन समाजवादी दल में, मुसलमानों ने जनता दल में तथा ब्राह्मणों ने भाजपा में निष्ठा व्यक्त की। राष्ट्रपति ने सबसे बड़े दल के नेता पी.वी. नरसिम्हाराव को सरकार बनाने के लिए आमंत्रित किया। उस समय राव किसी सदन के सदस्य नहीं थे, उन्होंने अर्जूनसिंह को लोकसभा के नेता के रूप में मनोनीत किया। बाद में लोकसभा के सदस्य के रूप में चुन लिये गये तथा अध्यक्ष ने उन्हें लोकसभा का नेता घोषित कर दिया। लालकृष्ण आडवानी को लोकसभा में विपक्ष का नेता घोषित किया गया। कुछ समय बाद आडवानी भाजपा के अध्यक्ष निर्वाचित हो गए तथा नेता विपक्ष के पद से त्यागपत्र दे दिया तो अटलबिहारी वाजपेयी विपक्ष के नेता घोषित किए गए।

10वीं लोकसभा घोटालों, राजनीति के अपराधीकरण, जातिवाद और साम्प्रदायिक तुष्टिकरण के लिए ऐतिहासिक रही। विपक्ष संसद में शोर गुल मचाकर चुप हो गया, कोई बड़ा प्रभाव नहीं छोड़ सका। बार–बार अविश्वास प्रस्ताव लाकर विपक्ष ने अपनी छवि खराब की। नीतिगत आलोचना कारनामों का पर्दाफास तथा बखिया उधेड़ने के स्थान पर एक–दूसरे की आलोचना करते रहे। दसवीं लोकसभा में विपक्ष के प्रमुख सांसदों में अटलबिहारी वाजपेयी, चन्द्रशेखर, लालकृष्ण आडवानी, इन्द्रजीत गुप्त, जसवन्त सिंह, वी.पी. सिंह, सोमनाथ, अजय मुखोपाध्याय, जार्ज फर्नाडीस इत्यादि शामिल थे। दसवीं लोकसभा में बोफर्सतोप सौदा, रामजन्म भूमि, बाबरी मस्जिद की रपट, हवाला घोटाला, प्रतिभूति तथा बैंक घोटाले विशेष चर्चा के विषय रहे। जमकर तर्क–कुतर्क हुए। संसद की छवि को प्रश्नगत मुद्रा में पहुंचाने में कोई कमी नहीं छोड़ी गई। झामुओं के सांसदों का खरीद फरोख्त हुई। विकास निधि के एक करोड़ की खैरात के कारण सांसद अपना भविष्य तलाशने लगे। 10वीं लोकसभा की सबसे महत्त्वपूर्ण उपलब्धि 17 विभागीय स्थायी समितियों की शुरूआत थी।[9] दसवीं लोकसभा

में जहां सत्तापक्ष सरकार बचाने के लिए साम–दाम–दण्ड–भेद की नीति अपनाए हुआ था वहीं विपक्ष वाग्वीर बनकर केवल रस्म–अदायगी में लगा रहा, जिससे सत्तापक्ष और विपक्ष दोनों की छवि गिरी।

ग्यारहवें लोकसभायी चुनावों (1996) में तीन प्रमुख गठबंधन उभरकर सामने आए। कांग्रेस ने 'स्थिरता', भाजपा ने 'परिवर्तन' तथा जनता दल ने 'सामाजिक–न्याय' तथा वामपंथियों ने 'धर्मनिरपेक्षता' की अपील मतदाताओं से की। ग्यारहवीं लोकसभा में किसी एक दल को सरकार बनाने योग्य बहुमत नहीं मिला था। राष्ट्रपति शंकरदयाल शर्मा ने लोकसभा में सबसे बड़े दल भाजपा के नेता अटलबिहारी वाजपेयी को सरकार बनाने के लिए आमंत्रित किया। अटलबिहारी वाजपेयी 15 मई 1996 से 28 मई 1996 तक (13 दिन) प्रधानमंत्री पद से त्यागपत्र नहीं देने तक सदन के नेता थे। एच.डी. देवगौड़ा तथा इन्द्रकुमार गुजराल राज्यसभा के सदस्य थे। लोकसभा अध्यक्ष पी.ए. संगमा ने लोकसभा में कांग्रेस (आई) के नेता पी.वी. नरसिम्हाराव को विपक्ष के नेता के रूप में मान्यता प्रदान की। 13 दिन बाद वाजपेयी सरकार धराशाही होने के कारण 01 जून 1996 से अटलबिहारी वाजपेयी को लोकसभा में विपक्ष के नेता के रूप में मान्यता प्रदान की गई। दिसम्बर 1997 तक इसी पद पर रहे क्योंकि फिर लोकसभा भंग कर दी गई। अटलबिहारी वाजपेयी, डॉ. मुरलीमनोहर जोशी, प्रमोद महाजन, जगमोहन, सुन्दर लाल पटवा, श्रीमती विजयराजे सिंधिया, विनय कटियार, जसवन्त सिंह, अनंतकुमार, महन्त अवैधनाथ, डॉ. रामनिवास वेदान्ती, डॉ. सत्यनारायण जटिया, श्रीमती सुमित्रा महाजन, हीरेन पाठक, श्रीमती सुषमा स्वराज, साध्वी उमा भारती, करिया मुण्डा, सुरेश प्रभु, योगेश कुमार अलध, श्रीमती गीता मुखर्जी इत्यादि प्रखर एवं मुखर अनुभवी विपक्षी संसज्ञ थे। **11वीं लोकसभा के दौरान विपक्ष के एक सदस्य पी.ए. संगमा को अध्यक्ष पद के लिए निर्वाचित किया गया यह भारत के संसदीय इतिहास में पहली बार हुआ।** 11वीं लोकसभा ने तीन सरकारों को बनते–बिगड़ते देखा। तीन प्रधानमंत्रियों में से दो राज्यसभा से थे। इससे पूर्व सभी प्रधानमंत्री लोकसभा के निर्वाचित सदस्य थे। यूरिया घोटाला, चारा घोटाला, बिहार की कानून व्यवस्था, असम एवं जम्मूकश्मीर में

आतंकवादी गतिविधियां, प्रसार भारती, बालश्रम की समस्या, पांचवे वेतन आयोग का मुद्दे तथा देश की अर्थव्यवस्था पर बढ़ता आर्थिक मुद्दा विपक्षी सदस्यों के लिए पैने हथियार थे, वे जहां–तहां सत्तापक्ष को इन मुद्दे पर घेरते रहे तथापि बहिर्गमन और नारेबाजी में सदन का भारी समय नष्ट हुआ। सत्तापक्ष और प्रतिपक्ष दोनों की छवि गिरी।

बारहवीं लोकसभा के चुनाव 1998 में सम्पन्न हुए। इन चुनावों में सात राष्ट्रीय दलों, तीस राज्य स्तरीय दलों तथा 139 अन्य पंजीकृत दलों ने चुनाव में भाग लिया। 10 मार्च 1998 को बारहवीं लोकसभा का गठन हुआ। सदन में सबसे बड़े दल के नेता अटलबिहारी वाजपेयी को सरकार बनाने के लिए आमंत्रित किया गया। क्योंकि यह लोकसभा भी 'त्रिशंकु' बहुमत से ग्रस्ति थी। सदन में सबसे बड़ी दूसरी पार्टी कांग्रेस थी। अध्यक्ष जी.एम.सी. बालयोगी ने कांग्रेस (आई) के नेता शरद पंवार को लोकसभा में विपक्ष के नेता के रूप में मान्यता प्रदान की।

12वीं लोकसभा में कांग्रेस, जनतादल तथा कम्युनिस्ट पार्टी ही विपक्षी भूमिका में थे। शरद पंवार, राजेश पायलट, जी. एम. बनातवाला, रघुवंश प्रसाद सिंह, सोमनाथ चटर्जी, इन्द्रजीत गुप्त, डॉ. बलराम जाखड़, तरूण गोगाई, गिरधर गोमांग, मोतीलाल वोरा, सुश्री मायावती, मुलायमसिंह यादव, चन्द्रशेखर, तारिक अनवर, कमलनाथ, गीता मुखर्जी, अजीत जोगी, प्रो. सैफूद्दीन सोज़, सुब्रह्मण्यम, लालू प्रसाद यादव, श्रीमती जयंती पटनायक, सुब्रत मुखर्जी, अजय चक्रवर्ती इत्यादि मुखर विपक्षी संसज्ञ थे। बारहवीं लोकसभा का संसदीय इतिहास में सबसे कम कार्यकाल माना जाता है। इस लोकसभा में सीबीआई की कार्यशैली, शरणार्थी समस्या, लिब्राहन आयोग, मंदिर–मस्जिद विवाद, पोखरन परमाणु विस्फोट तथा देश की बिगड़ती कानून व्यवस्था आदि मुद्दे विपक्षी सदस्यों के लिए हथियार थे।

12वीं लोकसभा के कार्यकाल की दिलचस्प घटना यह रही कि भाजपा की एक सहयोगी दल ए.डी.एम.के. की नेता तांसी घोटाला कांड के मुख्य अभियोगी को चार्जशीट दिए जाने के कारण ए.डी.एम.के. की क्षुब्ध नेता जयललिता के समर्थन वापसी से वाजपेयी सरकार अल्पमत में आ गई। वाजपेयी ने त्यागपत्र दे दिया। अन्य कोई दल सरकार बनाने की स्थिति

में नहीं होने के कारण लोकसभा भंग कर दी गई।

तेरहवीं लोकसभा का गठन अक्टूम्बर 1999 को हुआ। अटलबिहारी वाजपेयी ने अपने 18 सहयोगी दलों के साथ मिलकर सरकार बनायी। सदन में दूसरी बड़ी पार्टी कांग्रेस को विपक्ष के रूप में मान्यता प्रदान की गई तथा श्रीमती सोनिया गांधी को विपक्ष के नेता के रूप में मान्यता प्रदान दी।

तेरहवीं लोकसभा में विपक्षी सदस्यों में श्रीमती सोनिया गांधी, सोमनाथ चटर्जी, मुलायम सिंह यादव, माधवराज सिंधिया, गीता मुखर्जी, प्रियरंजनदास मुंशी, चन्द्रशेखर, जी.एम. बनातवाला, पी.सी. थामस, रामसेठ ठाकुर, अजित सिंह, सिमरनजीत सिंह मान, सुश्री मायावती, शरद पवार, अमरराम प्रधान, सनतकुमार मंडल तथा वासुदेव आचार्य प्रमुख थे। 13वीं लोकसभा में कारगिल घुसपैठ, उड़ीसा में आए भीषण तूफान एवं राहत कार्य में लापरवाही, वाल्को कम्पनी शेयर विवाद, रक्षा घोटालों तथा बीमा नियमन पर सत्तापक्ष तथ विपक्ष के मध्य गर्मागर्म बहस हुई। तहलका कांड के कारण विपक्ष ने सत्तापक्ष को बुरी तरह से घेरा। सदन की कार्यवाही नहीं चलने दी, सत्तापक्ष सदन में चर्चा कराने से बचता रहा। करोड़ो रूपए बर्बाद हुए, कार्यवाही ठप्प रही, समय बर्बाद हुआ। इस कार्यकाल में विपक्ष की मुख्य भूमिका सबसे अधिक 'बायकॉट' (बहिगर्मन)[10] शोर–शराबे, नारेबाजी आदि की रही।

चौदहवी लोकसभा के चुनाव अप्रैल–मई 2004 में सम्पन्न हुए। जिसमें ऐसा जनादेश प्राप्त हुआ, जिसकी संभावना दूर–दूर तक नहीं थी। इंडिया शायनिंग और गुडफिल के नारे बेमोनी सिद्ध हुए। जीते तो क्यों, हारे तो क्यों? की स्थिति थी। एग्जिट पोल की 'पोल' स्पष्ट हुई कांग्रेस तथा उसके सहयोगी दलों ने डॉ. मनमोहन सिंह के नेतृत्व में सरकार का गठन किया। यूपीए सरकार को वामपंथी दलों ने बाहरी समर्थन दिया।

संसदीय इतिहास में पहली बार ऐसा हुआ है कि प्रधानमंत्री सांसदों के नेता नहीं वरन् मनोनीत नेता थे। नेहरू के बाद ऐसा हुआ है कि कांग्रेस अध्यक्ष श्रीमती सोनिया गांधी प्रधानमंत्री से अधिक शक्तिशाली है। लालकृष्ण आडवानी के नेतृत्त्व में राजग (एनडीए) विपक्ष की भूमिका अदा की। यू.पी.ए. द्वारा अनेक दागी मंत्रियों तथा एनडीए द्वारा नियुक्ति राज्यपालों

की बर्खास्तगी के कारण तीखी बहसें हुई। मंहगाई, किसान की आत्महत्याएं, आतंकवाद, जम्मू–कश्मीर की समस्या, आपदा प्रबन्धन, सुरक्षा एजेन्सियों की लापरवाही के मुद्दों पर विपक्ष ने सत्तापक्ष को कटघेरे में खड़े करने का भरसक प्रयास किया। 15वीं लोकसभा के चुनाव मई 2009 में हुए इन चुनावों में कांग्रेस लगभग बहुमत के पास पहुंची तथा सरकार का निर्माण डॉ. मनमोहन सिहं के नेतृत्व में किया। भाजपा प्रमुख प्रतिपक्ष दल है तथा आडवाणी प्रतिपक्ष के नेता हैं। विपक्ष के पास प्रमुख नेता है–जसवंत सिहं, अरूण जेटली, सुषमा स्वराज इत्यादि। अरूण जेटली राज्यसभा में विपक्ष के नेता हैं।

इस प्रकार पहले दो दशकों में विपक्ष संख्यात्मक दृष्टि से कमजोर लेकिन गुणात्मक एवं चारित्रिक रूप से अधिक प्रभावी था। आत्मलोचन ही विपक्ष की भूमिका अदा करती थी। 1969–70 में कांग्रेस दो धड़ों में बंट गई एक धड़ा सत्तापक्ष था तो दूसरा विपक्ष। यह पहला औपचारिक मान्यता प्रदान विपक्ष था लेकिन यह स्थिति ज्यादा टिकाऊ नहीं रही। पंडित जवाहरलाल नेहरू विपक्ष के प्रति सकारात्मक नजरिया रखते थे, उनमें आलोचना सुनने और सहने की क्षमता थी। उन्होंने सदन में विपक्ष या विरोधी दलों द्वारा उठाये गए मुद्दों का उजागर करने का कार्य तक किया। वे नियमों और प्रक्रियाओं के कायल थे परन्तु श्रीमती इंदिरा गांधी विपक्ष पर इतनी कृपालु नहीं थी। आपातकाल ने तो विपक्ष का नामोनिशान ही मिटा दिया। राजीव गांधी में भी विपक्ष न तो संख्याबल और न ही गुणात्मकता में प्रभावी था। उसके बाद में तो यह तय करना मुश्किल हो गया कि कौन कब सत्ता में, कौन सत्ता से बाहर विपक्ष में। बाहरी समर्थन ने तो सत्तापक्ष तथा विपक्ष के मध्य 'बफर–स्टेट' की भूमिका को अपना लिया है। **समर्थन और विरोध बिकाऊ हो गए हैं।**

प्रतिपक्ष का संसद में यह कार्य है कि सरकारी नीतियों और कार्यवाहियों के विरूद्ध सार्वजनिक घृणा पैदा करें। सरकारी नीतियों की कमियों और कमजोरियों को जनता ही अदालत में ले जाएं। हरमन फाइनर के शब्दों में– "हर मसले पर सरकार एक स्पष्ट नीति पेश करती है ताकि सब साफ–साफ देख सके और विरोधी दल उसका विकल्प रखते हैं जिससे कि जनता दोनों की तुलना करके एक चयन कर सके।"[11] लेकिन सत्तापक्ष तथा विपक्ष दोनों 'टुकड़ियों के सरदार' है, दोनों का स्पष्ट विजन नहीं है, विकल्प नहीं है। ढ़ीला–ढ़ाला संगठन, विखंडित दल, बिखरते नेता एवं

नेतृत्व, ठोस रीति–नीति की कमी, छिद्रान्वेषण की कमी, समर्पण और सहकार से मुहं मोड़ने की प्रवृति से विपक्ष और सत्तारूढ़ दल बुरी तरह प्रभावित है।[12] अब सवाल यह उत्पन्न होता है कि विपक्ष की छवि कैसे सुधरे, इस दिशा में राजनीतिक दलों को स्वयंमेव कदम उठाना होगा, जैसे–

1. विपक्ष संगठित, समर्पित और सुअनुशासित रहे।
2. वैकल्पिक नेतृत्व और नीतियों का सक्षम विकल्प तैयार रखे।
3. पूरे होमवर्क, तथ्यों, तर्कों, रपटों के साथ सदन में प्रस्तुतिकरण करें।
4. मुद्दे की बड़ी शिद्दत से उठाएं लेकिन संवैधानिक मूल्यों को बनाएं रखे।
5. सूबों के सरदार बनने की अपेक्षा नीतिगत एकता बनाए रखे।

लोकसभा में विपक्ष के नेता

क.सं.	लोकसभा/ कार्यकाल	नाम	संबंधित दल का नाम
1	चौथी	डॉ. रामसुभग सिंह	कांग्रेस (ओ)
2	छठी	1. वाई.वी. चाव्हान	कांग्रेस
		2. सी.एम. स्टीफन	कांग्रेस
		3. जगजीवन राम	जनता पार्टी
3	नवीं	1. श्री राजीव गांधी	कांग्रेस (इ)
		2. श्री लाल कृष्ण आडवानी	भाजपा
4	दसवीं	1. श्री लाल कृष्ण आडवानी	भाजपा
		2. श्री अटल बिहारी वाजपेयी	भाजपा
5	ग्यारहवीं	1. पी.वी. नरसिम्हाराव	कांग्रेस (इ)
		2. श्री अटलबिहारी वाजपेयी	भाजपा
6	बारहवीं	श्री शरद पवार	कांग्रेस (आई)
7	तेरहवीं	श्रीमती सोनिया गांधी	कांग्रेस (आई)
8	चौदहवीं	श्री लालकृष्ण आडवानी	भाजपा
9	पंद्रहवीं	श्री लालकृष्ण आडवाणी	भाजपा

(FOOTNOTES)

1. भारत के राजनीतिक दल नीतियां और कार्यक्रम– डॉ. लक्ष्मीमल्ल सिघवीं, 1972 पृष्ठ 1
2. विधानबोधनी अक्टूम्बर, 2005, विधानमंडल और विपक्ष की भूमिका, पृष्ठ 2, 3
3. पार्लियामेन्ट– आइवर जैनिग्स, कैम्ब्रिज , 1951, पृष्ठ 15
4. भारत के राजनीतिक दल नीतियां एवं कार्यक्रम– सं. लक्ष्मीमल्ल सिंघवी, पृष्ठ 86, 1972
5. विधानबोधनी, राजस्थान स्वर्ण विधानसभा स्वर्ण जयन्ती विशेषांक, जून–अप्रैल 2002, पृष्ठ 60
6. राजस्थान पत्रिका, जोधपुर–संसदीय गरिमा की परवाह किसे–के. पी. श्रीवास्तव, 31 अगस्त 2006
7. इंडिया टुडे, 60 महानतम् भारतीय विशेष अंक, 23 अप्रैल 2008, नई दिल्ली, पृष्ठ 20
8. राजस्थान पत्रिका (जयपुर) 19 मार्च 1998
9. विधानमाला विशेषांक संसद तथा विधानमंडलों की विभागीय समितियां, वर्ष 1 अंक 2, दिसम्बर 2007 पृ. 27–28
10. अर्न के अर्ल द्वारा आयरिश किसानों से अधिक लगान वसूली करने के लिए कैप्टन चार्ल्स बायकाट को नियुक्त किया गया परन्तु वहां के किसानों ने मिस्टर बायकॉट की उपेक्षा कर उनका बहिष्कार किया। जिसके परिणामस्वरूप 'बायकॉट' शब्द प्रचलन में आया।
11. मंथन, जुलाई–सितम्बर, 2006 पृष्ठ–09
12. विधानबोधनी, विधानमंडल और विपक्ष की भूमिका, अक्टूबर 95 पृष्ठ 31

संदर्भ

1. रोल ऑफ ऑपीजीशन इन इंडियन पार्लियामेन्ट–एच.एस. फर्टियाल
2. द रोल ऑफ ऑपीजीशन इन इंडियन पालिटिक्स–रेणु सक्सेना
3. दी ब्रिटिश कांस्ट्रिट्शन–आइवर जैनिंग्स

4. आइडियोलॉजी, माडर्नाइनेशन एंड पालिटिक्स इन इंडिया–वी.आर. मेहता
5. भारतीय संसद समस्याएं एवं समाधान–सुभाष काश्यप
6. मेरी संसदीय यात्रा–अटलबिहारी वाजपेयी
7. आधुनिक भारत में विचारधारा एवं राजनीति–विपिन चन्द्र
8. मॉडर्न डेमोक्रेसीज–लार्ड ब्राइस
9. भारत के राजनीतिक दलों का रोगशास्त्र–रामबहादुर वर्मा (सं)
10. संसद का इतिहास भाग प्रथम, द्वितीय–सुभाष काश्यप
11. लोकतंत्र समीक्षा
12. मंथन
13. पॉलिटिक्स इंडिया
14. विधानमाला
15. विधानबोधनी

9

विधायिका और न्यायपालिका के संबंधों पर उभरते प्रश्न

लोकतांत्रिक देशों में शासन का संचालन सरकार के त्रिस्तरीय ढाँचे द्वारा होता है। सरकार का वह अंग जो कानून बनाता हैं उसे विधायिका, जो अंग कानूनों को क्रियान्वित करता है उसे कार्यपालिका तथा जो अंग कानूनों एवं संविधान और विधि की प्रक्रिया के अनुरूप न्याय देता है उसे न्यायपालिका की संज्ञा दी जाती है। इन तीनों अंगों के मध्य परस्पर संबंध कैसे और किस प्रकार के हों? इन अंगों में कौन–सा अंग सबसे अधिक महत्वपूर्ण है, यह बात इस तथ्य पर निर्भर करती हैं कि संबंधित देश में शासन प्रणाली का मॉडल कैसा हैं? यह मॉडल विधायिका, कार्यपालिका और न्यायपालिका के आपसी सम्बन्धों पर उभरता है। जहाँ विधायिका और कार्यपालिका के बीच घनिष्ठ संबंध पाया जाये उसे संसदीय शासन और जहां विधायिका, कार्यपालिका और न्यायपालिका अपने–अपने क्षेत्र में पृथक हो उसे अध्यक्षीय शासन की संज्ञा दी जाती है।

संयुक्त राज्य अमेरिका की भांति अध्यक्षात्मक शासन प्रणाली वाले देशों में तीनों अंगों का कार्यक्षेत्र और अधिकारतंत्र पृथक होता है उसे शक्ति पृथक्करण कहा जाता है, परन्तु शक्ति पृथक्करण का तात्पर्य यह कदापि नहीं है कि सरकार के इन अंगों के मध्य किसी प्रकार का संबंध नहीं हैं। कुछ सीमा तक सरकार के अंगों में परस्पर संबंध और एक–दूसरे पर नियत्रंण होता है, इसे नियत्रंण और संतुलन का सिद्धान्त कहा जाता

हैं। अध्यक्षात्मक शासन व्यवस्था में व्यवस्थापिका, न्यायपालिका की सदस्य संख्या निर्धारित करती हैं, न्यायाधीशों पर महाभियोग चला सकती है, वहीं दूसरी ओर न्यायपालिका को भी व्यवस्थापिका द्वारा बनाये गये कानूनों की वैधानिकता की जाँच करने व उन्हें अवैधानिक घोषित करने का अधिकार है। उसे न्यायिक पुनरावलोकन की शक्ति प्राप्त है। यह शक्ति इतनी प्रबल है कि न्यायपालिका को व्यवस्थापिका का तीसरा सदन कहा जाता है। अमेरिका में तो यहां तक कहा जाता हैं कि अमेरिका का संविधान वही है जो न्यायाधीश कहते हैं क्योंकि वहाँ न्याय विधि की उचित प्रकिया द्वारा होता है। वस्तुतः अध्यक्षात्मक शासन व्यवस्था में सिद्धान्ततः कानून निर्माण के क्षेत्र में व्यवस्थापिका की शक्ति श्रेष्ठ हैं क्योंकि इस व्यवस्थापिका में जनता के द्वारा चुने हुए प्रतिनिधि होते है, जनता के अधिकारों की रक्षा कानूनों के द्वारा की जाती है और इन कानूनों का निर्माण व्यवस्थापिका के द्वारा ही किया जाता है। इसीलिये लोकतांत्रिक देशों में व्यवस्थापिका को 'ब्रेन–ट्रस्ट' कहा जाता हैं।

अध्यक्षात्मक शासन प्रणाली के ठीक विपरीत संसदीय या मंत्रिमंडलात्मक शासन प्रणाली में व्यवस्थापिका अधिक सशक्त और महत्वपूर्ण होती है। मंत्रिमंडलात्मक शासन प्रणाली के दो स्वरूप देखे जा सकते हैं–भारतीय मॉडल और ब्रिटिश मॉडल। ब्रिटेन में सम्प्रभुता का वास संसद में होता हैं, वहाँ संसद सर्वोच्च है जैसा कि प्रसिद्ध विद्वान् प्रो. डायसी का मत है कि "ब्रिटिश संसद वैधानिक दृष्टि से इतनी शक्तिशाली है कि वह एक शिशु को प्रौढ़ करार दे सकती हैं। वह मृत्यु के बाद किसी भी व्यक्ति को राजद्रोही सिद्ध कर सकती हैं। वह गैर कानूनी संतान को कानूनी करार दे सकती है और यदि वह उचित समझे तो किसी व्यक्ति को अपने ही मामलों में न्यायाधीश बना सकती हैं।" कहने का तात्पर्य यह है कि संविधान लचीला होने के कारण वहाँ की संसद एक प्रभुत्वसम्पन्न निकाय है जो संविधान निर्मात्री और कानून निर्मात्री दोनों ही प्रकार की शक्तियों का उपयोग करती है।

भारत में संसद सम्प्रभु तो नहीं परन्तु सशक्त अवश्य हैं। ब्रिटेन में लार्ड–सभा जो विधायिका का एक घटक है उसे न्यायिक शक्तियां प्राप्त हैं परन्तु न्यायिक पुनरावलोकन की शक्ति प्राप्त नहीं है परन्तु भारत में

विधायिका से पृथक स्वतंत्र न्यायांग हैं उसे न्यायिक पुनरावलोकन की शक्ति प्राप्त है। भारतीय न्यायपालिका के निर्णयों का आधार संवैधानिक होता हैं और कार्य–प्रणाली **'विधि द्वारा स्थापित'** विधि अनुरूप कार्य करती है।

भारतीय राज व्यवस्था के संदर्भ में प्रायः यह प्रश्न उठता है कि न्यायपालिका और विधायिका में से कौन–सी संस्था उच्चतर हैं? संसदीय उच्चता के दृष्टिकोण के कुछ तथ्यों पर गौर किया जाना आवश्यक हैं। प्रथम तो संविधान द्वारा संसद को यह शक्ति सौंपी गई है कि वह कानून बना कर सर्वोच्च न्यायालय की शक्तियों में वृद्धि कर सकती है। संघ सूची की प्रविष्टि एक उपबन्धित करती है कि उच्चतम न्यायालय की रचना, संगठन क्षेत्राधिकार और शक्तियां संविधान के अधीन रहते हुए संसद द्वारा विनियमित की जाती है, न्यायाधीशों को महाभियोग द्वारा पदच्युत करने की शक्ति संसद में निहित है परन्तु न्यायाधीशों को अनेक रक्षोपाय जैसे विशेष बहुमत, साबित दुर्व्यवहार या असमर्थता वगैरह ऐसे प्रावधान है जिनके कारण न्यायाधीशों को पद से हटाना टेढ़ी खीर है। न्यायधीशों का आचरण संसद में बहस का विषय नहीं हो सकता है जब तक कि उनको पद से हटाने का प्रस्ताव विचाराधीन न हो। संविधान के अनुच्छेद 121 एवं अनुच्छेद 211 की व्यवस्थानुसार राज्य के विधान मंडल उच्चतम–न्यायालय एवं राज्यों के उच्च न्यायालयों के न्यायाधीशों के न्यायिक आचरण पर सदन में चर्चा नहीं कर सकते परन्तु यदि कोई सदस्य सदन में ऐसा कर बैठता है तो क्या किया जाये? संविधान निर्माताओं ने सदन की गरिमा को दृष्टिगत रखते हुए ऐसे सदस्यों को न्यायालय के समक्ष लाना उचित नहीं समझा ऐसे मामलों में उन्होंने सदन को ही न्यायालय का दर्जा दे डाला। सदन स्वयं ऐसे सदस्य को प्रताड़ित करें, लेकिन यदि एस.एस. ढ़ींगरा प्रकरण जैसा मामला हो तो न्यायपालिका को स्वयं कदम उठाना चाहिए। संविधान के अनुच्छेद 368 के अनुसार संसद संविधान में संशोधन कर सकती है। वह संविधान के किसी प्रावधान को (संविधान के मूल ढाँचे को छोड़कर) निकाल बाहर कर सकती है अथवा कोई नया प्रावधान जोड़ सकती हैं। संसद ने अपनी शक्ति को अधिकाधिक प्रभावी बनाने के उद्देश्य से संविधान में 24वां, 26वां एवं 27वां (1971) संशोधन

किया। 42वें संविधान संशोधन द्वारा संसद ने अपनी उच्चता को पुनः स्थापित करने के उद्देश्य से सर्वोच्च न्यायालय एवं उच्च न्यायालय की शक्तियों में कटौती की हैं। सर्वाधिक विवादग्रस्त सम्पति के मौलिक अधिकार को मूल अधिकार की श्रेणी से निकाल कर सामान्य अधिकारों की श्रेणी में रख दिया। इसका सीधा नतीजा यह निकला है कि संसद तथा न्यायालय के मध्य संघर्ष के अवसर कम हो गये है।

देश में संसदीय शासन प्रणाली होने के कारण स्वाभाविक है कि संसद मंत्रिमंडल को नियत्रंण में रखे तथा न्यायालय की तुलना में स्वयं को प्रभावशाली सिद्ध करे। हाल ही के घटनाक्रम और विशेषकर त्रिशंकु सदनों की स्थिति में न्यायपालिका अधिक शक्तिशाली सिद्ध हो रही हैं। संविधान में संसद और राज्य विधानमंडलों की विधि निर्माण की शक्तियों का स्पष्ट उल्लेख किया गया है। अनुच्छेद 122 की व्यवस्थानुसार संसद की कार्यवाही पर पूर्ण रूप से संसद का एकाधिकार हैं। संसदीय प्रक्रिया की अनियमितता के आधार पर इसे न्यायालय में प्रश्नगत नहीं किया जा सकता, यदि प्रक्रिया संबंधी कोई अनियमितता रह भी जाती हैं तो उसे दूर करने का अधिकार संसद को है। संसद की प्रक्रिया का नियमन या व्यवस्था बनाये रखने वाले अधिकारी भी न्यायालय के अधिकार क्षेत्र के बाहर रखे गये है। न्यायालय सदन के अध्यक्ष को सदन की अध्यक्षता करने से न तो रोक सकता है और न ही संसद में किसी विधेयक को समाप्त कर सकता है जब सदन संविधान के उपबंधों के प्रतिकूल कार्य कर रहा हो। वस्तुतः संसद स्वयं अपने कार्यों की स्वामी व नियंत्रक है। ठीक ऐसी ही व्यवस्था संविधान के अनुच्छेद 212 में राज्य विधानमंडलों के लिए की गई है।

यदि व्यवस्थापिका संविधानोत्तर कानून बनाये तो न्यायपालिका उसकी खबर ले सकती है। न्यायालय ऐसा करते समय विधेयक की आत्मा या उद्देश्य पर विचार नहीं करता क्योंकि भारतीय न्यायिक प्रणाली का आधार **'विधि द्वारा स्थापित उचित प्रकिया'** हैं। संविधान की भाषा व भावानुरूप ही निर्णय दिये जाते हैं। लोकतांत्रिक विकास यात्रा के पिछले 59 वर्षों में व्यवस्थापिका और न्यायपालिका के मध्य प्रभुता का संघर्ष कई बार सामने आया। सर्वोच्च न्यायालय ने अनेक संसदीय कानूनों

को रद्द कर दिया जिसकी प्रतिक्रिया व्यवस्थापिका पर भी हुई। संसद ने न्यायपालिका के निर्णयों को प्रभावहीन बनाने के लिए संविधान में संशोधन कर अपनी प्रभुता का प्रदर्शन किया हैं।

सन् 1967 में सर्वोच्च न्यायालय ने गोकलनाथ बनाम पंजाब राज्य के विवाद में संसदीय शक्ति को प्रतिबन्धित करते हुए स्थापित किया कि मौलिक अधिकार पूर्ण, स्थायी एवं अपरिवर्तनीय है। बैंकों के राष्ट्रीयकरण (1970) राजाओं के प्रिवीपर्स (1971) व केशवानन्द भारती बनाम स्टेट ऑफ केरल (1973) आदि मामलों में मौलिक अधिकारों की रक्षा का प्रयास किया गया परन्तु संसद ने 24वें, 25वें एवं 27वें संशोधन तथा 42वें संशोधन द्वारा अपनी शक्ति पुनः प्रतिष्ठापित की हैं।

मुख्य मुद्दे की बात यह है कि भारतीय राज व्यवस्था में व्यवस्थापिका और न्यायपालिका का संबंध संयुक्त राज्य अमेरिका तथा ब्रिटेन दोनों देशों की व्यवस्था से अलग प्रकार का है, लेकिन दोनों का मिलाजुला रूप हैं। भारतीय न्यायपालिका, अमेरिका की व्यवस्थापिका के तीसरे सदन के रूप में भूमिका नहीं निभाती क्योंकि यह सम्प्रभु नहीं है। भारतीय व्यवस्थापिका द्वारा बनाये गये कानूनों को सर्वोच्च न्यायालय में चुनौती दी जा सकती है और न्यायालयों को न्यायिक पुनरावलोकन की शक्ति प्राप्त है। कहने का अभिप्राय यह है कि भारत में व्यवस्थापिका और न्यायपालिका के संबंधों में अमेरिका और ब्रिटेन के बीच का रास्ता अपनाया गया है।

पिछले कुछ वर्षों से और विशेषकर त्रिशंकु स्थिति से व्यवस्थापिका सभाओं की शक्तियों में निरन्तर ह्मास होता जा रहा है। लोकतंत्र में व्यवस्थापिका सभा तो जनमत का दर्पण कहलाती है। संसदीय लोकतंत्र में कानून बनाने में इन सभाओं की महती भूमिका होती है। जनता के उद्देश्यों, आकांक्षाओं, इच्छाओं, प्रेरणाओं एवं अनुभूतियों का प्रतीक विधायिका है और जब विधायिका की ही आभा क्षीण होती जाए तो जनमत का लोकतंत्र से विश्वास उठने लगता है। अब महत्वपूर्ण प्रश्न यह है कि विधायिका की शक्तियां में कमी या ह्रास किन कारणों से आया हैं? इसके प्रत्युत्तर में कहा जा सकता है कि वर्तमान में यह सदन अपने

प्राथमिक कार्य से भटक कर अन्य प्रवृतियों में तल्लीन हो गया है, जैसे बार–बार बायकॉट करना, असहिष्णुता वाद–प्रतिवाद करना, फूहड़पन के साथ एक दूसरे पर कीचड़ उछालना, हुल्लड़बाजी एवं हंगामे करना, आसन का घेराव, अनावश्यक गतिरोध बढ़ाना, उल्टे सीधे सवाल जवाबों में अधिक समय व्यतीत करना आदि–आदि। दूसरी ओर कठोर दलीय अनुशासन, मंत्रिमंडलीय अनुशासनहीनता, प्रदत्त विधायन, त्रिशंकु बहुमत, विकृत दलीय व्यवस्था, वित्तीय मामलों पर मंत्रिमंडल का एकाधिकार आदि से व्यवस्थापिका की प्रतिष्ठा कम हुई हैं। कानून–निर्माण का प्राथमिक कार्य निष्पादित करने वाला सदन आजकल सत्तापक्ष व प्रतिपक्ष के मध्य मल्लयुद्ध का अखाड़ा बना हुआ है। 365 दिनों में से मात्र 33 से 40 दिन सत्र् आयोजित होते है और वह भी वस्तुनिष्ठ बहसों और कोई कार्य किये बिना स्थगित हो जाये तो इसे लोकतंत्र का दुर्भाग्य ही कहा जाना चाहिए। राजनीतिक स्तर पर व्यवस्था का दृस्टिपात करे तो पाते है कि कार्यपालिका तक भ्रष्टाचार में आकंठ डूबी हुई है। मंत्री और संतरियों का तो कहना ही क्या? यह विचारणीय है कि जब विधायिका अपने कार्य से विमुख हो और कार्यपालिका दिशाहीन हो तो जनतंत्र और जनमत की स्थिति क्या होगी?

सरकार के सफल संचालन के लिए तीनों अंगों का कियाशील रहना आवश्यक है तभी लोकतंत्र लोकपथ पर अग्रसर हो सकेगा। परन्तु यह दुर्भाग्य है कि भारत में व्यवस्थापिका अपने गुरूतर दायित्व का निर्वहन सफलतापूर्वक नहीं कर पा रही है। नियम, सिद्धान्त, आदर्शवादिता और मान मर्यादा कपोल् कल्पित सिद्ध होने लगे है। इस घोर निराशा के वातावरण में जनमत की लोकतंत्र में विश्वासनीयता बनी रहे, इसी पवित्र उद्देश्य को लेकर न्यायपालिका ने अपनी कियाशीलता दिखायी उसे **'न्यायिक सकियतावाद'** की संज्ञा दी गई। न्यायिक सकियता वस्तुतः परिस्थितियों की उपज है। भ्रष्टाचार की समस्या देश में उग्र रूप धारण कर चुकी है। व्यवस्थापिका और कार्यपालिका के अनेक सदस्य इसकी गिरत में आ चुके है।

संविधान द्वारा सांसदों को विशेषाधिकार दिया गया है लेकिन इसका मतलब यह नहीं कि विवेकाधिकार कोटे का आवंटन भाई–भतीजों या

रिश्ते–नातेदारियों को कर दिया जाये या अन्य को आवंटन करके मोटी रकम निगल जाये। कहावत है कि जिस रास्ते पर महाजन (बड़ा आदमी) जाता है लधुजन (छोटा आदमी) भी उसी रास्ते पर जाने का प्रयास करता है। यदि मंत्री भ्रष्टाचार करेगा तो संतरी भी करेगा। हाँ, मात्रा का फर्क अवश्य हो सकता है। जब देश में जंगल–राज स्थापित हो जाये और ऐसे माहौल में न्यायपालिका संजीदा ढंग से अपनी भूमिका निभाये तो इसमें बुराई क्या है? असामान्य स्थितियों का मुकाबला भी असामान्य तरीकों से किया जा सकता है परन्तु हमारी न्यायपालिका तो मात्र अपनी भूमिका का निर्वाह कर रही है। इस संजीदा भूमिका को अति सक्रियता की संज्ञा नहीं दी जा सकती। वर्तमान परिस्थितियों में न्यायपालिका की जो कियाशीलता दृष्टिगोचर हो रही हैं उसमें न्यायपालिका पहल नहीं कर रही है वरन् जनमत लोकहित याचिकाओं के माध्यम से न्यायपालिका से गुहार कर रहा है कि लोकहित में न्याय हो। आये दिन जिस प्रकार न्यायपालिका सचेत और सतर्क कर रही है विधायिका और कार्यपालिका की आँख खुल जानी चाहिये। तीनों अंगों का कार्यभार यदि एक ही अंग वहन करेगा तो संभव है कि न्यायिक–प्रशासन में धीमापन आये और न्यायपालिका पर अत्याधिक बोझ भी आये जिसके चलते उसकी विश्वासनीयता भी प्रश्न वाचक बन सकती है। जैसा कि राष्ट्रकवि मैथिलीशरण ने कहा था–

"देख तुम्हारी करनी नित्य, कर न उठें हम भी वह कृत्य।"

लोकतंत्र में सरकार के तीनों अंगों को सुर, लय–ताल जैसे सामंजस्य से कार्य करना होता है। विधायिका को चाहिए कि वह अपनी निरन्तर घट रही गरिमा को पुनर्स्थापित करने के लिए कारगर कदम उठाये। यह प्रक्रिया चुनाव–सुधारों से शुरू की जानी चाहिए। चुनाव–दंगल में पाक–साफ उम्मीदवारों को अपना प्रतिनिधि बनाये। राजनीति जैसे पवित्र कार्य में धूर्त और घिनौनी प्रवृति के लोगों को कोई स्थान नहीं दिया जाना चाहिए। लोकहित और जनसेवा के दृष्टिकोण को ध्यान में रखते हुए प्रशासन का संचालन करना होगा। उन्हें जो राजनीतिज्ञ शरण दें उन्हें कठोर से कठोर दंड दिया जाना चाहिए। समस्त रहते सार्थक की समीक्षा और अक्षमता की पहचान सुशासन की कसौटी है।

एक दृष्टान्त यह भी:

सन् 2005 में अमेरिका की एक अदालत में सुनवाई चल रही थी कि अचानक मोबाइल फोन की घंटी बज उठी। जज साहब ने कार्यवाही रोकते हुए कहा कि 'किसका फोन था।' सब खामोश रहे, किसी ने कोई उत्तर नहीं दिया। जज रोबर्ट रेस्टनों ने कमरे में बैठे लोगों से कहा कि अगर मुझे यदि मोबाइल फोन की जानकारी नहीं दी गई तो अदालत में मौजूद सभी लोगों को जेल जाना पड़ेगा। कोई नहीं बोला तो जज ने फरमान जारी कर दिया कि सबकों जेल में डाल दो। पूरी की पूरी अदालत कारागृह में बंद। लोग हैरान–परेशान यह क्या हुआ? अपील की गई। एक न्यायिक समिति बैठी, फैसला हुआ कि रोबर्ट रेस्टनों (जज) का निर्णय ठीक नहीं था। जज ने स्वीकार किया कि वह लगातार घरेलू हिंसा के मामलों की सुनवाई करते हुए थक चुके थे साथ ही साथ उनके निजी जीवन में भी कई परेशानियां चल रही थी। उन्होंने अपनी झल्लाहट को इस प्रकार प्रकट किया। बाद में उन्हें निलम्बित कर दिया। जज भी इंसान ही होते है, उन्हें भी परेशानियां हो सकती है, वे अत्याधिक कार्यो से थक सकते है फिर भी लोगों के मौलिक अधिकारों की रक्षा के लिए न्यायाधीशों को न्यायिक आचरण का पालन तो करना ही होगा।

लोकसभा अध्यक्ष सोमनाथ चटर्जी ने संसदीय लोकतंत्र की स्थिति पर जवाहरलाल नेहरू स्मृति व्याख्यान में बोलते हुए कहाकि सांसदों के विशेषाधिकार क्षेत्र में निरन्तर हस्तक्षेप से संसद की सर्वोच्चता का क्षरण होगा, आज न्यायिक सक्रियता की बहुत अधिक बातें की जा रही है जिसे संसदीय जवाबदेही की प्रभावोत्पादकता में कमी के चलते न्यायोचित ठहराने का प्रयास किया जा रहा है। कार्यपालिका के अधिकार क्षेत्र में आने वाले किसी मुद्दे में जब न्यायपालिका शामिल हो जाती है तो स्थिति डांवाडोल हो जाती हैं।

दिसम्बर 2005 में कोबरापोस्ट डाटकॉम ने ऑपरेशन दुर्योधन के तहत 11 सांसदों को छिपे हुए कैमरों में रिश्वत लेकर सवाल पूछने पर सहमत होते हुए कैद किया था। इन सांसदों में पांच भाजपा, चार बसपा और एक कांग्रेस तथा एक राजद का था। भ्रष्टाचार का दृश्य देख लोग दंग

रह गए थे। लोकसभा की विशेष जांच समिति (पवनकुमार बंसल समिति) ने जांच के बाद रिश्वत लेने वाले सांसदों को बर्खास्त कर दिया। इसका सीधा सा अर्थ है कि कार्यपालिका और विधायिका दिशाभ्रमित है। अपनी बर्खास्तगी के बाद जब यह सांसद उच्च न्यायालय गए तो माननीय अदालत ने लोकसभा अध्यक्ष, राज्यसभा, चुनाव–आयोग को नोटिस जारी किया। तब यह प्रश्न उठा था कि संसद और अदालत में बड़ा कौन है? अतः मामला सर्वोच्च न्यायालय पहुँचा। सर्वोच्च न्यायालय ने ऐतिहासिक फैसला दिया कि संसद के 11 सांसदों की बर्खास्तगी सही है लेकिन संसद के फैसलों की समीक्षा का पूर्ण अधिकार न्यायालय के पास है। सोमनाथ चटर्जी ने कहा कि न्यायपालिका द्वारा संसद के फेसलों पर निगरानी ठीक नहीं है।

वहीं दूसरी ओर जनसामान्य न्यायपालिका में गहरी आस्था रखता है। आरक्षण का मुद्दा हो, पर्यावरण का प्रश्न हो या सीलिंग का। लोग तो महामारी और डेंगू जैसे मुद्दों पर जनहित याचिकाएं दायर कर रहे हैं। हाल ही में प्रधानमंत्री डॉ. मनमोहन सिंह और कांग्रेस अध्यक्ष सोनिया गांधी के खिलाफ राष्ट्रपति चुनाव से पहले सांसदों को भोज देने के मामले में याचिका दायर हुई न्यायपालिका ने न केवल याचिका खारिज की वरन् याचिकाकर्ता पर बतौर मुकदमा खर्च 25 हजार का जुर्माना किया।

सवाल न्यायिक आयोग के गठन का–

भारत के मुख्य न्यायाधीश के.जी. बालकृष्णन ने 26 नवम्बर 2007 को विधि दिवस के अवसर पर न्यायपालिका की कई समस्याओं को उजागर करते हुए कहाकि देश में लम्बित मामलों की जवाबदेही केवल न्यायपालिका पर नहीं डाली जा सकती है। बालकृष्णन भारत के पहले दलित मुख्य न्यायाधीश है, उन्हें लगभग साढ़े तीन साल का कार्यकाल मिला है, इतना लम्बा कार्यकाल भारत के किसी मुख्य न्यायाधीश को नहीं मिला। इससे पहले न्यायाधीश भरूचा ने साफ तौर पर कहा था कि न्यायपालिका में बीस फीसदी भ्रष्टाचार है। न्यायपालिका की प्रमुख रूप से दो आधारों पर आलोचना की जाती है कि निचली अदालतों में भ्रष्टाचार

व्याप्त है तथा करोड़ों की संख्या में लम्बित मामले है। ऐसा माना जाता है कि भारत की विभिन्न अदालतों में तीन करोड़ से ज्यादा मुकदमे लंबित हैं। **मुख्य न्यायाधीश बालकृष्णन का** मानना है कि भारत में सबसे निचली अदालत से लेकर सर्वोच्च न्यायालय तक कुल निर्धारित पद 14 हजार है इसमें से लगभग तीन हजार पद रिक्त हैं। अदालतों की संख्या और बुनियादी ढाँचों की स्थिति ठीक नहीं है। कम्प्यूटरीकरण और रिकार्डो को डिजिटल करने का काम जैसे–तैसे चल रहा है। न्यायपालिका के लिए आवंटित बजट बहुत ही कम होता है (लगभग एक प्रतिशत) फिर यह अंग अपनी जिम्मेदारी कैसे निभा पायेगा? राजनेताओं को कई प्रीविलेज है, वे उनका खूब उपयोग भी करते है, क्या जजों के लिए ऐसे प्रीविलेज नहीं होने चाहिए? यह ठीक नहीं है कि न्यायिक आयोग के नाम पर निकाय बनाकर किसी राजनेता या बाहरी व्यक्ति को न्यायपालिका की निगरानी का जिम्मा सौंप दिया जावें। सरकार "जजेज इन्क्वाइरी बिल" बना चुकी है। सरकार की मंशा क्या है? न्यायपालिका की क्या सीमाएं है, क्या समस्याए? उन्हें कैसे कैसे हल किया जा सकता है, यह न्यायपालिका भलीभांति जानती है। सरकार न्यायपालिका में सुधार के नाम पर स्वतंत्र न्यायपालिका की अवधारणा को क्षति न पहुचाएं, न्यायपालिका को अपना मेकैनिज्म स्वयं बनाने दें।

संदर्भ ग्रंथ

1. आधुनिक शासनतंत्र – डॉ. बी.डी. शर्मा
2. समकालीन राजनीतिक सिद्धान्त – डॉ. जे.सी. जौहरी
3. उदारीकरण की तानाशाही – प्रेमसिंह
4. भारत 2020 – डॉ. ए.पी.जे. अब्दुल कलाम आजाद, वाई सुंदरराजन
5. गुड–गवर्नेन्स – डॉ. पी.एल. सजीव रेड्डी, प्रो. राजेश सिंह
6. राज्य – मैकाइवर
7. शासनतंत्र – डॉ. गार्नर
8. विधानबोधनी
9. लोकतंत्र समीक्षा

10

राज्यसभा की प्रासंगिकता का प्रश्न

राज्यसभा की व्यवस्था के मूल में अवधारणा थी कि आम जनता एवं समाज में से उच्चतम स्तर के प्रबुद्ध गैर–राजनीतिक विद्वान एवं अनुभवी लोगो को उसमें लाया जा सके। जिनकी योग्यता एवं अनुभव से राष्ट्र को उचित मार्गदर्शन एवं लाभ मिल सके। परन्तु भारतीय राजनीति में राज्यसभा को जिसे 'उच्च सदन' भी कहा जाता है। राज्यसभा के माध्यम से हारे हुए राजनेताओं एवं चहेतों को संसद में स्थान दिया जा रहा है। लोकसभा के चुनाव के विपरीत यहां प्रत्याशी के लिए न तो उस क्षेत्र का निवासी या मतदाता होना आवश्यक है और न ही आम जनता एवं मतदाताओं के समक्ष जाने की आवश्यकता। चाहे उस प्रत्याशी को उस क्षेत्र तथा निवासियों के बारे में किसी भी प्रकार की जानकारी न हो ऐसे सदस्यों को मंत्री एवं उच्च पद देकर लाभान्वित किया जाना क्या संविधान की भावना के विपरीत नहीं है?

क्या राज्य सभा अवसरवादियों का आश्रय स्थल नहीं बनती जा रही है? या कि ऐसे लोगों को संसद में पहुंचाने का मार्ग नहीं बन गई है? हाल ही में हुए राज्यसभा के द्विवार्षिक चुनावों में जिन 58 सीटों पर चुनाव हुए 'बाहरी' उम्मीदवारों को भारी मशक्कत करनी पड़ी जिस राज्य के लिए उन्हें निर्वाचित होना था। यदि उम्मीदवार उस राज्य का निवासी नहीं है, तो उसे बाहरी या 'पैराशूट उम्मीदवार' ही कहा जाता। राज्यसभा

के उम्मीदवारों में योग्यता का मापदण्ड पीछे छूट जाता है। पार्टी आलाकमान, खास समूह तथा लॉबिग बड़ा जबरदस्त प्रभाव पड़ता है। कांग्रेस और भाजपा ही नहीं समाजवादी पार्टी ने भी चयन में इसी आधार को स्वीकारा। सुषमा स्वराज (मध्यप्रदेश) तथा अरूण जेटली (गुजरात) से राज्यसभा के लिए निर्वाचित हुए है, ये दोनों ही इन राज्यों के निवासी नहीं है। यू.पी. में दिल्ली के एक व्यापारी सुधांशु मित्तल को भारी समर्थन मुलायम सरकार, भाजपा समूह और निर्दलीय विधायकों से मिला। पत्रकारिता का कोटा प्रभावी समाचार पत्रों के मालिकों ने हाइजैक कर लिया। राजीव शुल्क, अभिषेक मनु सिंघवी और सत्यव्रत चतुर्वेदी आदि जनपथ की नजदीकी की वजह से स्थानीय नेताओं पर भारी पड़े। राजस्थान से भाजपा प्रदेश अध्यक्ष महेश चन्द्र शर्मा को राज्यसभा में लाना था लेकिन भाजपा नेता आडवाणी ने तरजीह रामदास अग्रवाल को दी। आडवाणी प्रभाव के कारण ही हेमामालिनी, अमरसिंह के प्रभाव के कारण जया प्रदा और बच्चन परिवार के प्रभाव के कारण जया बच्चन जैसी हस्तियां राज्यसभा में पहुंची। दलों के आका जिसके सिर पर हाथ रखे वे ही सत्ता के सिरमौर बन जाते है। क्या ऐसा प्रतिनिधित्व लोकतंत्र में उचित है? कुछ प्रमुख नेताओं को 2004 के लोकसभा चुनाव में शिकस्त मिली थी। लेकिन उन्हें राज्यसभा में लाया गया था और मंत्रिमंडल में शामिल कर महत्वपूर्ण विभाग प्रदान किये गये। मंत्रिमंडल में राज्यसभा सदस्यों की संख्या काफी है। केन्द्रीय मंत्रिमंडल के कुल 79 सदस्यों में से करीब–करीब एक तिहाई राज्यसभा से है। 1966 में लाल बहादुर शास्त्री की मृत्यु पश्चात श्रीमती इन्दिरा गांधी को प्रधानमंत्री बनाया गया तब वह राज्यसभा की सदस्य थी। इन्द्रकुमार गुजराल और डॉ. मनमोहन सिंह राज्यसभा के सदस्य हैं। मनमोहनसिंह ने लोकसभा चुनाव से सदस्य बनने का साहस नहीं दिखाया, एकबार लोकसभा का चुनाव लड़ा था लेकिन पराजय का सामना करना पड़ा। मंत्रिमंडल में राज्यसभा सदस्यों को शामिल करना कोई बुरी बात नहीं है परन्तु इतनी कृपा भी नहीं दिखायी जावे कि जनता के निर्वाचित प्रतिनिधि स्वयं को उपेक्षित महसूस करें। इस समय 32 केबिनेट मंत्रियों

में से 12 तथा स्वतंत्र प्रभाव वाले सात राज्यमंत्रियों में से तीन राज्यसभा से है। ये सभी मंत्री जनप्रतिनिधि (जनता द्वारा चुने हुए) नहीं हैं। कुछ तो लोकसभा चुनाव हारे हुए है परन्तु दस जनपथ के ताबेदार है। उन्हें मंत्री पदों से नवाजा गया है। कमोबेशी यही स्थिति अन्य दलों की भी हैं। स्व. प्रधानमंत्री राजीव गांधी ने कहा था कि "हारने वालों को पुरस्कृत नहीं किया जायेगा।" लेकिन उसकी यह धारणा मिथ्या साबित हुई।

वह भी समय था जब राज्यसभा को स्तरीय बहस का सदन माना जाता है। लोकसभा से राज्यसभा को विद्वता, योग्यता और अनुभव में उच्च आंका जाता था। उच्च सदन के गठन के पीछे लक्ष्य यह था कि उस वर्ग को भी प्रतिनिधित्व मिले जो लोकसभा में नहीं जा सकता है या चुनाव नहीं जीत सकता है। देश की नामी गिरामी हस्तियों और उत्कृष्ट प्रतिभाओं को दूसरे सदन में भेजकर देश के लिए उनके अनुभवों और योग्यताओं का लाभ उठाया जाए। ऐसे लोग चुनावों के मायाजाल या आपाधापी में नहीं पड़ना चाहते, लेकिन अब राज्यसभा का असली मकसद पीछे छूट चुका है। देश में आधुनिक प्रजातांत्रिक संस्थाओं का विकास एक कमिक प्रकिया थी जो ब्रिटिश शासन के विरुद्ध भारतीय संघर्ष से उत्पन्न हुई थी। 1858 में ब्रिटिश ताज ने भारत की संप्रभुता ईस्ट इंडिया कंपनी से स्वयं अपने हाथ में ले ली थी तथा ब्रिटिश ताज के अधीन भारत के शासन की प्रथम संविधि को गवर्नमेंट ऑफ इंडिया एक्ट 1858 के रूप में जाना जाता है यद्यपि 1861 के भारतीय परिषद् अधिनियम में इस उपबन्ध द्वारा कि विधायी कार्यो को करते समय गवर्नर जनरल की एक्जीक्यूटिव कौंसिल में अतिरिक्त गैर सरकारी सदस्य भी होंगे यह थोड़ा सा लोकप्रियता के तत्व का समावेश था फिर भी इस अधिनियम से किसी तरह की प्रतिनिधि या विचार विमर्श करने वाली संस्था का जन्म नहीं हुआ। इंडियन कौंसिल एक्ट 1892 का लक्ष्य भी सरकार के काम काज में भागीदारी हेतु गैर सरकारी व्यक्तियों और देशवासियो को और अधिक अवसर देना था तथापि लोकप्रिय शासन के सूत्रपात का प्रथम प्रयास मार्ले मिन्टो सुधारों से प्रारम्भ हुआ था जिनका कियान्वयन इंडियन कौंसिल एक्ट 1909 के माध्यम से किए जाने का प्रस्ताव किया गया।

मोंटेग्यू चेम्सफोर्ड सुधारों के कारण गवर्नमेंट ऑफ इंडिया एक्ट 1919 पारित हुआ जो कि भारत के संवैधानिक इतिहास में निश्चित रूप से महत्वपूर्ण ऐतिहासिक घटना थी। इस अधिनियम के द्वारा पहली बार द्विसदनीय शासन व्यवस्था की शुरूआत हुई। प्रान्तों में द्वैध शासन व्यवस्था शुरू हुई। जिसका उद्देश्य प्रान्तों में उत्तरदायी सरकार की स्थापना था तथापि 1919 के अधिनियम से भारत की जनता की आकांक्षाएँ पूर्णतया पूरी नहीं हो सकी। परिणामतः काफी विचार विमर्श के पश्चात् भारत शासन अधिनियम 1935 अस्तित्व में आया जिसके द्वारा संघ तथा प्रान्तों में स्वायत्तता की शुरूआत हुई। इस अधिनियम के द्वारा केन्द्रीय विधान मण्डल को द्विसदनीय बनाया गया। सन् 1947 को अस्तित्व में आये भारतीय स्वतत्रंता अधिनियम के द्वारा भारत का प्रशासन के ब्रिटिश सरकार और संसद के उत्तरदायित्व की समाप्ति हुई। इस अधिनियम से गर्वनर जनरल और प्रान्तों के गर्वनरों को संवैधानिक प्रमुखों का दर्जा दिया गया। स्वतंत्रता प्राप्ति के बाद भारत में आधुनिक संस्थागत ढांचे के साथ एक पूर्ण संसदीय शासन प्रणाली की स्थापना हुई। स्वतंत्र भारत के संविधान के निर्माण का दायित्व संविधान सभा को सौंपा गया। स्वाधीनता आंदोलन के तपोनिष्ठ और वयोवृद्ध राजनेताओं व जीवन के विभिन्न क्षेत्रों के गणमान्य अग्रणी व्यक्तियों, विधिवेताओं तथा संवैधानिक विशेषज्ञों ने अथक और श्रमसाध्य कार्य कर संविधान का निर्माण किया। इनमें में से अधिकाशं व्यक्तियों को ब्रिटिश शासन काल के दौरान भारत में अर्द्ध संसदीय संस्थाओं की कार्यप्रणाली की जानकारी थी। संविधान निर्माताओं ने गहन विचार विमर्श के पश्चात् अपनी सामूहिक बुद्धिमता से भारत के लिए संसदीय प्रणाली की सरकार को अपनाने का निर्णय लिया। संविधान सभा द्वारा निर्मित संविधान 26 नवम्बर 1949 को अंगीकृत किया गया और 26 जनवरी 1950 को प्रवृत हुआ। नए संविधान के अंतर्गत प्रथम आम चुनाव 1952 में हुए। 1950 से 1952 तक स्वयं संविधान सभा ही एक अन्तरिम संसद के रूप में कार्य करती रही।

प्रथम लोकसभा का गठन 17 अप्रैल 1952 को तथा पहली बैठक 13 मई, 1952 को हुई। राज्यसभा भी 1952 में ही अस्तित्व में आयी। संसद

राष्ट्रपति और दोनों सदनों से मिलकर बनती है। जिन्हें कमशः राज्यसभा (उच्च सदन) तथा लोकसभा (निम्न सदन) कहा जाता है। भारत गणराज्य का द्वितीय सदन राज्यसभा अधिकांशतः निर्वाचित एवं अंशतः मनोनीत है।

संविधान के अनु. 80 के अनुसार राज्यसभा के सदस्यों की संख्या अधिकतम् 250 हो सकती है जिसमें से 12 सदस्य राष्ट्रपति द्वारा साहित्य, कला, विज्ञान, समाज सेवा के क्षेत्र में विशेष योग्यता एवं कार्य के लिए सुविख्यात व्यक्तियों को मनोनीत किया जाता है। शेष सदस्य भारतीय संघ की इकाईयों–राज्यों एवं केन्द्र एवं केन्द्र प्रशासित प्रदेशों का प्रतिनिधित्व करते हैं और वे अप्रत्यक्ष रीति से राज्य विधान सभाओं के निर्वाचित सदस्यों द्वारा आनुपातिक प्रतिनिधित्व प्रणाली के आधार पर तथा जिन क्षेत्रों में विधानसभाएं नहीं होती है वहां पर राज्य सभा के सदस्यों के लिए विशेष निर्वाचक मण्डल गठित किये जाते है।

संविधान निर्माताओं की मंशा यह थी कि विशिष्ट लोगों को उच्च सदन में स्थान दिया जाए जो चुनाव माहौल से दूर रहना चाहते थे लेकिन जिनका समाज में उच्च स्थान है, इसलिए कार्यपालिका प्रमुख द्वारा मनोनयन सिद्वान्त को अपनाया गया हालांकि **संविधान शिल्पी डॉ. भीमराव अम्बेडकर ने संविधान सभा में ही आशंका व्यक्त की थी कि "मैं नहीं कह सकता कि मैं द्वितीय सदन का प्रबल समर्थक हूँ।"** दूसरे गोलमेज सम्मेलन में महात्मा गांधी और जिन्ना ने भारत में द्विसदन की संसद का जबरदस्त विरोध किया था। मोतीलाल नेहरू की अध्यक्षता में सर्वदलीय सम्मेलन में दो सदनों की संसद की सिफारिश की गई तो इस पर गांधी जी ने आपत्ति जतायी। उन्होंने कहा **"निश्चित रूप से मैं इससे प्रभावित नहीं हूँ और न ही दो सदनीय विधायिका का समर्थक हूँ। मुझे इस बात की आशंका नहीं कि एक लोकप्रिय विधायिका मनमानी करेगी और ऐसे कानून पारित कर देगी जिसकी वजह से पछताना पड़े। मेरा मानना है कि लोकप्रिय विधायिका अपना ध्यान खुद रख सकती है।" एम.वी पायली का महात्मा गांधी के विपरीत मानना है कि हमारे संविधान की रचना करने वालों ने व्यवस्था इसलिए नहीं की थी कि यह**

एक नम्र (Soft) संस्था के रूप में लोकसभा को कानून बनाने के कार्यों में परामर्श देगी या उसे जल्दी से किसी अनुचित कानून को बनाने से रोकेगी बल्कि इससे यह आशा की गई थी कि यद्यपि इसकी शक्तियां लोकसभा के समान नहीं है तथापि यह अपने ज्येष्ठ राजनीतिज्ञों की सहायता से और एक स्थायी सदन के कारण प्रभावशाली तथा उपयोगी संस्था प्रमाणित होगी।"

संविधान सभा के एक मान्य सदस्य श्री गोपालस्वामी आयंगर ने द्वि–सदनात्मक संसद का संतुलित दृष्टिकोण प्रस्तुत करते हुए कहा है कि संभवतः दूसरे सदन में हम अधिक से अधिक यही उम्मीद कर सकते है कि वह महत्वपूर्ण विषयों पर गरिमामय वाद–विवाद करेगा और ऐसे कानूनों के पास होने मे देरी कर देगा जो सामयिक उद्धेगों के शांत होने तथा उन पर धैर्यपूर्वक विचार की स्थिति के आने तक कानूनों के पास होने की प्रक्रिया को अवरूद्ध रख सकता है। हम संविधान में ऐसी व्यवस्था करेंगे कि यदि कभी महत्वपूर्ण विषयों पर वित्तीय विषयों पर लोकसभा तथा राज्यसभा में मतभेद हो तो अंत में लोकसभा की बात मानी जाए। उच्च सदन की स्थापना से हमारा लाभ यही है की हमें एक ऐसा साधन मिल जाता है जिससे हम जल्दी में की जाने वाली किसी भी कार्यवाही में देरी कर सकते है। इससे हम अनुभवी व्यक्तियों को विचाराधीन विषय पर संयत वातावरण में विद्वतापूर्वक विचार करने का अवसर प्रदान करते है। लोकसभा में यह धैर्य और विद्धवता के दर्शन नहीं मिलेगे । द्वितीय सदन के निर्माण के पीछे हमारा यही प्रयोजन है । कुल मिलाकर द्वितीय सदन की स्थापना का पलड़ा भारी हैं हमें यह ध्यान अवश्य रखना है कि द्वितीय सदन कानून निर्माण और प्रशासन के क्षेत्र में निरंतर बाधा उपस्थित न करे। लोकसभा की तरह राज्यसभा का विघटन नहीं होता यह एक स्थाई सदन है किन्तु इसके एक तिहाई सदस्य हर दो साल बाद रिटायर हो जाते है, इसका तात्पर्य यह है की हर दो वर्ष बाद में राज्यसभा के एक तिहाई सदस्यों के लिए चुनाव होते हैं। इसलिए राज्यसभा चुनाव द्विवार्षिक होते है। लोकसभा सदस्य 5 वर्ष के लिए चुने जाते है जबकि राज्यसभा के सदस्यों का चुनाव 6 वर्ष की अवधि के लिए होता है। राज्यसभा के वर्तमान सदस्यों 245 है, सदस्य पुनः चुने जाने के पात्र होते हैं।

जनप्रतिनिधित्व 1951 के अनुसार जो सदस्य राज्यसभा का चुनाव जिस क्षेत्र के लिए लड़ना चाहते है उसका नाम उस राज्य की मतदाता सूची में अंकित होना अनिवार्य था। 2003 में परिवर्तन किया गया जिसमें पहला परिवर्तन तो यह था कि राज्यसभा के उम्मीदवार के लिए उस राज्य का निवासी होना आवश्यक नहीं है। कोई व्यक्ति देश में किसी भी राज्य से चुनाव लड़ सकता है। विभिन्न क्षेत्रो के लब्धप्रतिष्ठ विद्वानों, जाने–माने अर्थशास्त्रियों, वैज्ञानिकों, सामरिक विशेषज्ञों की सेवाएं लेने में राज्य की शर्त हटा दी गई है। लेकिन राज्यसभा मूलतः केन्द्र में राज्यों के प्रतिनिधियों का सदन है, विभिन्न राज्य से चुने हुए उसके सदस्यों से अपने राज्यों की आंकांक्षाओं और अपेक्षाओं को व्यक्त करने, राज्यों की सोच और माहौल को वाणी देने की उम्मीद करना स्वभाविक है। 2003 के परिवर्तन से क्या राज्य की इच्छाओं पर तुषारापात नहीं हो गया है? दूसरा मुद्दा यह है कि भारत एक विशाल विविधताओं वाला देश है। इसकी विविधता राज्यसभा के रूप में ससंद में प्रतिबिम्बित होनी चाहिए या नहीं? असली संसद की वही तस्वीर ठीक है जिसमें विविधता के दर्शन हो। राज्यसभा की कार्य प्रणाली और संगठन पर दृष्टिपात करें तो स्पष्ट होता है कि राज्यसभा का माहौल बड़ी तेजी से लोकसभा जैसा हो रहा है। दोनों सदनों में गंभीरता और शालीनता कम होती जा रही है। दूसरा परिवर्तन यह आया है कि गुप्त मतदान की व्यवस्था के कारण राज्यसभा के चुनाव में विधायक धन के प्रलोभन से प्रभावित होकर अपने मताधिकार का प्रयोग करते हुए पाये गये है। इस भ्रष्ट आचरण को समाप्त करने के लिए राज्यसभा के चुनाव में गुप्त मतदान के स्थान पर खुले मतदान की व्यवस्था को अपनाया गया है।

खुले मतदान की इस व्यवस्था को इसलिए अपनाया गया है कि गुप्त मतदान की कमजोरियों को दूर किया जा सकेगा परन्तु धनशक्ति का खेल तो लोकसभा चुनावों में भी देखा जाता है, जो चुनाव आयोग के अनेक प्रयासों के बावजूद कम नहीं हो पा रहा है। इसका उपचार राजनीतिक दलों को स्वयं अपने दलों के भीतर करना होगा। बीमारी जहाँ हो वहीं उसे दूर करने की जरूरत है। अतीत के अनुभव से सबक

लेना चाहिए लोकसभा चुनावों में भारी बहुमत प्राप्त करने के करण राजीव गांधी ने अपने प्रधानमंत्रीत्व काल में दल–बदल कानून पारित करवाना ठीक समझा, क्या उससे दल–बदल की समस्या सुलझ गयी?क्या नयी विकृतिया पैदा नहीं हुई? इसलिए राजनीतिक दलो को देश की राजनीतिक और लोकतांत्रिक व्यवस्था पर प्रश्न उठने पर दलगत स्वार्थ से ऊपर उठकर विचार करने की जरूरत को गंभीरता से समझना चाहिए। तदर्थ कदमों से कामचलाऊ इंतजाम भले ही हो जाए जटिल गुल्तियाँ नहीं सुलझ सकतीं।

राज्यसभा के सभी राज्यों एवं केन्द्र प्रशासित प्रदेशों को समान प्रतिनिधित्त्व अमेरिकी सीनेट की भांति न मिलने के कारण इसे असंघीय सदन (Non-Fedaral Chamber) कहा जाता है। संविधान यह व्यवस्था करता है कि एक राज्य की जनसंख्या के प्रथम 50 लाख व्यक्तियों तक हर 10 लाख व्यक्तियों के लिए एक और उसके बाद 20 लाख पर एक के हिसाब से प्रतिनिधित्त्व प्राप्त होता है। जनसंख्यात्मक आधार होने के कारण कुछ राज्यों को अनौपचारिक रुप से अति विशिष्ट स्थिति प्राप्त हुई है तो कुछ राज्य इस आधार पर बहुत पिछड़ रहे है। जिनका दोश उनकी कम जनसंख्या है। यह विडम्बना है कि जिस जनसंख्या विस्फोट की स्थिति को सम्पूर्ण भारत के लिए हानिकारक है वहीं हमारे लोकतंत्र में वह प्रक्रियात्मक लाभ उपलब्ध कराने का प्रबल माध्यम है। अमेरिकी सीनेट की तरह यदि राज्यसभा में भी राज्यों के प्रतिनिधियों की संख्या समान कर दी जावे तो इससे संसदीय व्यवस्था में राज्यों को वरीयता सूची में स्थान के आधार पर राजनीतिक लाभ मिलने की प्रवृत्ति भी रुकेगी तथा यथासंभव अलगाववादी प्रवृतियों पर भी प्रभावशाली अंकुश लगेगा।

कार्यपालिका प्रमुख द्वारा 12 सदस्यों के मनोनयन की जो व्यवस्था है उसमें प्रजातांत्रिक पद्धति का अभाव पाया जाता है इस बात की क्या गारंटी की कि इस शक्ति का दुरूपयोग नहीं किया जायेगा। राज्यसभा सदस्यों का चुनाव अप्रत्यक्ष रुप से होता है उसे उचित नहीं कहा जा सकता है। जनता का प्रतिनिधि प्रत्यक्ष रीति से चुना जाए और राज्य का प्रतिनिधि जो इल्डर–हाउस (Elders house) के लिए चुना जाए वह अप्रत्यक्ष रुप से निर्वाचित हो ?

राज्यसभा 'शरणस्थली' बनती जा रही है। इससे जहां सदन की प्रतिष्ठा धूमिल हो रही है वहीं गुणवत्ता को भी धक्का लग रहा है। सदन में राजनीतिक दलबंदी और लामबंदी का प्रभाव स्पष्ट देखने को मिलता है। लोकसभा की तुलना में राज्यसभा के पास कम शक्तियां होने के कारण इसे 'कमजोर सदन' की संज्ञा दी जाती है। शक्ति तथा संख्या बल की दृष्टि से राज्यसभा लोकसभा की तुलना में शक्तिशाली सदन नहीं है।

सन् 1954 में लोकसभा के सदस्य **एन.सी चटर्जी** ने सार्वजनिक भाषण में यह कहा था कि **"वरिष्ठों का निकाय (राज्यसभा) दुष्ट बालकों के समूह की भांति अनुत्तरदायी ढंग से आचरण करता है।"** उनके ये शब्द विवाद का विषय बने। राज्यसभा ने विशेषाधिकार का प्रश्न उठाया तथा अध्यक्ष ने सचिव को चटर्जी के भाषण की सत्यता के जांच करने का आदेश दिया। लोकसभा के सदस्यों ने सचिव द्वारा पत्र लिखने पर आपत्ति की। स्पीकर ने इस संबंध में निर्णय देते हुए कहा कि सचिव का पत्र एक आदेश पत्र है एवं सुझाया कि इस विवाद तथा ऐसे मामलों में सामान्य प्रक्रिया के प्रश्न पर दोनों सदनों की विशेषाधिकार समितियां सयुक्त अधिवेशन में विचार करें, राज्यसभा इस पर सहमत हो गयी तथा अन्ततः यह मामला समाप्त हो गया।

अप्रेल 1954 में लोकसभा में निजी प्रस्ताव द्वारा राज्यसभा को शीघ्र समाप्त कर देने की मांग की गई। वामपंथी और कांग्रेस के कुछ सदस्यों ने राज्यसभा को प्रतिकियावादी तत्वों का सुदृढ़–गढ़ एवं जनता के आवाज की उपेक्षा करने वाले सदन की संज्ञा दी। कुछ सदस्यों ने इसे कायम रखने की सलाह दी लेकिन निर्वाचन प्रक्रिया बदलने की मांग की। शासन का मत था कि राज्यसभा की उपयोगिता के संदर्भ में इतना जल्दी निर्णय लेना संभव नहीं है।

राज्यसभा को समाप्त करने का दूसरा प्रस्ताव विभूति मिश्र ने 30 मार्च 1973 को रखा। इस पर चर्चा भी हुई पर बाद में इसे भी रद्द कर दिया गया। **विभूति मिश्र की टिप्पणी थी कि "राज्यसभा भ्रष्टाचार का केन्द्र बन गई है।"** चुनाव में पराजित नेताओं को पिछले द्वार से सदन में लाया जाता है। इस टिप्पणी पर एल.जी. गोरे, एस.एल. यादव,

भाई महावीर, टी.एन. सिंह और नीरेन घोष सरीखे राज्यसभा के वरिष्ठ सदस्यों ने नाराजगी प्रकट की।

मार्च 2000 में राज्यसभा द्वारा 'पोटो कानून' खारिज करने के बाद दोनों सदनों की संयुक्त बैठक में (POTO-ACT) पास हो गया, संख्या बल की अधिकता के कारण लोकसभा भारी पड़ी।

भारतीय राजनीति में पिछले दशकों में क्षेत्रीय दलों का जबरदस्त उभार आया है तथा राज्य विधान मण्डलों में उनकी निर्णायक स्थिति हैं। आनुपातिक प्रतिनिधित्व की रीति के कारण ये क्षेत्रीय दल राष्ट्रीय व्यवस्थापिका में भी प्रतिनिधित्व प्राप्त करने में सफल हो रहे हैं।

सांसद विकास निधि (MP-LAD) की व्यवस्था के बाद से तो राज्यसभा की सदस्यता प्रभावशाली राजनेताओं को भी आकर्षक लगने लगी है।

प्रश्न यह है कि क्या राज्यसभा प्रभावशाली द्वितीय सदन एवं संघीय सदन के रूप में सफलतापूर्वक कार्य कर सकती है? संघीय सदन के रूप में राज्यों के हितों एवं उनके संरक्षण की आशा राज्यसभा में पूर्ण नहीं हुई है। इसका प्रमुख कारण यह है कि राज्यसभा तथा लोकसभा का दलीय स्वरूप लगभग एक जैसा ही है। अनन्तशयनम् आयंगर ने उच्च सदन की उपयोगिता का समर्थन करते हुए कहा था कि उच्च सदन की स्थापना का लक्ष्य महत्त्वपूर्ण मामलों में उपयुक्त विचार का अवसर प्रदान करना एवं भावावेश में पारित कानूनों के निर्माण में विलम्ब करना है। राज्यसभा तथा लोकसभा दलीय स्वरूप में विशेष अंतर नहीं रहा है, दोनों सदनों की कार्य पद्धति न्यूनाधिक एक सी है लेकिन आकार में छोटा होने के कारण लोकसभा की अपेक्षा राज्यसभा में विचार–विमर्श के अधिक स्वतंत्र अवसर उपलब्ध रहते हैं। यह सदन लोकतंत्र की परम्परा के अनुकूल है, लोकसभा पर नियत्रंक का कार्य करने वाला वरिष्ठ सदस्यों का सदन है, इन योग्य व्यक्तियों की सेवाओं से प्रशासन प्रभावित होता है। भारत का उपराष्ट्रपति राज्यसभा का पदेन सभापति होने के कारण भी राज्यसभा की चर्चाएं विशेष अहमियत रखती है। परन्तु यह प्रश्न भी विचारणीय है कि भारत का उपराष्ट्रपति राज्यसभा का पदेन सभापति क्यों है? सभापति

का चुनाव क्यों नहीं होता है? सभापति का कार्यकाल 5 वर्ष और उप–सभापति का कार्यकाल 6 वर्ष क्यों? राज्यसभा के सभापति या उप–सभापति को आगामी नई गठित होने वाली राज्यसभा की प्रथम बैठक तक बनाये रखने का क्या औचित्य है? शपथ दिलाने के स्थान पर शपथ (To-Take) लेने की व्यवस्था क्यों नही? राज्यों में उपराज्यपाल की व्यवस्था क्यों नहीं?

आवश्यकता इस बात की है कि संविधान निर्माताओं ने जैसा राज्यसभा का स्वरूप सोचा था उसी के अनुरूप सदस्यों का चुनाव हो। सदस्यों के चुनाव के लिए ठोस गाईड लाईन तैयार की जाये ताकि सही लोग ही राज्यसभा में पहुंच सकें। इतना तो निश्चित है कि जो संविधान–निर्माता राज्यसभा को बुद्धिजीवियों का सदन बनाना चाहते थे उनकी वह आशा पूर्ण नहीं हुई है तथापि राज्यसभा संसद का अभिन्न अंग तो है ही।

संदर्भ ग्रंथ

1. दी कॉंस्स्ट्रीयूशन ऑफ इंडिया – के. संथानम्
2. पॉर्लियामेन्ट्री डेमोक्रेसी इन इंडिया – के.वी. राव
3. लोकतंत्रः स्वरूप एवं समस्याएं – रघुकुल तिलक
4. भारत का संविधान – जे.एन. पांडे
5. कॉंश्स्ट्रीयूशनल प्रोब्लम्स् इन इंडिया – आर.कूपलैड
6. भारतीय संसद – रमादेवी
7. द्वितीय सदनों की सार्थकता – भालेराव
8. विधानमाला, हिमाचल प्रदेश विधानसभा सचिवालय
9. काश्स्टीयूशन ऑफ इंडियाः हाउ इट वाज बीन फार्मड– पी.के. घोष
10. इंडियाज काश्स्टीयूशन इन मेकिंग – बी.एन. राव
11. भारतीय सरकार एवं राजनीति – डॉ. एम.पी. राय
12. संसद का इतिहास – भाग प्रथम व द्वितीय– डॉ. सुभाष काश्यप, विश्वप्रकाश गुप्त
13. भारत का संविधान – डॉ. जय जय राम उपाध्याय
14. संविधान सभा के वाद विवाद
15. भारतीय संसदीय व्यवस्था के पचास वर्ष – डॉ. सी.के. जैन
16. मंथन पत्रिका, दिल्ली

11

गठबंधन-सरकार में घटता संस्थाकरण

संविधान निर्माताओं ने बहुत ही गहन चिन्तन–मनन और चलन में सतर्कता बरतते हुए ब्रिटिश मॉडल के संसदीय लोकतंत्र को स्वीकार किया था पूर्णरूपेण अंगीकार नहीं। संविधान सभा में भारत की बहुत ही तपोनिष्ठ पीढ़ी थी जिसकी मान्यता थी कि हम अब प्राप्त अनुभव और चलन के प्रतिकूल दिशा में नहीं जा सकते। चलन और अनुभव के विपरीत नया माडॅल भारत के हित में उपयुक्त नहीं होगा। संसदीय लोकतंत्र में व्यक्ति नहीं संस्थाए प्रमुख होती हैं ये संस्थाएं विशेष 'सहकार' और 'सरोकार' पर पल्लवित और पुष्पित होती हैं। उसके कुछ विशिष्ट आदर्श होते हैं। देश की शीर्ष राजनीतिक सत्ता की धुरी मंत्रिमंडल होता है जो लोकसभा के प्रति उत्तरदायी होता है, मंत्रिमंडल के प्रत्येक निर्णय के प्रति सामूहिक और व्यक्तिगत रूप से जवाबदेही रहती है, दलीय सहजातीयता का होना भी आवश्यक है। मंत्रिमंडल में प्रधानमंत्री का असाधारण महत्त्व होता है, दूसरे शब्दों में मंत्रिमंडल का प्रधानमंत्री बह्मा, विष्णु, महेश होता हैं। **सामूहिक–उत्तरदायित्व संसदीय लोकतंत्र का 'हिमोग्लोबिन' होता है।** ब्रिटिश संसदीय लोकतंत्र जिसका वरण भारत ने किया है उसमें गठबंधन की सरकारों की कभी परिकल्पना ही नहीं की गई। पश्चिम के देशों में युद्धकाल या राष्ट्रीय आपात्काल में गठबंधन सरकारों का यदाकदा प्रयास किये गये तथापि ये गठबंधन ज्यादा शुभकारी सिद्ध नहीं हुए तभी तो ब्रिटिश प्रधानमंत्री डिजरायली और रैम्जे मैकडोनाल्ड को कहना पड़ा कि गठबंधन **"घृणास्पद और बईमान"** होते हैं, ब्रिटेन को गठबंधन से

कोई लगाव नहीं।" अल्पमत की सरकार भले ही निर्मित हो जाए परन्तु सिद्धान्तों और नीतियों को खूटी पर नहीं टांग सकते। संसदीय लोकतंत्र सफलतापूर्वक कार्य तभी कर सकता है जब दो से अधिक मजबूत तथा प्रभावशाली राजनीतिक दल मौजूद हों, लेकिन दलों की दलदल न हो। जब दो या दो से अधिक अलग–अलग या विरोध–पक्ष इकठ्ठा होकर सत्ता का बंटवारा करने के लिए मंत्रिमंडल बनाते है या सहभागिता करते है तब उसे घटकवाद, गठबंधन, गठजोड़ या मिली–जुली सरकार या संविद–सरकार की संज्ञा दी जाती हैं। गठबंधन में मतभेद और मनभेदों के बावजूद ऊपरी रूप में समवेत स्वरों में जबरदस्त एकता की राग होती है। चुनावी राजनीति में चुनावों से पूर्व जो गठबंधन या समझौते होते है, उन पर कमोबेशी जनमत तो ले लिया जाता है परन्तु वे गठबंधन जो सहज सत्ता–सहभागिता के लिए चुनावोत्तर किये जाते है उन्हें तो लोकतंत्र पर कंलक कहा जा सकता है, मतदाता की राय का ब्लैकमेलिंग है। **बाहरी–समर्थन संसदीय लोकतंत्र का भारतीय संस्करण है।** राजसत्ता का उपभोग करते हुए उत्तरदायित्वों एवं जबावदेही से मुंह मोड़ना राजनीतिक नौटंकी ही कहा जाना चाहिए। गठबंधन की सरकारें जितने लम्बे समय तक कायम रखने का प्रयास करेंगी, उसे अन्य दलों से सहयोग लेने के लिए उसी सीमा तक अधिक बाध्य होना पड़ेगा। जिसका फलार्थ यह कि संसदीय लोकतंत्र के सिद्धान्त हाशिये पर आते जायेगें। अपने को पाक–साफ रखने तथा सत्ता–सुख भोगने का प्रयास गठबंधन के सभी घटक करेंगे वे हिन्दी भाषा की यह कहावत चरितार्थ करते हैं, "उस बाबू से उस बाबू, उस बाबू से उस बाबू" सभी अपनी जबावदेही से मुक्त रहना चाहते है। गठबंधन की राजनीति मजबूत लोकतंत्र का प्रतीक नहीं, लोकतंत्रीय मजबूरी है क्योंकि इसमें स्वच्छ प्रतिस्पर्द्धा के स्थान पर "शह–मात और घात" की रणनीति से कार्य किया जाता है। राष्ट्राध्यक्ष से लेकर जमीन से जुड़ा कार्यकर्ता तक अनेकानेक प्रश्न चिन्हों के चक्रव्यूह में दिशा भ्रमित हो जाते है। चुनावी–दंगल में अलग–अलग चिन्हों, नीतियों, सिद्धान्तों, कार्यक्रमों पर चुनाव लड़ने वाले दल सत्ता–सुविधा भोग के लिए न्यूनतम साझा कार्यक्रम जैसी नीति, तक अपनाने से नहीं हिचकते, जैसाकि महाकवि बिहारी नें अपने इस दोहें में चरितार्थ किया है–

कहलाने एकत बसत अहि मयूर मृग बाध ।
जगत तपोवन सौं कियौ दीरधदाध निदाध ।।

भारत में एकल दलीय बहुमत वाली सरकारों का दौर समाप्त हो चुका है और त्रिशंकु लोकसभा और गठबंधन–सरकारों के युग में पहुंच चुके है, यह स्वीकार करने में कतई संकोच नहीं करना चाहिए कि निकट भविष्य में भी त्रिशंकु लोकसभा की संभावना कल्पना नहीं एक 'वास्तविकता' होगी, गठबंधन की सरकारें देखी हैं, देख रहे हैं और देखेगें भी। गठबंधन में राष्ट्राध्यक्ष के लिए प्रधानमंत्री नियुक्ति का प्रश्न अहम् बन जाता हैं क्योंकि अनेक राजनीतिक संयोजनों की संभावनाएं उभर कर आती हैं। ये राजनीतिक संयोजन संवैधानिक मुद्दे की आड़ में राष्ट्राध्यक्ष पर दबाव डालने का भरसक कवाद भी करते है, राष्ट्राध्यक्ष चाहे कितनी ही न्यायसंगत भूमिका अदा करें उसकी भूमिका पर सवाल और संदेह करना हमारी नियति बन चुका है। संविधान निर्माताओं ने कभी यह कल्पना ही नहीं की थी कि त्रिशंकु लोकसभा या गठबंधन की सरकार बनेगी भी। यही कारण है कि संविधान ऐसी स्थिति में राष्ट्रपति या प्रदेशों के राज्यपाल के कर्त्तव्यों पर मौन है, निश्चित केवल इतना है कि राष्ट्राध्यक्ष संसद में चुनकर आयी पार्टी को सरकार बनाने के लिए बुलाये।

घटकवाद या गठबंधन में सामूहिक उत्तरदायित्व के सिद्धान्त का पालन कतई नहीं होता क्योंकि मंत्रिमंडल "भानुमति का पिटारा" बन जाता है। प्रत्येक घटक का प्रतिनिधित्व के नाम पर मंत्रिमंडल विशालकाय बनता जाता है, मंत्रिमंडल के सुचारू कामकाज के लिए उचित दिशा–बोध तथा गोपनीयता में एकरूपता का होना आवश्यक है, ऐसा गठबंधन में बहुत मुश्किल है। मीडिया में विभिन्न दलों के सदस्य अपने–अपने दृष्टिकोणों का प्रकाशन और प्रसारण करवाते है ताकि मीडिया के मुख पृष्ठों में अपने को चर्चा में रख सकें। अपने जमीनी–सिपाहियों (कार्यकर्त्ताओं) के दबाव के चलते मंत्रिगण यह साबित करने की चेष्टा में लगे रहते है कि वे बिके नहीं है, उनके चक्षु चंचल है, उन्हें कोई ठग नहीं सकता। एक दूसरे पर कीचड़ उछालने की प्रवृति घटकवाद में चुनावों से पूर्व महामारी का रूप धारण कर लेती है। गठबंधन की सरकार में सरकार की 'कार्यक्षमता'

और 'कार्यशैली' दोनों प्रभावित होते हैं। गठबंधन में "सरकार बचाओ" की नीति पर चलने का प्रयास किया जाता है सुलह, समझायश, सौदेबाजी के प्रयास में नेतृत्व कुछ प्रभावशाली कदम नहीं उठा पाता। इस अस्थिरता के माहौल में नौकरशाही के वारे–न्यारे हो जाते है, उनका प्रभाव, पॉवर और पैसा बढ़ जाता है। प्रशासन में दिशाहीनता व प्रशासनिक अनिश्चितता को जन्म होता है जिससे शासन की प्रतिष्ठा को आघात पहुंचता है।

गठबंधन की राजनीति में प्रधानमंत्री संस्था का क्षरण होता है। गठबंधन में शामिल छोटे से छोटे दल के दबाव में रहना पड़ता है। प्रधानमंत्री गठबंधन में न तो मंत्रिमंडल निर्माण में स्वतंत्र होता है और न ही मंत्रिमंडल में फेर–बदल में और न ही महत्वपूर्ण निर्णय लेने में। उसे प्रत्येक कदम पर गठबंधन में शामिल दलों से सलाह–मशविरा करना पड़ता है। राजनीतिक निर्णय शक्ति मंत्रिमंडल से हस्तान्तरित होकर "संविधानेत्तर दलीय समन्वय समिति" के हाथों में केन्द्रित हो जाती है। प्रधानमंत्री के विशेषाधिकार को ग्रहण लग जाता है। उसकी स्थिति नीति–नियामक के स्थान पर "समझौता, समन्वयक" की हो जाती है। अपनी इच्छाशक्ति का दमन तक करना पड़ता है। परमाणु करार (परमाणु समझौता 123) पर डॉ. मनमोहनसिंह को वामपंथियों का सहयोग न मिलने पर यहां तक कहना पड़ा कि यदि यह समझौता नहीं होता है तो कोई जिन्दगी खत्म नहीं हो जाएगी।

गठबंधन की राजनीति में सबसे भयंकर चोट जमीन और जमीर से जुड़े दल के कार्यकर्त्ताओं की मनोवृति और मनोबल पर होती है, वे दिशाभ्रमित हो जाते है। ऊपरी स्तर पर जो सांठगांठ होती है, उसमें चुनाव से पूर्व जो राम और रावण थे, वे सत्ता–उपभोग के लिए तालमेल बिठा लेते हैं, और उनकी लय, स्वर और ताल एक हो जाती हैं। पार्टी का गंभीर कार्यकर्ता ठगा सा रह जाता है, इसमें कोई मीनमेख नहीं कि सिद्धान्तहीनता तथा अवसरवादिता अपनाने से दलीय–संगठन पर बहुत दूरगामी कुप्रभाव पड़ता हैं। 'सिद्धान्तों को निरन्तर हाशिये पर लाने वाले राजनीतिक दलों की आभा, अस्मिता और आशाएं क्षीण होती जाती है। यही कारण हैं कि प्रत्येक राजनीतिक दल लोकतंत्र में स्वस्थ प्रतिस्पर्धा के स्थान पर

लोकोत्तेजना पर अधिक बल दे रहे हैं, इसलिए राजनीतिक दलों के पास कोई ठोस कैडर नहीं हैं। प्रत्येक व्यक्ति एक राजनीतिक दल के रूप में तब्दील होता जा रहा है। और दल व्यक्तिनिष्ठ बनते जा रहे है।

गठबंधन की राजनीति से रायसीना की पहाड़ी से लेकर सुदूर क्षेत्रों की झोपड़ी तक प्रभावित होते हैं। राज्य–स्तर पर गठबंधन की सरकारों का निर्माण होने से राज्यपाल का पद भी विवादित बना, मुख्यमंत्री संस्था की प्रतिष्ठा को आघात लगा, केन्द्र–राज्य संबंधों में तनाव उभरकर सामने आया। साझे की हांडी सदैव चौराहे पर फूटती है, गठबंधन की सरकारें ज्यादा टिकाऊ सिद्ध नहीं हुई हैं और न ही इन सरकारों के पास टिकाऊपन का कोई आदर्श है और न ही समवेत स्वर की वाणी। (Lack of coalition tone)

सन् 1977 तक भारत में 138 राज्य सरकारें गठित हुई उनमें से 40 गठबंधन की सरकारें थी, उनकी औसतन आयु 26 महीने रही है। लगातार साझा सरकारों और लोकसभा में 24 या अधिक राजनीतिक दलों को प्रतिनिधित्व मिलना राजनीति विज्ञान के वेत्ताओं को सोचने के लिए बाध्य कर रहा है कि हमारी बहुदलीय प्रणाली का भविष्य क्या हैं? और क्या होगा? क्या दलों की विशाल संख्या स्वतः कभी कम होगी? कदापि नहीं, उसके उपचार हेतु कदम उठाना होगा, इसी कारण राजनीतिक दल अपनी छवि खोते जा रहे है। क्षेत्रीय क्षत्रपों की उभरती भूमिका राष्ट्रीय परिदृश्य में बदलाव ला रही है। भारत में निरन्तर साझा–राजनीति के विस्तारित होने का एक बहुत बड़ा कारण तेजी से बढ़ता 'मध्यम वर्ग' है, जो रातोरात धनवान और शक्ति–सम्पन्न बनना चाहता है उसकी अतिशय राजनीतिक महत्वाकांक्षाएं हैं अपनी महत्वकांक्षाओं की पूर्ति हेतु तमाम नियम–कायदों तथा सिद्धान्तों को खूंटी पर टांग कर सत्ता में सेंधमार रहा हैं, जैसे–जैसे मध्य वर्ग बढ़ता जायेगा–गठबंधन की राजनीति विस्तार पाती जायेगी। नवोदित एलिट (मध्यम वर्ग) वर्ग में जबरदस्त सिंहासन की भूख है। राजनीतिज्ञों, नौकरशाहों, धनाढ्य वर्ग तथा नवोदित एलिट में जबरदस्त सामंजस्य हैं, इस सामंजस्य ने गरीब आदमी को हाशिये पर सरका दिया हैं। हितो की राजनीति से असंख्य गठबंधन बनने–बिगड़ने

लगे हैं। दीर्घावधि की योजनाओं का निर्माण दिवास्वप्न होता जा रहा है। राजनीति की वर्णमाला से भी अनभिज्ञ यह भलीभांति समझता हैं कि यह परिस्थितियों का तकाजा है सत्ता की भूख और सुविधा की शादी है। बार–बार जनादेश का सामना करने की हिम्मत नहीं हैं, इसलिए न्यूनतम कार्यक्रम और साझा–सरकार की आवश्यकता का नारा दे रहे है, प्रयास कर रहे हैं यही कारण है कि कल तक जो राजनीतिक दल एक दूसरे को बांस से छूने से भी कतराते थे, सत्ता–भोग के लिए एक ही रजाई में किलोल करने में कोई शर्म महसूस नहीं करते। आवश्यकता इस बात की है कि असंख्य दलों के निर्माण पर प्रतिबंध लगाया जावें तथा दलों की मान्यता के नियमों में बदलाव लाया जाए।

संदर्भ ग्रंथ

1. लोकतंत्र समीक्षा, दिल्ली
2. विधानमाला, हिमाचल प्रदेश विधानसभा सचिवालय, शिमला
3. मूल–प्रश्न, उदयपुर
4. भारतीय राजनीतिक व्यवस्था – सं. कल्पना राजाराम
5. सूचना कांति की राजनीति और विचारधारा – सुभाष धूलिया
6. भारत की राजनीतिक व्यवस्था – डॉ. जे.आर. सिवाच
7. भारतीय सरकार एवं राजनीति – डॉ. त्रिवेदी, डॉ. राय
8. जागरण वार्षिकी 2002

12

गठबंधन सरकार का निर्माणः यथार्थ एवं कारण

भारतीय लोकतंत्र संक्रमण के ऐसे दौर से गुजर रहा है जहां जमीनी सच्चाई देश को गठबंधन की राजनीति की ओर धकेल रही हैं। 1977 से अब तक पांच बार मध्यावधि चुनाव हुए हैं। जिनका प्रमुख कारण गठबंधनों का असफल होना रहा है। गठबंधन सरकार की चाहें संवैधानिक और राजनीतिक हलकों में कितनी ही आलोचना क्यों न की जावें, एकदलीय प्रभुत्व की जड़ता को गठबंधन ने ही तोड़ा हैं। चुनाव–पूर्व गठित घटकवाद ने 25 वर्षों के 'पॉवर अम्ब्रेला' को केन्द्रीय सत्ता से अलग कर पहली बार विपक्ष की राजनीति करने को बाध्य किया। घटकवाद में निजी महत्वकांक्षा के कारण दरार पड़ गयी तथा मोरारजी देसाई के मंत्रिमंडल में उपप्रधानमंत्री रहे चौधरी चरणसिंह ने दल–बदल कर प्रधानमंत्री पद कांग्रेस के आश्वासन से प्राप्त किया। केन्द्र के स्तर पर यह पहला मौका था, जब कोई व्यक्ति निजी महत्वाकांक्षा को पूर्ण करने के लिए दल–बदल कर प्रधानमंत्री पद पर पहुंचा, कांग्रेस के 'बाहरी समर्थन' की वैशाखी का अभिनव प्रयोग हुआ। **वसन्त साठे** लिखते है कि **"बाहरी समर्थन के आधार पर कार्यरत अल्पमतीय और सूक्ष्ममतीय सरकारों का प्रयोग पूर्णतया असफल सिद्ध हुआ है।"** इसे आप चाहे भारतीय लोकतंत्र की गरिमा कहे यह असंगति की संसद के समक्ष आए बिना, विश्वास मत प्राप्त किए बिना 170 दिन तक बतौर प्रधानमंत्री बने रहे। गौर तलब तथ्य यह कि अल्पमतीय प्रधानमंत्री की सलाह पर छठी लोकसभा को भंग किया गया था। 1977 से लेकर अब तक दस बार केन्द्र में

संविद–सरकारें बन चुकी हैं। प्रधानमंत्रि की सलाह पर छठी लोकसभा को भंग किया गया था। 'बाहरी समर्थन' की वैशाखी का सहारा लिया जाता रहा है। बाहरी–समर्थन पर टिकी सरकारों को औंधे मुंह गिराया भी गया। 1977, 1998, 1999 में प्रतिवर्ष चुनाव होने से मतदाताओं में चुनावों के प्रति उदासीनता छाने लगी तथा यह प्रश्न सहज ही उठ खड़ा हुआ कि अल्प विकसित देश इस विशाल चुनाव व्यय को क्या झेल पाएगा? तथापि मतदान प्रतिशत लगभग सामान्य रहा। संविद–राजनीति ने प्रान्तीय–नेतृत्व को विस्तार दिया है केन्द्रीय राजनीति क्षेत्रीय दलों की मोहताज बनी। सुलह, समझौता, संतुष्टि और समर्थन की श्रृंखला मे मूल–दायित्व एवं कार्य हाशिए पर आ गये है। लोकतंत्र 'लोकराज' नहीं रहकर सत्ता तंत्र में तब्दील हो गया। यही कारण है कि अब तक बनी संविद–सरकारों ने केन्द्र के स्तर पर पांच साल का कार्यकाल अभी तक कभी पूर्ण नहीं किया हैं। कुर्सी के लिए समझौते किये जाते है, सुशासन और स्थिर शासन के लिए नहीं।

केन्द्र के स्तर पर पहली दफा 1977 में मिली–जुली सरकार का निर्माण हुआ। 1977 में लोकसभा चुनाव के अवसर पर गैर–कांग्रेसी दलों ने संगठित होकर कांग्रेस को पराजित करने के उद्देश्य से संगठन कांग्रेस, भारतीय जनसंघ, भारतीय लोकतंत्र और सोशलिस्ट पार्टी ने मिलकर जनता पार्टी नाम के एक नए राजनीतिक दल का गठन किया। जनता पार्टी ने जगजीवनराम के नेतृत्व में गठित नए राजनीतिक दल कांग्रेस फॉर डेमोक्रेसी से चुनाव–समझौता करके कांग्रेस के विरूद्ध चुनाव लड़ा। बाद में कांग्रेस फॉर डेमोकेसी का विलय जनता पार्टी में हुआ। चुनाव में जनता पार्टी को अच्छी सफलता प्राप्त हुई। 24 मार्च 1977 को देश में आजादी के बाद राष्ट्रीय स्तर पर गैर–कांग्रेसी सरकार का निर्माण हुआ जिसका नेतृत्व मोरारजी भाई देसाई ने किया तथापि प्रधानमंत्री पद को लेकर गंभीर विवाद उत्पन्न हो गया। चौधरी चरणसिंह तथा जगजीवनराम इस पद को प्राप्त करना चाहते थे। दिनों–ब–दिन जनता पार्टी में नेतृत्व के प्रश्न पर कलह बढ़ने लगी। 17 जुलाई 1979 को तत्कालीन उद्योग मंत्री जार्ज फर्नांडीज ने सरकार से इस्तीफा दे दिया। उन्होंने देसाई के सत्ता में बने रहने के इरादे के विरोध में इस्तीफा दिया। पार्टी में बढ़ते विरोध के ज्वार

संविद–सरकारों का कार्यकाल (1977 – अद्यतन)

क.सं.	नेतृत्व (नेता)	शपथ	अवसर	कुलदिवस	समर्थन	लोकसभाअध्यक्ष
1.	मेरारजी देसाई (जनता पार्टी)	24 मार्च 1977 (छठी लोकसभा)	1	856	संगठन कांग्रेस/जनसंघ/भालोद/संयुक्त समाजवादी दल/कांग्रेस फोर डेमोक्रेसी	के. एम. हेगड़े
2.	चौधरी चरण सिंह (जनता– एस)	28 जुलाई 1979 (छठी लोकसभा)	1	170	कांग्रेस का बाहरी समर्थन	के. एम. हेगड़े
3.	विश्वनाथ प्रतापसिंह (राष्ट्रीय मोर्चा)	02 दिसम्बर 1989 (नवीं लोकसभा)	1	343	वामपंथी दलों का संयुक्त मोर्चा, भारतीय जनता पार्टी का बाहरी समर्थन	रविराय
4.	चन्द्रशेखर (जनता–एस)	10 नवम्बर 1990 (नवीं लोकसभा)	1	223	कांग्रेस का बाहरी समर्थन	रविराय
5.	अटलबिहारी वाजपेयी (भाजपा)	16 मई 1996 (ग्यारहवीं लोकसभा)	1	16	शिवसेना/ अकाली दल/ हरियाणा विकास पार्टी	श्री पी. ए.संगमा
6.	एच. डी. देवगौड़ा (जनता–दल)	01 जून 1996 (ग्यारहवीं लोकसभा)	1	324	संयुक्त मोर्चा/ जनता दल/ तेलुगूदेशम्/ असम गण परिषद/ कांग्रेस (एस) द्रमुक/ कांग्रेस का बाहरी समर्थन	श्री पी. ए.संगमा

क.सं.	नेतृत्व (नेता)	शपथ	अवसर	कुलदिवस	समर्थन	लोकसभाअध्यक्ष
8.	अटलबिहारी वाजपेयी (भाजपा)	19 मार्च 1998 (बारहवीं लोकसभा)	2	413	18 दलों का गठबंधन तृणमूल कांग्रेस, तेलुगू देशम् और राष्ट्रीय लोकदल का बाहरी समर्थन	श्री जी. एम.सी. बालयोगी
9.	अटलबिहारी वाजपेयी (भाजपा)	13 नवम्बर 1999	3	1512	24 दलों का गठबंधन (एन डी ए)	श्री जी. एम. सी. बालयोगी, श्री मनोहर गजाबन जोशी (11 जून 2002 से 2जून2004)
10.	डॉ. मनमोहन सिंह (कांग्रेस)	22 मई 2004 (चौदहवी लोकसभा)	1	1825	यू. पी. ए. वामपंथी दलों का बाहरी समर्थन	श्री सोमनाथ चटर्जी–अध्यक्ष, श्री चरणजीत सिंह अटवाल – उपाध्यक्ष
11.	डॉ. मनमोहन सिंह (कांग्रेस)		2	अद्यतन	कांग्रेस एवं अन्य दल	मीराकुमार

को रोकने के लिए प्रधानमंत्री देसाई ने पद से इस्तीफा दे दिया। कांग्रेस का बाहरी समर्थन पाकर चौधरी चरणसिंह प्रधानमंत्री बने लेकिन कांग्रेस ने बाहरी समर्थन की बैशाखी वापस ले ली, जिसके परिणामस्वरूप चौधरी चरणसिंह को प्रधानमंत्री पद से इस्तीफा देना पड़ा। इसके बाद तत्कालीन राष्ट्रपति नीलम संजीव रेड्डी ने 22 अगस्त 1979 में छठी लोकसभा को दो वर्ष सात माह पहले ही भंग कर दिया।

प्रथम गैर–कांग्रेसी सरकार के पतन का प्रमुख कारण दल में ही निजी–महत्वकांक्षा का बढ़ना, दलीय स्वार्थ, घटकवाद, सैद्धान्तिक मतभेद तथा दल–बदल आदि रहे। प्रतिपक्षी कांग्रेस ने 1977 के चुनावों के समय ही घोषणा कर दी थी कि यह 'खिचड़ी सरकार' नहीं चल पायेगी और बाद में चौधरी चरणसिंह को बाहरी–समर्थन का आशवासन देकर सत्ता से बाहर कर दिया इस प्रकार राष्ट्रीय स्तर पर गैर–कांग्रेसवाद की पहली सरकार अपना कार्यकाल पूर्ण नहीं कर सकी।

दूसरी संविद सरकार का निर्माण 1989 में हुआ। केन्द्र में जनता दल ने मिली–जुली सरकार भारतीय जनता पार्टी के बाहरी समर्थन से बनायी । यह घटकवाद की सरकार थी। जनता–दल की स्थिति प्रथम गैर–कांग्रेसी जनता पार्टी की सरकार से भिन्न थीं। जनता–दल की सरकार अल्पमतीय सरकार थीं क्योंकि लोकसभा में केवल 141 स्थान प्राप्त थे जबकि कांग्रेस सदन में सबसे बड़ा राजनीतिक दल था। वी.पी. सिंह के नेतृत्व में बनी जनतादल की सरकार आरम्भ से ही आन्तरिक गुटबंदी से पीड़ित थीं वहीं दूसरी और वी.पी. सिंह के पकड़ से समर्थक दल शनैः शनैः दूर होते गये। आन्तरिक गुटबंदी उस समय सार्वजनिक हो गई जब वी.पी. सिंह की कार्यशैली तथा नीतियों से असंतुष्ट होकर चौधरी देवीलाल ने त्याग पत्र दे दिया। जनता दल दो धड़ों में विभाजित हो गया।

मंडल रिपोर्ट लागू करने के प्रश्न पर समर्थक दलों ने असंतोष जताया और कहाकि यह सस्ती लोकप्रियता का हथकण्डा हैं, समर्थक दलों तथा बाहरी समर्थन देने वाले दल भाजपा से सहमति का प्रयास ही नहीं किया। भाजपा ने वी.पी. सिंह सरकार से समर्थन वापिस ले लिया जब भाजपा के वरिष्ठ नेता लालकृष्ण आडवानी को रथ–यात्रा के दौरान बिहार के

समस्तीपुर में गिरफ्तार कर लिया गया। वी.पी. सिंह की सरकार के पतन का तत्कालिक प्रभाव यह हुआ कि जनता–दल विभाजित हो गया और चन्द्रशेखर व देवीलाल ने जनता (एस) दल नाम से नया राजनीतिक दल बनाया। 10 नवम्बर 1990 को चन्द्रशेखर ने 54 जनता दल (एस) सदस्यों तथा कांग्रेस (इ) के बाहरी समर्थन से सरकार का गठन किया। विभिन्न घटकों के सहयोग तथा कांग्रेस–इ के बाहरी समर्थन के वैशाखी पर टिकी सरकार निर्माण की प्रकृति से ही अस्थिर थीं, जैसाकि रहीम कहते है–

"दस द्वारे का पिंजरा, उसमें पूंछी पौण।
रहीबे का तो आचरण, गयों अचम्बो कौण"।

(मानव शरीर दस द्वार का पिंजरा हैं, उसमें प्राण वायु रहती हैं, उसमें प्राण वायु का रहना तो अचरज हैं, निकलने का कोई आश्चर्य नहीं क्योंकि दसों द्वार खुले पड़े हैं।)

चन्द्रशेखर सरकार तो वी.पी. सिंह सरकार की तुलना में कमजोर थी क्योंकि इसका निर्माण दल–बदल के आधार पर हुआ था। जन–स्वीकृति प्राप्त नहीं थी। लोकसभा की गणपूर्ति के बराबर सदस्यों से सरकार का निर्माण उसे लोकतंत्रीय–सरकार की संज्ञा देना अशोभनीय था। कांग्रेस नेतृत्व से मतभेद हो जाने से कांग्रेस–इ ने बाहरी समर्थन वापस ले लिया तथा चन्द्रशेखर सरकार का पतन हो गया। इस प्रकार दूसरी गैर–कांग्रेसी सरकार लोकसभा का कार्यकाल पूर्ण करने से ही पूर्व भंग हो गयी।

तीसरी साझा–सरकार का निर्माण 1996 में हुआ। ग्यारहवीं लोकसभा में चुनाव में भारतीय जनता पार्टी को अच्छी सफलता (161 सीटें) प्राप्त हुई तथापि किसी दल को सदन में स्पष्ट बहुमत प्राप्त नहीं हुआ। कांग्रेस को मात्र 140 सीटों पर ही संतोष करना पड़ा।

लोकसभा में सबसे बड़ी पार्टी भाजपा होने से भाजपा ने अपने सहयोगी दलों की सहायता से सरकार बनाने का दावा प्रस्तुत किया। 16 मई 1996 को अटल बिहारी वाजपेयी के नेतृत्व में 12 दलों के समर्थन से सरकार का गठन किया। लोकसभा में विश्वास मत प्रस्ताव पर दो दिन के वाद–विवाद के उपरान्त वाजपेयी ने यह महसूस कर लिया कि वे

चुनाव–परिणाम परिदृश्य (11वीं लोकसभा)

क.सं.	राजनीतिक दल	कुल सीटें जिन पर चुनाव लड़ा	प्राप्त सीटें	प्राप्त सीटों का प्रतिशत
1	भारतीय राष्ट्रीय कांग्रेस	529	140	28.80
2	भारतीय जनता पार्टी	471	161	20.29
3	जनता दल	196	46	08.08
4	मार्क्सवादी दल	75	32	06.12
5	समाजवादी दल	81	17	02.17
6	भारतीय साम्यवादी दल	43	12	01.97
7	कांग्रेस (तिवारी)	321	04	01.46
8	जनता पार्टी	102	00	00.19
9	तेलगूदेशम्	––	16	––
10	डी. एम. के.	19	17	02.15
11	तमिलमनिला कांग्रेस	––	20	––
12	अकाली दल	––	08	––
13	बहुजन समाज पार्टी	117	11	03.64
14	हरियाणा विकास पार्टी	04	03	00.35
15	शिवसेना	––	15	––
16	आर. एस. सी.	––	05	––
17	असम गण परिषद्	11	05	00.76
18	समता पार्टी	––	08	––
19	निर्दलीय	––	08	––
20	ए डी एम के	––	00	––
21	अन्य	––	15	––

विश्वास–मत के करीब पहुंच कर भी विश्वास मत प्राप्त नहीं कर पायेगें उन्होंने विश्वास मत पर मतदान से पहले ही अपनी सरकार का इस्तीफा राष्ट्रपति शंकरदयाल शर्मा को सौंप दिया। अटल बिहारी वाजपेयी के नेतृत्व में यह सरकार मात्र 13 दिन ही चल पायी। वाजपेयी के इस्तीफे के बाद राष्ट्रपति द्वारा कांग्रेस दल के नेता नरसिम्हाराव को सरकार बनाने के लिए आमंत्रित किया, लेकिन उन्होंने सरकार बनाने में असमर्थता प्रकट की। तत्पश्चात् संयुक्त मोर्चा की नए नेता एच.डी. देवगौड़ा को आमंत्रित किया उन्होंने 01 जून 1996 को प्रधानमंत्री पद की शपथ ली। देवगौड़ा सरकार को कांग्रेस ने बाहरी समर्थन दिया परन्तु कांग्रेस अध्यक्ष सीताराम केसरी तथा देवगौड़ा के संबंधों में कटुता आ गयी। कांग्रेस ने बाहरी समर्थन वापस ले लिया तथा आगे समर्थन इस शर्त पर जारी रखने की घोषणा की कि संयुक्त मोर्चा अपना नेतृत्व बदले। बाध्य होकर संयुक्त मोर्चे ने 19 अप्रैल 1997 को इन्द्रकुमार गुजराल को नया नेता चुना। 21 अप्रैल को उन्होंने प्रधानमंत्री पद की शपथ ग्रहण की तथा अगले ही दिन लोकसभा में विश्वास मत प्राप्त किया। कांग्रेस ने गुजराल–सरकार को बाहरी समर्थन दिया। 1991 में हुई राजीव गांधी की हत्या की जांच के लिए जैन–आयोग बिठाया गया था। गुजराल के कार्यकाल मे जैन आयोग की रिपोर्ट आ गयी, उसमें डी.एम.के. सरकार को दोषी करार दिया गया। बाहरी समर्थन करने वाले कांग्रेस दल ने मांग की कि गुजराल सरकार से डी.एम.के. मंत्रियों को हटाया जावे। गुजराल ने कांग्रेस की मांग को स्वीकार नहीं किया। जिसके परिणामस्वरूप कांग्रेस ने गुजराल–मंत्रिमंडल से समर्थन वापस ले लिया। 28 नवम्बर 1997 को गुजराल ने त्यागपत्र दे दिया। राष्ट्रीय मोर्चे की दूसरी सरकार का पतन हो गया। दोनों बार सरकारों का पतन कांग्रेस के समर्थन वापस लेने से हुआ। 04 दिसम्बर 1997 को राष्ट्रपति ने 11वीं लोकसभा को भंग कर दिया। संसदीय इतिहास का यह पहला अवसर था जब 13 दिन बाद, 07 माह बाद तथा 10 माह बाद प्रधानमंत्री बदले। दो सरकारों का पतन तो बाहरी समर्थन वापस लेने की वजह से हुआ।

11वीं लोकसभा में क्षेत्रीय दलों, क्षेत्रीय शक्तियों और छोटे गुटों की भूमिका अह्म हो गयी, उन्हें लगभग 152 स्थान पर जीत हासिल हुई। अब तक कभी भी क्षेत्रीय दलों या नेताओं की राष्ट्रीय राजनीति में इतनी अधिक महत्त्वपूर्ण भूमिका नहीं रही। स्वयं को अखिल भारतीय दल समझने वाले राजनीतिक दलों की स्थिति यह हो गई कि वे क्षेत्रीय दलों में अपना भाग्य रेखा या **'लाइफ लाइन'** समझने लगे है। फरवरी–मार्च 1998 में बारहवीं लोकसभा के चुनाव हुए। लोकसभा का गठन 10 मार्च 1998 को हुआ था। नौ दिन बाद यानि 19 मार्च 1998 को 12वें लोकसभायी चुनावों में किसी दल को स्पष्ट बहुमत प्राप्त नहीं हुआ था। भाजपा सदन में सबसे बड़ी पार्टी थी, इसलिए वाजपेयी के नेतृत्व में साझा–सरकार का निर्माण हुआ जिसमें 18 दलों की मिली–जुली सरकार तथा तृणमूल कांग्रेस (टी.एम.सी.) तेलगूदेशम् तथा राष्ट्रीय लोकदल के अतिरिक्त सरकार का समर्थन करने वाले अन्य सभी दल सरकार में भागीदार थे। इस सरकार और पूर्व में गठित साझा–सरकारों में मौलिक भेद यह था कि 1998 से पहले जितनी भी साझा–सरकारें बनी वे विभिन्न दलों की सत्ता अवसरवादिता का परिणाम थी जो चुनाव के बाद पॉवर–पॉलीटिक्स में सहभागिता के लालच में बनी। परन्तु 1998 की भाजपा–सरकार के घटक दलों ने चुनाव से पूर्व हुए पारस्परिक समझौते के आधार पर चुनाव लड़ा तथा चुनाव के बाद सत्ता में सहभागिता का निर्वाह किया, कहने का अभिप्राय यह है कि इस गठबंधन को जनस्वीकृति प्राप्त थी सरकार निर्माण के लिए राजनीतिक समीकरण बनाने की कोई नयी कवायद नहीं करनी पड़ी। 1996 की तुलना में भाजपा को सीटें तो अधिक प्राप्त हुई, लेकिन कांग्रेस की तुलना में मतदान–प्रतिशत कम रहा। (भाजपा को कुल मतों का 25.38 प्रतिशत तथा कांग्रेस को 25.72 प्रतिशत मत मिले) अटल बिहारी वाजपेयी के नेतृत्व में गठित भाजपा सरकार में एडीएम के सबसे बड़ा घटक था। सरकार बनने के कुछ ही दिनों बाद से दल के नेता जयललिता ने विभिन्न मांगों को लेकर सरकार पर अपना दबाव बनाना शुरू कर दिया कि तमिलनाडू की डीएमके सरकार को भंग किया जावें तथा स्वयं के विरूद्ध चल रहे भ्रष्टाचार के मुकदमों के जांच में शिथिलता बरती जावें। वाजपेयी ने जयललिता की यह दोनों मांग स्वीकार नहीं की। 14

अप्रैल 1999 को जयललिता ने सरकार से समर्थन वापस ले लिया और केवल 13 महीनों के बाद 17 अप्रैल 1999 को दूसरी भाजपा सरकार गिर गई।

13वीं लोकसभा के चुनाव 1999 में हुए। अब तक के संसदीय चुनावों में यह चुनाव सर्वाधिक लम्बे समय में पूरे हुए। निर्वाचन–आयोग के लिए यह एक बड़ा कार्य था कि इतने विशाल देश में अपर्याप्त सुरक्षा बलों के साथ निर्वाचन कार्य को निष्क्ष रूप से पूर्ण करवाना। पांच सितम्बर को जब पहले चरण के लिए मतदान हुआ तब देश उस समय कारगिल की छाया में था इस बार तो चुनाव ऐसे समय में हो रहे थे जबकि मानसून अपनी चरम सीमा पर था, बाढ़ के कारण अनेक स्थानों पर निर्वाचन की तिथियां बदलनी पड़ी। निर्वाचन आयोग के आचार संहिता कि चुनावी–सर्वेक्षण वैद्य नहीं है, को उच्चतम न्यायालय ने गलत ठहरा दिया।

1999 के चुनाव में भाजपा ने कुछ क्षेत्रीय–दलों के साथ समझौता करके 'नेशनल डेमोक्रेटिक अलांएस' (एन डी ए) का निर्माण किया तथा साझे चुनाव घोषणा पत्र पर चुनाव लड़ा।

13वीं लोकसभायी चुनाव–परिणाम से स्पष्ट है कि भाजपा तथा कांग्रेस की राष्ट्रीय छवि 12वें लोकसभायी चुनाव जैसी ही है उल्टे कांग्रेस की सीटें कम हुई हैं। 12वीं लोकसभा में उसे 141 स्थान मिले थे जबकि 1999 मे उसकी संख्या घटकर 114 हो गई। अटल बिहारी वाजपेयी ने 24 दलों का गठबंधन कर संविद सरकार का गठन किया। तृणमूल कांग्रेस, तेलगूदेशम, द्रमुक और भारतीय राष्ट्रीय लोकदल गठबंधन सरकारो की राजनीतिक विवशता अच्छी तरह समझते थे जब तब सरकार पर दबाब बनाते रहते थे। उनकी आदत में यह सुमार हो चुका था कि सरकार के लिए संकट पैदा करते रहे और **'सौदेबाजी की अपनी क्षमता'** बढ़ाते रहे। दबाव बनाकर राजनीतिक लाभ हासिल करते रहे। अक्टूबर 2000 के पहले सप्ताह में वाजपेयी सरकार को एक बड़ा झटका तब लगा जब तृणमूल कांग्रेस ने भाजपा से अलग हो जाने की धमकी दे डाली। सरकार ने पेट्रोल, डीजल, मिट्टी का तेल और गैस की कीमतों में वृद्धि करने का निर्णय लिया जिसके विरूद्ध ममता बनर्जी और राज्यमंत्री अजित पांजा ने

चुनाव परिणाम परिदृश्य (13वीं लोकसभा)

एन. डी. ए.		कांग्रेस गठबंधन		वाम	
दल	सीटें	दल	सीटें	दल	सीटें
भाजपा	182	कांग्रेस	114	सी पी एम	32
टीडीपी	29	एआईएडीएमके	10	सी पी आई	04
जे. डी. (यू)	20	आर जे डी	07	आर एफ पी	03
शिवसेना	15	आई यू एम एल	22	फारवर्ड ब्लाक	02
तृणमूल कांग्रेस	08	आर एल डी	01	केरल कांग्रेस	01
डी. एम. के.	12	बी बी एम	—		
बी. जे. डी.	10	योग	136	योग	42
आई . एन. एल. डी.	05	अन्य		मत विभाजन	
पी.एम. के.	05	दल	सीटें	दल	सीटें
ए. डी. एम. के.	04	समाजवादी पार्टी	26	एन डी ए	40.08
नेशनल कांग्रेस	04	बसपा	14	(भाजपा)	(23.70)
एस. ए. डी.	02	एनसीपी	07	कांग्रेस गठबंधन	33.80
लोकतांत्रिक कांग्रेस	02	एसजेपी	01	(कांग्रेस)	(28.50)
एच. वी. सी.	01	जेडी (एम)	01	वामपंथी / सहयोगी	08.00
एम. एस. सी. पी.	01	आरपीआई–ए	01	(माकपा)	(05.40)
एमजीआरएडीमएके	01	एआईएमआईएम	01	अन्य	17.40
एम. एन. एफ	01	पीडब्लयूपी	01		
एस. डी. एफ	01	एसएडीएम	01		
निर्दलीय	01	निर्दलीय	02		
योग	304	योग	56		

मंत्रिमंडल से त्यागपत्र दे दिया और चेतावनी भी दे डाली कि 24 घण्टे के भीतर अपना निर्णय वापस ले वरना तृणमूल कांग्रेस सरकार से समर्थन वापस ले लेगी। बाध्य होकर प्रधानमंत्री को लिखित आश्वासन देना पड़ा कि मूल्यवृद्धि पर सरकार पुनर्विचार करेगी तब दोनों मंत्रियों ने पुनः कार्यभार ग्रहण किया। वर्ष 2002 के बजट में रसोई गैस के दाम 40रू. प्रति सिलेण्डर बढ़ा दिए गए। एन डी ए घटकों ने इसका जबरदस्त विरोध जताया, बाध्य होकर सरकार को अपने निर्णय पर पुनर्विचार करना पड़ा तथा 20रू. बढ़ोतरी कम करनी पड़ी। संविधान समीक्षा आयोग के मुद्दे तथा अयोध्या मुद्दे पर राजग में शामिल घटकों ने सरकार पर जब–तब दबाव बनाया। गठबंधन की सरकार के नेतृत्व को बहुत से दबावों में कार्य करना पड़ता है। **स्वयं की पार्टी में से भी दबाव आता है, गठबंधन के घटकों से भी तथा प्रतिपक्ष की चुनौतियों से भी।** नेतृत्व को बहुत ही धैर्य और कार्यकुशलता से प्रत्युत्तर देना पड़ता है। राजनीतिक नेतृत्व इतने 'दबावों' में भी निर्णय लेने में सक्षम होते हैं। जनादेश की आशाओं को पूर्ण करना, प्रतिपक्ष की चुनौती का जवाब देना, गठबंधन की जवाबदेही निभाना तथा अपनी पार्टी की छवि सुधारना आदि कार्य कम जटिल नहीं हैं। संसदीय व्यवस्था में मिली–जुली सरकारें कोई नई बात नहीं हैं। सदन में किसी दल को स्पष्ट बहुमत नहीं मिलता है तो कई दल मिलकर सरकार बनाते हैं। लेकिन इसमें प्रत्येक सांसद को चाहिए कि वे स्व–अनुशासन को अपनाएं। अनुशासन सरकार, दल और संसद सभी के लिए जरूरी हैं ताकि गठबंधन सफल हो सके।

06 फरवरी 2004 को राष्ट्रपति एपीजे अब्दुल कलाम ने 13वीं लोकसभा को आठ महीने पूर्व ही भंग कर दिया। 29 फरवरी 2004 को चुनाव आयोग ने निर्वाचन कार्यक्रम की घोषणा कर दी जिसमें चार चरणों में 20 एवं 26 अप्रैल तथा 05 एवं 10 मई को मतदान कराने का निश्चय किया गया। यह विचारणीय प्रश्न है कि वाजपेयी सरकार नें लगभग 08 माह पूर्व लोकसभा समय से पूर्व क्यों भंग करने की अनुशंसा की? बीजेपी ने नव.–दिसम्बर 2003 में आयोजित मध्यप्रदेश, राजस्थान और छतीसगढ़ राज्यों की विधानसभाओं के लिए सम्पन्न चुनावों में अप्रत्याशितसफलता हासिल की। वाजपेयी सरकार ने **'फिलगुड एवं इंडिया–शायनिंग'** के नाम पर चुनाव लड़ा। आजादी के बाद के इतिहास में यह पहला

चुनाव परिणाम तालिका (14वीं लोकसभा)

दल	स्थान प्राप्त	प्राप्त मत का प्रतिशत	दल	स्थान प्राप्त	प्राप्त मत का प्रतिशत
कांग्रेस +गठबंधन	**222**	**35.82**	बीजू जनता दल	11	1.31
कांग्रेस	145	22.69	जनता दल (यूनाइटेड)	8	2.29
राष्ट्रीय जनता दल	24	2.22	अकालीदल (बादल)	8	0.91
द्रमुक	16	1.82	तेलुगूदेशम पार्टी	5	3.06
नेशनलिस्ट कांग्रेस पार्टी	9	1.7	डब्लयू बीटीसी	2	2.08
पीएमके	6	0.56	मिर्जा नेशनल फन्ट	1	0.05
झारखण्ड मुक्ति मोर्चा	5	0.48	एसडीएफ	1	0.04
तेलगांना राष्ट्रसमिति	5	0.63	आईएफडीपी	1	0.07
लोकतांत्रिक जनशक्ति पार्टी	4	0.72	एनपीएफ	1	0.18
एमडीएम के	4	0.63	निर्दलीय (भाजपा)	1	0.18
पीडीपी	1	0.08	**अन्य दल**	**70**	**19.93**
एमयूएल	1	0.2	समाजवादी पार्टी	36	4.33
आईएनडी (आईएनसी)	1	0.2	बहुजन समाज पार्टी	19	5.33
वाम मोर्चा	**61**	**8.34**	राष्ट्रीय लोकदल	3	0.64
साम्यवादी (मार्क्सवादी) दल	43	5.69	जनता दल (सेक्यूलर)	3	1.48
साम्यवादी दल	10	1.4	असमगण परिषद्	2	0.53
आरएसपी	3	0.44	एसजेपी (आर)	1	0.09
एफबीएल	3	0.35	नेशनल कॉन्फ्रेन्स	2	0.13
केईसी	1	0.09	अन्य निर्दलीय	1	3.79
निर्दलीय (वाममोर्चा)	1	0.08	एनएलपी	1	0.09
राष्ट्रीय जनतांत्रिक गठबन्धन	**189**	**35.91**	एमआईएस	1	0.11
भारतीय जनता पार्टी	138	22.16	अन्य	1	5.56
शिवसेना	12	1.82			

<u>13वीं 14वीं एवं 15वीं लोकसभाः तुलनात्मक विवेचन</u>

दल	प्राप्त स्थान 1999	प्राप्त स्थान 2004	प्राप्त स्थान 2009
कांग्रेस + गठबंधन (UPA)	137	222	262
भारतीय जनता पार्टी + गठबंधन (NDA)	302	186	157
अन्य तीसरा मोर्चा + चौथा मोर्चा (UNPA) एवं अन्य	104	135	124

राष्ट्रीय दलों की गिरती छवि (1984–2009)

भाजपा

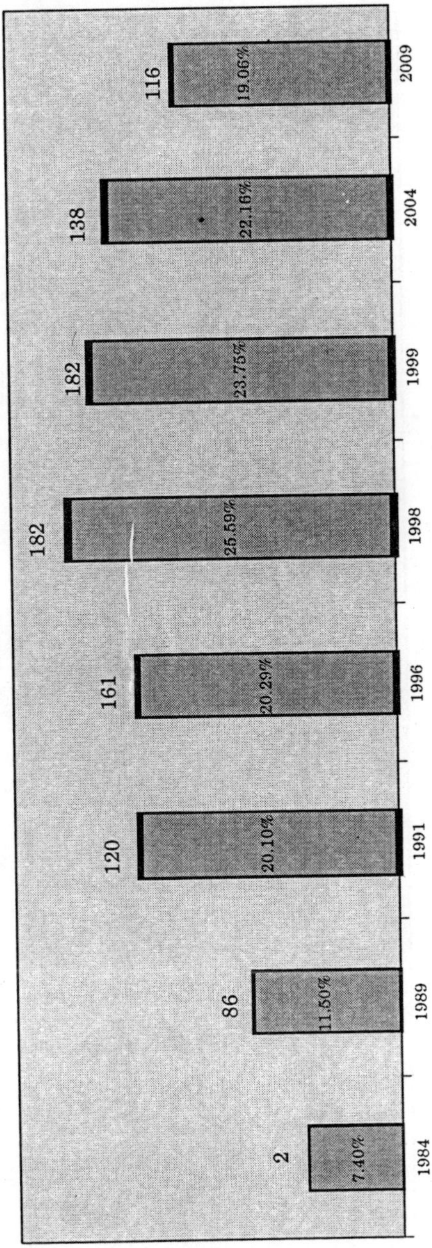

आम चुनाव में भारतीय जनता पार्टी का प्रदर्शन

कांग्रेस का प्रदर्शन (1984–2009)

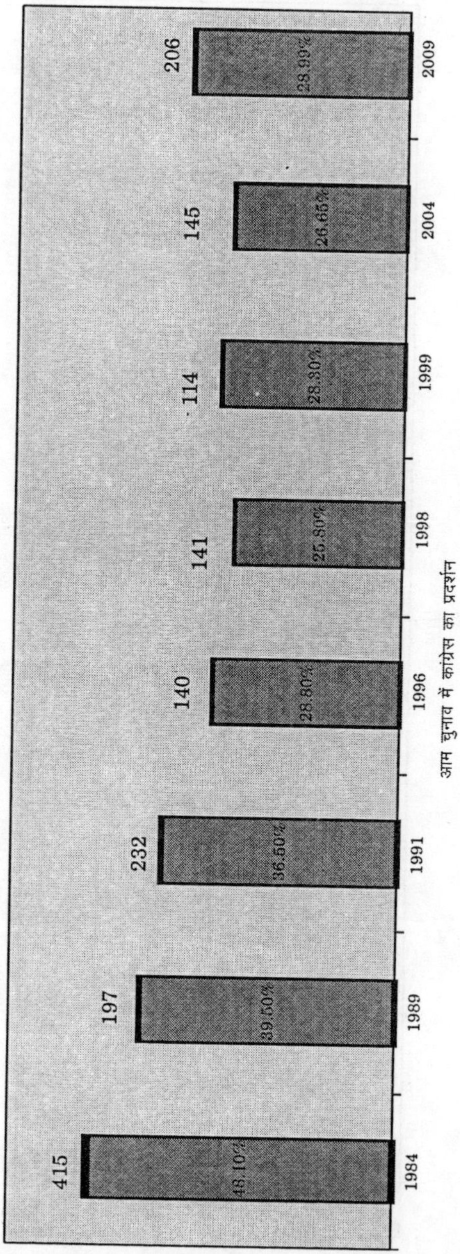

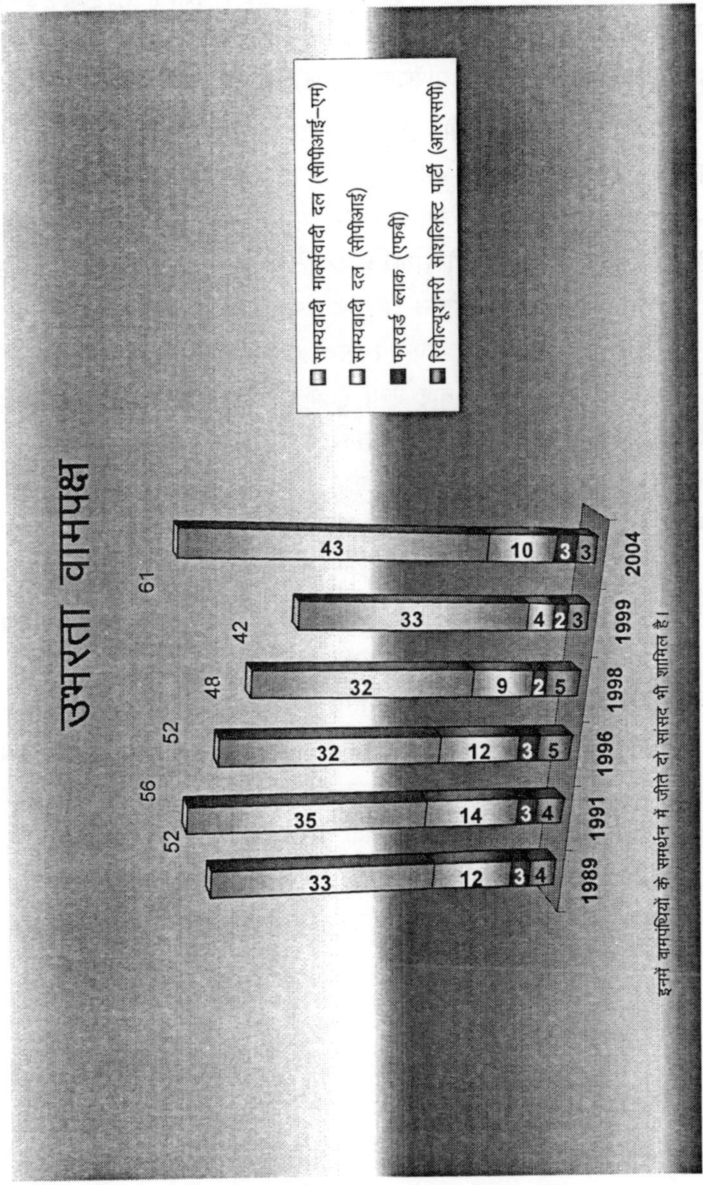
उभरता वामपक्ष
साम्यवादी मार्क्सवादी दल (सीपीआई–एम)
साम्यवादी दल (सीपीआई)
फारवर्ड ब्लाक (एफबी)
रिवोल्यूशनरी सोशलिस्ट पार्टी (आरएसपी)
1989 1991 1996 1998 1999 2004
52 56 52 48 42 61
33 12 3 4
35 14 3 4
32 12 3 5
32 9 2 5
33 4 2 3
43 10 3 3
इनमें वामपंथियों के समर्थन में जीते दो सांसद भी शामिल हैं।

अवसर था जिसमें पूरा मतदान इलेक्ट्रानिक वोटिंग मशीनों से हुआ। ईवीएम का प्रयोग पहली बार केरल विधानसभा के चुनाव (1982) में हुआ था। 14वीं लोकसभा के चुनाव–परिणाम (2004) तालिका द्वारा स्पष्ट है।

14वीं लोकसभा में भी खंडित जनादेश मिला, किसी भी दल को स्पष्ट बहुमत हासिल नहीं हुआ। केन्द्र में संयुक्त प्रगतिशील गठबंधन (यू॰ पी॰ ए) की सरकार बनी जिसमें कांग्रेस सबसे बड़ा दल (145) था तथापि वह वामपंथी दलों के बाहरी समर्थन पर टिकी हुआ था। यू पी ए गठबंधन के मनोनीत नेता डॉ. मनमोहन सिंह थे। संसदीय इतिहास में ऐसा पहली बार हुआ है कि प्रधानमंत्री अपने सांसदों के नेता नहीं वरन् मनोनीत नेता है। नेहरू के बाद पहली बार ऐसा हुआ था कि कांग्रेस का अध्यक्ष देश का प्रधानमंत्री से कहीं ज्यादा ताकतवर था। देश का असली शासन आज भी प्रधानमंत्री निवास 7, रेसकोर्स रोड़ में नहीं बल्कि कांग्रेस अध्यक्ष के निवास 10, जनपथ से चलता है। सरकार के मुखिया डॉ. मनमोहन सिंह है और यू पी ए की मुखिया कांग्रेस अध्यक्ष श्रीमती सोनिया गांधी है। 1998 तक लोकसभा में विपक्ष के कांग्रेस के नेता के रूप में शरद पंवार ने अपनी अलग पार्टी ही सोनिया गांधी के प्रधानमंत्री पद की दावेदारी से नाराज होकर बनायी थी, उनका कहना था कि देश के प्रधानमंत्री पद पर कोई विदेशी मूल का व्यक्ति नहीं बैठना चाहिए चाहे वह पार्टी का अध्यक्ष बना रहे। शरद पंवार को भारतीय राजनीति में 'वैदर–कॉक' (मौसम–सूचक) माना जाता है। यही कारण रहा कि 2004 के चुनावों में यू पी ए का गठन हुआ तो सोनिया प्रधानमंत्री नहीं बनी। उसने राज्यसभा सदस्य डॉ. मनमोहन सिंह को चुना तथा देश के गृहमंत्री पद पर भी चुनाव हारे हुए शिवराज पाटिल को बिठाया। यह साफ संकेत है कि असली शक्ति को केन्द्र कहां है।

यह चिरन्तन सत्य है कि जब तक कोई मजबूरी नहीं हो कोई भी पार्टी सत्ता में अन्य पार्टी की हिस्सेदारी पसन्द नहीं करेगी। यूपीए में कांग्रेस तथा घटक दलों के मध्य सत्ता का बंटवारा प्रेम से नहीं हुआ था, मजबूरी का तकाजा था। कांग्रेस को डीएमके से भी हाथ मिलाना पड़ा जिसे राजीव गांधी की हत्या करने वालों का हिमायती माना जाता था।

कांग्रेस को महाराष्ट्र में और केन्द्र में राकांपा से हाथ मिलाना पड़ा जबकि राकांपा नेता सोनिया गांधी के विदेशी मूल के प्रश्न पर कटु आलोचक रहे थे। जितना कठिन केन्द्र में गठबंधन सरकार चलाना है उतनी ही मुश्किल राज्यों में राष्ट्रीय दलों की स्थिति मजबूत करना भी है, जहां क्षेत्रीय दल सशक्त है। गठबंधन की अपनी समस्याएं होती है। कैबिनेट की कार्यप्रणाली लचर हो जाती है। सामूहिक उत्तरदायित्व की भावना को आघात पहुंचता है। मंत्रिमंडल के निर्माण, संचालन में प्रधानमंत्री की स्वतंत्रता सीमित हो जाती है। इस बात का प्रत्यक्ष उदाहरण यह है कि परमाणु करार पर वामपंथियों से मतभेद के बाद प्रधानमंत्री डॉ. मनमोहन सिंह को कहना पड़ा कि यदि परमाणु–करार नहीं होता है तो कोई जिन्दगी थोड़े ही खत्म हो जाएगी। घटक दलों के मंत्री अपने मंत्रालय ऐसे चलाते है जैसे वे ही प्रधानमंत्री हो। यूपीए गठबंधन की एक बड़ी समस्या अपने आप में अलग है कि गठबंधन की सबसे बड़ी पार्टी का नेता प्रधानमंत्री नहीं। मंत्रियों की नियुक्ति में मजबूरी, मंत्रियों को हटाने में मजबूरी। मनमोहन सिंह मंत्रिमंडल में दागी मंत्रियों को हटाने, एम्स प्रकरण, परमाणु करार आदि मुद्दो में असमर्थ दिखे। यदि कांग्रेस को स्पष्ट बहुमत मिल जाता तो मनमोहन सिंह को भी प्रधानमंत्री नहीं बनाया जाता ऐसे संकेत भी थे। कोई अन्य व्यक्ति ही प्रधानमंत्री बनता। संघीय शासन विषयक अंतर्राष्ट्रीय सेमीनार के अवसर पर बोलते हुए प्रधानमंत्री डॉ. मनमोहन सिंह ने कहा कि "Narrow Political Considerations based on regional or sectional loyalties and ideologies can distort the national vision"[1] बहुदलीय शासन की तुलना में एकदलीय शासन व्यवस्था बहुत अच्छी है। प्रधानमंत्री के इस वक्तव्य से सहयोगी दलों ने भारी नाराजगी जाहिर की। गठबंधन सरकार में प्रधानमंत्री की स्थिति प्रधानमंत्री की नहीं रहकर एक **'समन्वयक'** की बन जाती है।

साझा–सरकार के निर्माण के कारणों का जहां तक प्रश्न है, प्रथम तो राष्ट्रीय राजनीतिक दलों की छवि का भारी क्षरण हुआ है, जिसका परिणाम यह हुआ कि इन दलों में असंतुष्ट रहे नेताओं ने छोटे–छोटे दल बनाकर अपनी पहचान बनाने की रणनीति का सहारा लिया जिससे दलों की संख्या में अपार वृद्धि हुई। अत्याधिक दलों में भारतीय मतदाता विकल्प

चुनने में दिशाभ्रमित हो गया क्योंकि लगभग सभी के घोषणा पत्र कमोबेशी एक जैसे ही है। आर्थिक तथा सामाजिक परिवर्तनों के परिणामस्वरूप राजनीतिक सहभागिता तथा कुर्सी–प्राप्ति का पर्याप्य बन चुका है। मध्यम वर्ग की बढ़ती संख्या में सत्ता प्राप्ति के प्रतियोगियों की संख्या में इजाफा किया है, सरपंच से लेकर सांसद तक बनने की होड़ लोगों में पैदा हो गयी हैं। विभिन्न दलों के साथ जुड़कर वे अपना सपना पूरा करना चाहते है। राष्ट्रीय दलों की जैसे–जैसे साख गिरी हैं, क्षेत्रीय दलों की तदाद में वृद्धि हुई हैं। 11वीं लोकसभा में 242, 12वीं लोकसभा में 220 तथा तेरहवीं लोकसभा में 247 सीटों पर तथा 14वीं लोकसभा में 260 सीटों पर विजयश्री प्राप्त हुई। यह क्षेत्रीय दलों के बढ़ते हुए प्रभाव का परिणाम है। इन चुनावों के परिणामों से स्पष्ट है कि भारतीय राजनीति में क्षेत्रीय दलों ने निर्णायक भूमिका प्राप्त कर ली हैं। वे राष्ट्रीय राजनीति की दिशा तय करने लगे है। वी.पी. सिंह सरकार ने मंडल–कमीशन की रिपोर्ट लागू कि तब से राजनीतिक समीकरण में बदलाव दृष्टिगोचर हुए है। सिंहासन से दूर रही जातीयें गुट बनाकर अपना अपना नेता प्रस्तुत कर रही है, जिसका स्वाभाविक परिणाम यह हुआ कि कार्यकर्ताओं की संख्या में कमी आती जा रही हैं, नेताओं की भरमार होती जा रही हैं। नव–पोलिटिकल एलिटों की प्राथमिकता रोटी, कपड़ा और मकान न होकर कबिलायी या जातीय हैं, वे अनुशासन से दीक्षित नहीं है वरन् नकारात्मक राजनीतिक से प्रभावित हैं। इसीलिए वे समन्वयवादी और संयम से नहीं वरन् दबाव से अपना हित साधना चाहते है। यही कारण है कि 17 सांसदों को लेकर प्रधानमंत्री पद प्राप्त करने तक का प्रयास किया गया। 54 सदस्यों के बल पर भारत जैसे विशाल देश का प्रतिनिधित्व स्व. चन्द्रशेखर ने किया।

प्रयोगधर्मी बनती गठबंधन सरकारें:–

भारतीय राजनीति में सत्ता के सिंहासन तक पहुंचने के लिए तरह–तरह के प्रयोग हो रहे है। बड़े दल जो 'अकेले चलो' की स्थिति में थे वे भी गठबंधन को अपनाने लगे है। हालांकि ज्यादातर प्रयोग असफल ही रहे है लेकिन गठबंधन राजनीति को आंशिक सफलता भी हासिल हुई है।

राष्ट्रीय स्तर पर 1996 में एनडीए (राजग) अस्तित्व में आ जाने के बाद गठबंधन की राजनीति में भारी बदलाव देखा जा सकता है। कांग्रेस तथा भाजपा ने अपने सहयोगी दलों में यह सहमति बनाई कि केन्द्र में सत्ता की कमान उनके हाथ में रहेगी।

राज्यों में जहां सहयोगी पार्टी का जनाधार होगा, वहां वे उस पार्टी के अगुवाई स्वीकार कर लेंगे, यह प्रयोग काफी सफल रहा है। इसका प्रत्यक्ष उदाहरण है बिहार में राष्ट्रीय जनता दल के साथ कांग्रेस तथा उतरप्रदेश में समाजवादी पार्टी के जूनियर पार्टनर कांग्रेस। भाजपा भी बिहार में जनतादल–यू, उड़ीसा में बीजू जनता दल, तमिलनाडु में एआईडीएमआईसी या डीमएके व महाराष्ट्र में शिवसेना और पंजाब में अकाली दल आदि की जूनियर पार्टनर रह चुकी है और है भी।

'उतर भीखा मेरी बारी' (बारी–बारी से सवार करने का अवसर) की कहावत गठबंधन सरकारों पर पूर्णरूप से लागू होती है। कार्यकाल को बांट कर बारी–बारी से सरकार बनाने का दूसरा बड़ा प्रयोग गत वर्षों में हुआ है। उत्तर प्रदेश में 1997 से बसपा–भाजपा गठबंधन से यह पायोनियर कदम शुरू हुआ। इस समझौते के अन्तर्गत पहले छह माह मायावती तथा अगले छह माह कल्याणसिंह मुख्यमंत्री रहे। लेकिन उसके बाद मायावती ने समर्थन वापस ले लिया। भाजपा ने ऐसा ही प्रयोग 2006 में जनतादल–एस के साथ किया। शुरू में 20 महीने उसने एच.डी. कुमारस्वामी को बतौर मुख्यमंत्री समर्थन दिया लेकिन जब भाजपा का मुख्यमंत्री बनने का अवसर आया तो गठबंधन टूट गया।

तीसरा प्रयोग कांग्रेस और पीडीपी के बीच जम्मू–कश्मीर में हुआ, वहां दोनों दलों ने ढाई–ढाई साल सरकार बनाने का समझौता किया है यह समझौता अभी तक सफल साबित हुआ है।

गठबंधन सरकार में चौथा महत्त्वपूर्ण प्रयोग यह हुआ है कि खंडित जनादेश मिलने की स्थिति में शासन चलाने के लिए विभिन्न राजनीतिक दल मिलकर 'न्यूनतम साझा कार्यक्रम' के आधार पर सरकार का गठन करते है तथा दल की सदस्य संख्या के आधार पर मंत्रिपरिषद् में स्थानों का समर्थन करते है। इस प्रकार बनी सरकार ज्यादा सूझबूझ पर आधारित होती है। मोरारजी देसाई सरकार इसी आधार पर बनी थी।

पांचवा महत्त्वपूर्ण प्रयोग गठबंधन सरकारों में यह हुआ है कि चार–पांच दल मिलकर साझा–सरकार बनाते है तथा अन्य समर्थक दल बाहरी समर्थन देते हैं। इस प्रकार बनी सरकारें कम स्थायित्त्व लिए होती है।[1] जैसे– वी. पी. सिंह सरकार (1989), एच.डी. देवगौड़ा सरकार (1998) तथा 1997 में बनी गुजराल सरकार, 1998,1999 की बनी अटलबिहारी वाजपेयी सरकार तथा 2004 में बनी मनमोहन सिंह सरकार। बाहरी समर्थकों की मांग रहती है कि 'हमारी मांगे पूरी करो वरना हम नाव डुबो देंगे।' बिना उत्तरदायित्व लिए काम निकालने की कला है– **बाहरी समर्थन।**

छठा, महत्त्वपूर्ण प्रयोग गठबंधन सरकार में यह हुआ है अनेक राजनीतिक दलों ने अपने आदर्शों का परित्याग कर सत्ता में बने रहने के लिए अपनी विचारधारा को ऐसे तथाकथित परिस्कृत रूप में जनता के सामने रखा कि अन्य घटकों की विचारधाराओं के साथ साम्य हो। जिसका परिणाम यह हुआ कि बड़े दलों के अपने 'एजेन्ड' से हटकर क्षेत्रीय 'एजेन्डों' को अपनाने लगे है। **गठबंधन संख्याओं का हो रहा है, संस्कृतियों का नहीं। अवसरवादी समझौता दीर्घजीवि कभी नहीं होता है।**[3]

गठबंधन सरकार का गठन साम के आधार पर होता है मगर टिकती दाम (पद या सुविधा) के आधार पर है। गठबंधन सरकार हो, लेकिन सरकार के लिए गठबंधन नहीं हो।[4]

आवश्यकता इस बात की है कि राजनीतिक दलों की मान्यता के नियम बदले जाएं। कुल डाले गए मतों का 30 प्रतिशत मतदान प्राप्त न करें उनकी न केवल मान्यता खत्म करें वरन् चुनाव–व्यय वसूला जाएं। दल–बदल कानून में आवश्यक संशोधन कर विलय और विभाजन की शब्दावली को स्पष्ट किया जावें। अविश्वास प्रस्ताव लाने वाले राजनीतिक दल को 'विकल्प–प्रस्तुत' करना बाध्यकारी बनाना चाहिए ताकि राजनीतिक अस्थिरता पर रोक लगे। एक राजनीतिक गठबंधन को कानूनी दृष्टि से एक राजनीतिक दल माना जावें तथा उस पर दल–बदल कानून लागू हो। बाहरी समर्थन की सौदेबाजी पर रोक लगायी जावें। इससे साझा–सरकारों का अपेक्षाकृत स्थायित्व मिलेगा। साझा–सरकारों का निर्माण राजनीतिक दलों के बाहुल्य के कारण विकसित हुआ है। महत्ती आवश्यकता यह है कि दलों की मान्यता के नियम को कारगार बनाया जावें।

Footnotes

1. Coalition Blues- The Times of India, 18,07. Nov. 2007 (editorial)
2. राजस्थान पत्रिका (जोधपुर) 21 अक्टूबर 2007
3. विधानमाला, साझा सरकार विशेषाक, जनवरी–जून 2000
4. भारतीय जनतंत्र का सचः भ्रष्टाचार (शोध पत्रिका) पृष्ठ–230

संदर्भ

1. काइलेसन पॉलिटिक्स इन इंडिया–एन.सी. साहनी
2. भारतीय शासन एवं राजनीति–नरेश जौहरी
3. काइलेसन एनसाइक्लोपीडिया इन सोसल सांइसेज–एफ.ए. ऑग
4. लोकतंत्र समीक्षा
5. विधानमाला, साझा सरकार विशेषांक
6. राष्ट्रीय न्यूनतम साझा कार्यक्रम
7. दी टाइम ऑफ कोइलेसनस् डिवांइड वी स्टेड– प्राणजाये गुहा ठाकुर्ता शंकर रघुरामन
8. ग्लोबल एनसाइक्लोपीडिया ऑफ पॉलिटिकल सांइस वोल्यूम–1 एस.पी. चट्टोपाध्याय एंड एस.के. सरकार
9. काइलेसन गर्वनमेन्ट एंड पालिटिक्स इन इंडिया– सुभाष काश्यप
10. गवर्नमेन्ट विथआउट मैजोरिटी– डेविड बटलर।
11. भारतीय शासन एवं राजनीति– मोरिश जोन्स अनु. हरविन्दर के छाबड़ा।
12. भारत में गठबंधन राजनीति – एच.के. खन्ना।
13. मंथन, नई दिल्ली।

13

भारतीय राजनीति में नैतिकताः पराभव एवं परिदृश्य

"देश पर शत्रु का आक्रमण राजा के सिंहासन को हिला देता है, देश में अकाल का आक्रमण प्रजा के विश्वास को नष्ट कर देता है किन्तु भ्रष्टाचार का आक्रमण राजा और प्रजा दोनों को ही किसी दीन का नहीं रखता है।"–कन्फ्यूशियस

नेतृत्त्व सत्ता से सरोकार रखता है इसलिए वह जनहित का ट्रस्टी है यदि वे जनविश्वास कायम रखते है तो ट्रस्टी है और जनविश्वास कायम नहीं रख पाते हैं। जनता की आशाओं के अनुरूप कार्य नहीं कर रहे हैं तो यह धोखा (बिट्रे) है। जनता के साथ ब्रिट्रे करना ही अनैतिकता है। जनता इस आशा और विश्वास के साथ सत्ता सुपुर्द करती है कि सत्ता का सदुपयोग जनहित में करेंगे और यदि नेता ऐसा नहीं कर रहे है तो यह जनता के साथ एक प्रकार से विश्वासघात है। जैसे–जैसे राजनीति में धनबल और भुजबल का प्रभाव बढ़ता जा रहा है वैसे–वैसे राजनीतिक दलों और नेताओं का ध्यान धनतंत्र की ओर बढ़ता जा रहा है। बढ़ते चुनाव खर्चों से अकूत धन की जरूरत महसूस होने लगी है। व्यवसायिक घरानें नेताओं और नीतियों को प्रभावित करने लगे है। मनी मेकर, मसल्स–फोर्स तथा मसिबल के त्रिगुट के प्रभाव से ऐसे लोगों की संख्या दिनों–ब–दिन बढ़ती जा रही है जो नैतिकता का मात्र आवरण ओढ़े हुए है। होती विजय सत्य की यह पुरानी परिभाषा है, आज तो विजयी हो

जाए वही सत्य है। सच्चाई, अच्छाई तथा यथार्थ को सही नजरिये से आंकना ही नैतिकता है। परन्तु आंके कौन और क्यों?

राजनीतिक दलों का सारा ध्यान पैसों, प्रेस और पैरवी की ओर है। क्या कोई दल चाहता है कि सिद्धान्तों पर कार्य करें? क्या राजनीति में शुचितासम्पन्न वर्ग हाशिये पर नहीं आ गया है? **जार्ज बर्नार्ड शा** का मानना था कि राजनीति दुष्ट प्रकृति के व्यक्तियों के लिए अंतिम शरणालय है। सार्वजनिक प्रश्नों पर राजनीतिक दल और नेता प्रायः स्लोगन राजनीति करते दृष्टिगोचर होते है। राजनीति अपने लिए फलदार वृक्ष और दूसरों के लिए खरपतवार रोपने की कला। 18वीं शताब्दी के महान विचारक **डेविड थोरियों** का यह कथन सत्यता के कितने नजदीक है कि **"लोग जनसामान्य से जुड़ी समस्याओं के प्रति ढुलमुल या उपेक्षा का रवैया रखते है परन्तु जब यह समस्या व्यक्तिगत होती है तो उसके निदान के लिए वे जमीन–आसमान एक कर देते है।"** क्या नेतृत्त्व के लिए यह शोभनीय है? वस्तुतः भारतीय राजनीति में नैतिकता एवं आदर्श रूपी पानी बह गया है और अब केवल कीचड़ बचा है, जो एक–दूसरे पर उछाला जा रहा है। अब ऐसी नावें बनायी जाए जो कीचड़ में से हमें किनारे ला सके। विचारधाराएं हाशिये पर आ चुकी है, उपभोक्तावादी प्रवृतियों का कोहरा सारी व्यवस्था को अपने आगोश में ले रहा है। जिस प्रकार कोई पर्वतारोही जब ज्यादा ऊंचाई पर जाता है तो ऑक्सीजन की कमी का सामना करता है, ठीक उसी प्रकार जब समस्या भौतिक ऊंचाई पर चढ़ती है तो उसकी नैतिकता का ऑक्सीजन घटने लगता है। हिमोग्लोबिन कम हो जाता है।

बाजारवाद नैतिकता का मठ बनकर उभर रहा है, और नैतिकता का बैरोमीटर बनकर उभर रहा है सूचकांक। बाजार का भरोसेमंद दोस्त बनता जा रहा है मीडिया तंत्र। बाजार ब्रांड के अनुसार नैतिकता के मानदंड बदल रहे है। इधर अमेरिका के दार्शनिकों ने विचारधाराओं और इतिहास के अंत की घोषणा कर दी है। अब नैतिकता का सवाल और भी चुनौतीपूर्ण हो गया है। राजनीतिक विचारधाराओं से पछाड़ खाकर गिरने के बाद स्थानीय और अन्तरराष्ट्रीय नैतिकता की स्थिति और भी कमजोर होती जा

रही है जबकि **अब्राहम लिंकन** का कहना था कि "ईमानदारी से बेचों लेकिन ईमानदारी को कभी मत बेचों।"

भारतीय राजनीति में छिद्रान्वेषण करने की प्रवृतियां दिनो–ब–दिन बढ़ती जा रही है जबकि लोकतंत्र में विरोधी के प्रति भी सम्मान होना चाहिए। इंग्लैंड का उपनिवेशवादी तबका गांधी जी को कितनी घृणा के नजरिये से देखता था, ब्रिटिश प्रधानमंत्री चर्चिल के कथन से जाना जा सकता है। उन्होंने 1919 के जलियावाला बाग कांड की निंदा की तथा उसे अनैतिकवादी कार्यवाही कहा था। महात्मा गांधी नमक सत्याग्रह में गिरफ्तारी से मुक्त होने के बाद वायसराय से मिलने लंदन गए थे तो **चर्चिल** ने कहा था कि **"गांधी एक राजद्रोही है। एक अर्द्धनग्न फकीर चोला पहनकर लम्बे डग भरता हुआ वायसराय के महल की ओर बड़े आराम से चला आ रहा है जबकि वह अभी भी अपने देश में सीविल नाफरमानी चलाकर लोगों को विद्रोही बना रहा है, वह ब्रिटेन को तथा ब्रिटेन के व्यापार को देश से खदेड़ना चाहता है।"** उसी गांधी की मूर्ति ब्रिटिश संसद के समक्ष लगायी गयी है ताकि उनसे प्रेरणा ले सके कि यह वह व्यक्ति है जिसने ऐसे साम्राज्य को चुनौती दी जिसमें सूर्य कभी अस्त नहीं होता था। अमेरिकी राष्ट्रपति बराक ओबामा गांधी को अपना प्रेरणा–स्त्रोत मानता है।

वस्तुतः भारत की स्वतंत्रता का संघर्ष कथनी और करनी के समवेत स्वरों से लड़ा गया था। अब चिन्तन से तार्किकता और तथ्य गायब हो रहे है। सत्य कहने एवं सत्य सुनने वालों की संख्या दिनो–दिन कम होती जा रही है। यही कारण है कि अब भारत में भी 'भारत की खोज' करनी पड़ती है। मुद्दे खोजे जाते है या फिर बनाए जाते है वहीं मूल्यों का खुलेआम उल्लघंन होता है। यह अखिल भारतीय सच्चाई है।

कुटनीति के पंडित **चाणक्य** ने बहुत पहले धनाढ्य वर्ग के लिए कहा था कि **"तुम खुद कभी राज करने की कोशिश मत करना, राजा को खरीद कर अपने कब्जे में कर लेना।"** अब यह सच्चाई खुलकर सामने आ रही है। राजनेताओं को देय सारा धन, काला धन है जो सारी नैतिकताओं को त्यागकर कमाया हुआ है। आज पॉलिटिकल

नीड (Need) तथा पर्सनल ग्रीड (Greed) एक हो गए है। पर्क्स के प्रति बढ़ता मोह नैतिकता का निवाला गटक रहा है। यह फर्क ही बेड़ा गर्क करेगा।

भारत में सांसद विकास निधि (MP-LAD) भ्रष्टाचार का एक बड़ा स्त्रोत है, जहां स्वीकृति और पूर्णता का अधिकार जनप्रतिनिधियों को है। इसमें कमीशनखोरी से इंकार नहीं किया जा सकता है। हालाकि भ्रष्टाचार को रोकने का प्रयास किया भी जाता है, कानून बनाये भी जाते है लेकिन ये कानून व्यवहारिक जामा नहीं पहन पाते है। क्योंकि **नीत्से** के शब्दों में "ईश्वर की मृत्यु हो गई हमने उसकी हत्या कर दी है।"

बैंगलोर स्थित पब्लिक अफेयर सेन्टर के प्रमुख **सैमुअल पॉल** के शब्दों में कई देशों में धनवान राजनीतिज्ञ है मगर जितनी असमानताएं भारतीय जनप्रतिनिधियों और उनको चुनने वाली जनता के मध्य देखने को मिलती है, वह चौकाने वाली हैं। लगभग 28 करोड़ लोग गरीबी की रेखा (BPL) से नीचे जीवनयापन कर रहे है जिन्हें दो जून की रोटी भी नसीब नहीं है। एक ओर हम गुड–गवर्नेन्स की बात कर रहे है वहीं दूसरी ओर स्विट्जरलैंड की आबादी के बराबर रेलवे की अल्पवेतन की 28 हजार रिक्तियों के लिए आवेदन पत्र आना स्पष्ट करता है कि बेरोजगारी की क्या दशा है? पंथनिरपेक्ष देश में जातिवादी गणना कहा तक उचित कही जाएगी? 26 जनवरी 1950 को **प्रथम राष्ट्रपति डॉ. राजेन्द्र प्रसाद** ने कहा था कि "हम ऐसा जीवन आरम्भ करने जा रहे है जिसमें अंतर विरोध होंगे। हमें इस अंतर विरोध को यथाशीघ्र समाप्त करना होगा, अन्यथा जो लोग असमानता को सह रहे हैं, वे राजनीतिक जगत के उस ढ़ाचे को ध्वस्त कर देगें, जिसका निर्माण इस सभा ने इतने परिश्रम से किया है।"

इस संबंध में **बेख्त** का यह कथन युक्तिसंगत है **'मनुष्य मर गया है, मैं उसकी साक्षी हूं।'** आज के जमाने में लोग आदमी से ज्यादा पोस्टरों (मूर्तिकरण) को पहचानते हैं।

जो हमारे साथ नहीं है वे हमारे शत्रु हैं परन्तु जो हमारे साथ है, उनके बारे में आप क्या कह सकते है, शत्रुओं से ज्यादा खतरा अपनों से होता जा रहा है। क्या किसी राजनेता ने आज तक मांग की कि राजनीति

में शिक्षा का मापदंड हो, रिटायरमेन्ट की आयु तय हो? आरोप लगने पर तुरन्त पद छोड़कर नैतिकता की मिसाल कायम करें? जैसाकि लालबहादुर शास्त्री ने किया था। किन्तु–परन्तु की आड़ में सब कुछ चलता है। राजनीति में लोकरंजन महत्त्वपूर्ण होता है न कि स्वरंजन। जब 'अर्थ' (धन) बोलता है तो सत्य मौन हो जाता है। (सर्वे गुणाः कात्र्चनामाश्रयन्ते) सांसद अत्यधिक सुख–सुविधाओं के भोगी बन चुके हैं। उन्हें नैतिकता की ओर भी ध्यान देना चाहिए। यह मुद्दा 1951 से अनिर्णित पड़ा है। उस समय एच.डी. मुद्गल को संसद से अस्थायी रूप से निकाल दिया गया था क्योंकि उन्होंने पद का दुरूपयोग किया, इस मामले की जांच जिस संसदीय समिति ने की थी उसका सुझाव था कि सांसदों की आचरण संहिता का निर्माण हो लेकिन आज साठ वर्ष बीत जाने के बाद भी कोई आचरण–संहिता नहीं।

1993 में तत्कालीन लोकसभा अध्यक्ष शिवराज पाटिल ने अध्यक्षों की बैठक में सांसदों के लिए आचरण संहिता का मसौदा पेश किया था। लेकिन 1996 तक कोई प्रगति नहीं हुई।

1996 में लोकसभा प्रिविलिज समिति ने इस संहिता की पुष्टि कर दी तथा लागू करने की सिफारिश की। उसने सुझाया कि प्रिविलिज कमेटी को प्रिविलिज व एथिक्स कमेटी नाम दिया जाए। इस कमेटी ने आचार संहिता को अपनी रिपोर्ट में शामिल कर दिया तथा ऐसे उपाय सुझाये कि जिनसे सांसद जनता के प्रति जिम्मेवार हो। उसने कहाकि नागरिकों को यह अधिकार होना चाहिए कि वे सांसद के अनैतिक आचरण के विरूद्ध स्पीकर को शिकायत कर सके जिसे नैतिकता समिति में विचारा जावें। अमेरीका तथा इंग्लैंड की भांति एक रजिस्टर होना चाहिए जिसमें सभी सांसदों की सम्पत्ति तथा देनदारियों और हितों का स्पष्ट उल्लेख होना चाहिए तथा अपने कार्यकाल में अर्जित सम्पत्ति का भी हिसाब–किताब रखा जाए।

नैतिकता कमेटी ने कहाकि आचार संहिता को लोकसभा के प्रक्रिया संबंधी नियमों ने शामिल कर दिया जाना चाहिए। कमेटी को सांसद के विरूद्ध शिकायत सुनने तथा जांच करने का अधिकार होना चाहिए ताकि

संसद को सभी नागरिकों का विश्वास प्राप्त हो।

24 अगस्त 2002 को रिप्रजेन्टेशन ऑफ पीपुल (तृतीय संशोधन) पारित हुआ जिसमें सम्पत्तियों और देनदारियों की घोषणा को अनिवार्य कर दिया गया है। संसद में प्रवेश के 90 दिन के अन्दर घोषणापत्र स्पीकर को देना अनिवार्य है तथापि इससे उल्लघंन के कई मामलें सामने आए है। सम्पति की घोषणा में कई दावं पेंच लगाए गए।

संसद की प्रतिष्ठा और उसकी प्रभावोत्पादकता में सुधार लाने के लिए यह जरूरी है कि जनता की सतर्कता का लगातार दबाव बना रहे। संसद देश की सबसे ऊंची पंचायत है, जनविश्वास की ट्रस्टी है, आशाओं का केन्द्र है, राष्ट्र का भाल है, इसलिए तो **जे.एस. मिल** ने संसद को **'महान अन्वेषण'** की संज्ञा दी है।

जॉन ऑफ केनेडी की उस नसीहत को ध्यान में रखना होगा कि 'जब सूरज निकला हो तभी अपनी छत ठीक कर लेनी चाहिए, बहुत देर हो चुकी है फिर भी कभी नहीं से अभी बेहतर है।'

संदर्भ ग्रंथ

1. नैतिकता के नए सवाल – सं. राजकिशोर
2. भारतीय राजनीति में आचारसंहिता – डॉ. उम्मेदसिंह इंदा
3. भारतीय राजनीति में नैतिक संकट – डॉ. सगत सिंह
4. क्लैशिस ऑफ सिविलाइजेशंस – हंटिंग्टन
5. तीसरी फसल – पी. साईनाथ
6. भारत का राजनीतिक संकट – सं. राजकिशोर
7. भारत के सपूत – पदमश्री डॉ. भरत मिश्र
8. मूल–प्रश्न–उदयपुर

14

संसदीय लोकतंत्र में महिलाओं की भागीदारी

राजनीतिक भागीदारी लोकतांत्रिक शासन प्रणाली का अनिवार्य लक्षण है। लोकतंत्र की प्रभावोत्पाकता इस बात पर निर्भर करती है कि सभी नागरिकों को समान, प्रभावी और वास्तविक भागीदारी मिले। देश की आधी आबादी महिलाओं की है यदि महिलाओं को निर्णय लेने वाली प्रतिनिधि संस्थाओं में भागीदारी नहीं मिलती है तो लोकतंत्र आधा–अधूरा ही माना जायेगा। विश्व स्तर पर महिला सशक्तिकरण वर्ष मनाने के बाद में स्थानीय संस्थाओं में भागीदारी के मुद्दे को दरकिनार कर दिया जाए तो महिलाओं की राजनीतिक स्थिति में कोई बड़ा परिवर्तन नहीं आया है। न तो राजनीति में महिलाओं की प्रभावी उपस्थिति है और न ही सत्ता में उचित भागीदारी। हालांकि नारीवादी आंदोलन निरन्तर मांग कर रहे है भीख नहीं भागीदारी, सत्ता में साझीदारी चाहिए। महिलाएं मतदाता समूह की सदस्य तो हैं लेकिन भागीदारी के पायदान पर दूसरे दर्जे पर। इतना ही नहीं महिलाओं का बड़ा वर्ग राजनीति के प्रति निष्क्रिय और उदासीन बना हुआ है। महिलाओं को चौके से संसद तक लाने की बातें तो खूब होती हैं लेकिन उनकी जिन्दगी घर–परिवार, चुल्हे–चौके और ग्लैमर की मायावी दुनिया तक ही सिमटी हुई है।

महिलाओं की राजनीतिक भागीदारी में, राजनीतिक चेतना की कमी के साथ–साथ राजनीतिक डगर में ढेरों कांटे है। नीति और नियत का बड़ा सवाल भी मुंह बांथे खड़ा है।

आजादी के 62 वर्ष बाद भी 10.86 फीसदी महिला ही लोकसभा में पहुंची है जबकि जीत का प्रतिशत पुरूषों की तुलना में महिलाओं का बेहतर रहा है।

पुरूष–महिला सफलता की तुलनात्मक तालिका (1952–2009)

क.सं.	वर्ष	लोकसभा	पुरूष जीत का प्रतिशत	महिला जीत का प्रतिशत
01.	1952	प्रथम	N.A.	43.30
02.	1957	दूसरी	31.70	60.00
03.	1962	तीसरी	24.00	50.00
04.	1967	चौथी	21.30	44.80
05.	1971	पांचवी	18.50	24.40
06.	1977	छठी	22.10	27.10
07.	1980	सातवीं	11.50	19.70
08.	1985	आठवीं	09.20	25.60
09.	1989	नवीं	08.50	13.60
10.	1991	दसवीं	05.90	12.00
11.	1996	ग्याहरवीं	03.77	06.68
12.	1998	बारहवीं	11.2	15.69
13.	1999	तेरहवीं	11.3	17.68
14.	2004	चौदहवीं	9.8	25.56
15.	2009	पंद्रहवीं	6.45	10.61

क्या कारण है कि पिछले 13 वर्षों से महिला आरक्षण बिल लॉग–रालिंग[1] का शिकार हो रहा है। हालांकि बहुप्रतिक्षित महिला आरक्षण विधेयक राज्यसभा में पेश हो गया है। सबसे पहले 1996 में देवगौड़ा सरकार ने गीता मुखर्जी की अध्यक्षता वाली कमेटी की रिपोर्ट को आधार बनाकर

लोकसभा में यह विधेयक रखा था। 1996 से लेकर आज तक पांच बार यह विधेयक लोकसभा में रखा जा चुका है। सभी राजनीतिक दल सैद्धान्तिक रूप से महिलाओं को तैंतीस प्रतिशत आरक्षण देने के मामले में सहमत है। लेकिन आरक्षण के स्वरूप को लेकर सपा, राजद तथा जनता दल (यू) आदि राजनीतिक दल 'आरक्षण में आरक्षण' की मांग कर रहे है। वे महिलाओं को दिए जाने वाले आरक्षण में अनुसूचित जाति, अनुसूचित जनजाति, अन्य पिछड़ा वर्ग एवं अल्पसंख्यक वर्ग की महिलाओं के लिए आरक्षण के प्रावधान की मांग कर रहे है। राज्यसभा ने इस विधेयक को स्थायी संसदीय समिति को सौंप दिया है।

देश को आजादी मिले आधी सदी से अधिक समय हो चुका है लेकिन आधी आबादी को अपना पूरा हक आज तक नहीं मिला। यह नीति और नेतृत्त्व के लिए प्रश्नचिन्ह् तो है ही। संसद में महिलाओं के प्रतिनिधित्त्व पर दृष्टिपात करते है तो पाते है कि राज्यसभा व लोकसभा में महिला सांसदों की संख्या क्रमशः 26 (10.97 प्रतिशत) तथा 45 (8.28 प्रतिशत) है। दुनिया के सबसे बड़े लोकतंत्र के शीर्ष पर महिलाओं की हिस्सेदारी लगभग 10.86 फीसदी ही है। (देखिए तालिका) जो एक विचारणीय विषय हो सकता है।

संसद में महिला प्रतिनिधित्त्व (1952 से 2009)

क.सं. वर्ष	लोकसभा				राज्यसभा		
	कुल सीटें	महिला प्रत्याशी	महिला सांसद	प्रतिशत	कुल सीटें	महिला सांसद	प्रतिशत
01. 1952	489	53	22	4.41	219	16	7.3
02. 1957	499	45	27	5.41	237	18	7.5
03. 1962	494	70	35	7.08	238	18	7.6
04. 1967	520	67	30	5.76	240	20	8.3
05. 1971	518	86	21	4.05	243	17	7.0
06. 1977	542	70	19	3.50	244	25	10.2
07. 1980	542	142	28	5.16	244	24	9.8
08. 1985	542	164	42	7.74	244	28	11.4

09.	1989	543	198	27	4.97	235	24	9.7
10.	1991	543	325	36	6.62	245	38	15.5
11.	1996	543	599	40	7.36	223	20	9.0
12.	1998	543	274	43	7.91	245	19	7.75
13.	1999	543	277	49	9 02	237	22	9.2
14.	2004	543	176	45	8.28	237	26	10.97
15.	2009	543	556	59	10.86	237	22	9.28

प्रमुख देशों में महिला मताधिकार

क.सं.	देश	वर्ष	मतदाता की आयु
01.	अमेरीका	1911	18
02.	ब्रिटेन	1929	18
03.	भारत	1950	18
04.	चीन	1949	18
05.	फ्रांस	1848	21
06.	जापान	1947	20
07.	रूस	1936	18
08.	स्विट्जरलैंड	1971	18

लोकसभा में महिला प्रतिनिधित्त्व
(1952 से 2009)

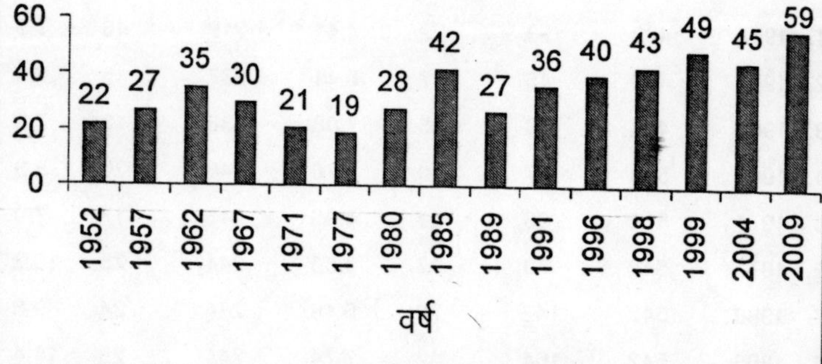

महिला प्रतिनिधित्त्व के मामले में भारत की स्थिति पाकिस्तान से भी बदतर है। पाकिस्तान की नेशनल असेम्बली में 21 प्रतिशत महिलाएं है। दुनिया के पिछड़े देशों में शुमार बंग्लादेश में करीब 15 फीसदी महिलाएं राजनीति में सहभागिता कर रही है। 'द स्टेट ऑफ द वर्ल्डस् चिल्ड्रन 2007' की यूनिसेफ रिपोर्ट कहती है कि विधायिका में ज्यादा महिलाओं को प्रतिनिधित्त्व दिया जाना चाहिए क्योंकि पंचायतीराज संस्थाओं में महिला प्रतिनिधियों ने न केवल गांवों के चौतरफा विकास में अहम् भूमिका निभाई वरन् बच्चों को मिलने वाली सुविधाओं की गुणवत्ता पर भी विशेष बल दिया है।[2] हालांकि महिलाएं भारत में ही नहीं दूसरे देशों में भी अपने हक पाने से वंचित हैं। विकसित देशों में भी उनकी स्थिति आशानुकूल नहीं है।

विश्व में महिला प्रतिनिधित्त्व[3]

क.सं.	देश	कुल सीट	महिलाएं	प्रतिशत
01.	स्वीडन	349	141	40.4
02.	नार्वे	165	65	39.4
03.	फिनफैंड	200	67	33.5
04.	डेनमार्क	179	59	33.0
05.	हालैण्ड	150	47	37.0
06.	न्यूजीलैण्ड	120	35	29.2
07.	जर्मनी	672	176	26.2
08.	स्पेन	350	86	24.6
09.	चीन	2978	626	21.0
10.	स्विट्जरलैण्ड	200	42	21.0
11.	वियतनाम	395	73	18.5
12.	कनाडा	295	53	18.0
13.	आस्ट्रेलिया	148	23	15.5
14.	जिम्बावे	150	22	14.7

क.सं.	देश	कुल सीट	महिलाएं	प्रतिशत
15.	मैक्सिको	500	71	14.2
16.	पौलैण्ड	460	60	13.0
17.	इण्डोनेशिया	500	63	12.6
18.	कोलम्बिया	163	19	11.7
19.	अमेरीका	435	51	11.7
20.	फिलीपीन्स	203	22	10.8
21.	रूस	450	46	10.2
22.	जाम्बिया	155	15	09.7
23.	सीरिया	250	24	09.6
24.	ब्रिटेन	651	62	09.5
25.	बंगलादेश	330	30	09.1
26.	मलेशिया	192	15	07.8
27.	चिली	120	09	07.5
28.	इजराइल	120	09	07.5
29.	भारत	545	39	07.2
30.	ब्राजील	513	34	06.6
31.	फ्रांस	577	37	06.4
32.	यूनान	300	19	06.3
33.	वेनेजुएला	203	12	05.9
34.	थाईलैंड	393	22	05.6
35.	जापान	500	23	04.6
36.	मिश्र	454	09	02.0
37.	मोरक्को	333	02	00.6

विश्व की संसदों में 44,017 सांसद हैं जिनमें से महज 7091 महिलाएं हैं। महिलाओं को सर्वाधिक प्रतिनिधित्त्व 49 प्रतिशत रंवाडा में मिला हुआ

है जबकि अमेरीका में 16, इंग्लैंड में 19, फ्रांस में 18, चीन में 20.3 तथा अर्जेन्टीना में 40 प्रतिशत महिलाएं संसद में शिरकत कर रही है।[4] 1960 में अर्जेन्टीना की राष्ट्रपति बनी मारेया ऐस्टेला दुनिया की पहली महिला राष्ट्रपति थी।[5] 28 अक्टूम्बर 2007 को सम्पन्न चुनावों में अर्जेन्टीना की पहली निर्वाचित महिला राष्ट्रपति क्रिस्टीना कर्चनर बनी।[6]

भारत में महिलाओं का अधिकार से वंचित रहने का मुख्य कारण पुरूष–प्रधान समाज, राजनेताओं की मानसिकता एवं सामाजिक रूप से बंद समाज का होना है। राजनीति में एक तिहाई सीटें महिलाओं के लिए आरक्षित होने से राजनेताओं को अपने क्षेत्र छीन जाने का खतरा है। 33 फीसदी आरक्षण मिलने पर लोकसभा की दीर्घा में 181 महिलाओं का प्रवेश होगा। इसलिए वे किसी न किसी बहाने इसमें बाधाएं पैदा करते रहे हैं। कभी सीटों को बढ़ाने का बहाना, कभी पिछड़ों का बहाना तो कभी अल्पसंख्यकों की दुहाई। इसमें कोई मीनमेख नहीं कि यदि महिलाओं को 33 प्रतिशत आरक्षण मिलता है तो राजनीति का चेहरा तथा सत्ता का चरित्र भी बदल जाएगा।

13वीं लोकसभायी चुनाव में महिला–प्रतिनिधित्त्व[7]

क.सं.	दल	महिला उम्मीदवार			सफलता प्रतिशत		वैध मत
		चुनाव लड़ा	जीती	जमानत जब्त	जीती	जमानत जब्त	
01	भाजपा	43	08	06	18.60	13.95	3242666
02	बसपा	22	01	19	04.54	86.36	1765090
03	सीपीआई	02	00	02	00.00	00.00	206083
04	सीपीएम	02	00	02	00.00	00.00	159311
05	कांग्रेस	53	39	02	73.58	03.77	4217288
06	जनता दल	13	00	12	00.00	92.30	891289
07	सपा	09	00	09	00.00	00.00	936270
01	राष्ट्रीय दल	144	48	52	33.33	36.11	11417997
02	राज्य दल	30	00	28	00.00	93.33	2298692

क.सं.	दल	महिला उम्मीदवार चुनाव लड़ा	जीती	जमानत जब्त	सफलता प्रतिशत जीती	जमानत जब्त	वैध मत
03	पंजीकृत (अमान्यता प्राप्त) दल	52	00	52	00.00	00.00	4315268
04	निर्दलीय	93	01	89	01.07	95.69	7476006
	योग	319	49	221	15.36	69.27	25507963

वर्गवार महिलाओं की स्थिति[8]

क.सं.	वर्ग	संख्या
01.	सामान्य	38
02.	एससी	09
03.	एसटी	03
	योग	50

संसद में महिला आरक्षण विधेयक को लेकर मतैक्य का अभाव है। महिला–सांसदों ने दलगत राजनीति से ऊपर उठकर यदि इस विधेयक के (108वां संशोधन विधेयक) पेश करने में कानून मंत्री हंसराज भारद्वाज का साथ नहीं दिया होता तो विधेयक रखा जाना भी संभव नहीं था क्योंकि सदन के कुछ सांसदों ने हाथापाई व छीना–झपटी कर विधेयक को पेश होने से रोकने के उपक्रम किए।

13वीं लोकसभा में महिलाओं के प्रतिनिधित्त्व का एक कीर्तिमान स्थापित हुआ, आजादी के बाद पहली बार देश की संसद में पचास संसदीय क्षेत्रों से महिलाएं लोकसभा में पहुंची। लोकसभा के शुरूआत में यह संख्या 49 ही थी। (देखिए तालिका) लेकिन पूर्व केन्द्रीय मंत्री व कांग्रेसी नेता राजेश पायलट की सड़क दुर्घटना में मृत्यु हो जाने से राजस्थान के दौसा संसदीय क्षेत्र में हुए उपचुनाव में स्व. पायलट की पत्नी रमा पायलट ने विजय हासिल कर महिला सांसदों की संख्या पहली बार पचास तक पहुंचायी।

राज्यवार महिला सांसदों की संख्या (तेरहवीं लोकसभा 1999)[9]

क.सं.	राज्य	महिला सांसदों की संख्या
01.	उत्तरप्रदेश	09
02.	बिहार	05
03.	राजस्थान	04
04.	आंध्रप्रदेश	04
05.	महाराष्ट्र	04
06.	पश्चिमी बंगाल	04
07.	गुजरात	03
08.	मध्यप्रदेश	03
09.	उड़ीसा	03
10.	तमिलनाडु	02
11.	पंजाब	02
12.	हरियाणा	02
13.	असम	02
14.	दिल्ली	01
15.	केरल	01
16.	कर्नाटक	01
	योग	50

महिलाओं के राजनीतिक प्रतिनिधित्त्व की ऐतिहासिक शुरूआत देखी जाए तो पाते हैं कि राष्ट्रीय आंदोलन एवं स्वदेशी आंदोलन से महिलाओं ने भागीदारी निभाई। श्रीमती एनीबेसेट 1913 में एक कर्मठ महिला राजनीतिज्ञ के रूप में सामने आयी और 1917 में कांग्रेस की प्रथम महिला अध्यक्षा बनी। इनकी अध्यक्षता में ही प्रस्ताव पारित हुआ कि महिलाओं को पुरूषों के समान मताधिकार दिया जाए, स्थानीय शासन तथा शिक्षा के क्षेत्र में महिलाओं की क्षमताओं का परीक्षण हो। सरोजनी नायडु के नेतृत्व में एक महिला शिष्टमंडल इस हेतु मान्टेग्यू से मिला। 1917 में श्रीमती मार्गरेट

कंजिस ने मद्रास में 'वीमेंस एसोसिएशन' नामक संस्था की स्थापना की। मांटेग्यू–चेम्सफोर्ड सुधार (1919) में ब्रिटिश सरकार ने उस समय भारतीय महिलाओं को मताधिकार नहीं दिया किन्तु प्रान्तीय विधानसभाओं को यह निर्णय लेने के लिए अधिकृत कर दिया कि वे सीमित मताधिकार एवं चुनाव लड़ने का महिलाओं का अधिकार दे सकते है। 1919 में मद्रास विधानसभा परिषद् ने एक प्रस्ताव पारित कर महिलाओं को सीमित मताधिकार दिया। 1926 में सभी प्रांतों में महिलाओं को पुरूषों के समान मताधिकार और प्रान्तीय विधानसभा में चुनाव लड़ने का अधिकार मिल गया। 1926 तक किसी भारतीय विधायिका में भारतीय महिला को कोई स्थान हासिल नहीं हो सका। मधुलक्ष्मी पहली महिला थीं जिन्हें मद्रास विधानपरिषद् के लिए मनोनीत किया गया तथा परिषद् की उपाध्यक्ष चुनी गई। महिला आंदोलन की एक अग्रणी नेता कमला चट्टोपाध्याय चुनाव लड़ने वाली प्रथम महिला थीं, भले ही वह 485 मतों से पराजित हो गयी हो परन्तु उस समय इतने वोट प्राप्त करना, वह भी महिला के लिए, एक बड़ी पहल थी। 1925 में श्रीमती सरोजनी नायडु कांग्रेस की अध्यक्षा बनी तथा 1927 में उसने "ऑल इंडिया वुमेन्स कान्फ्रेस" की स्थापना की जिसका उद्देश्य सामाजिक सुधारों के साथ–साथ महिलाओं में राजनीतिक जागृति लाना तथा पुरूषों के समान मताधिकार दिलवाना था। 1930 के गांधी जी द्वारा चलाए सविनय अवज्ञा आंदोलन में सरोजनी नायडु, कमलादेवी चटोपाध्याय तथा रूक्मणी लक्ष्मीपति आदि ने भाग लिया तथा जेल गई इनके साथ अन्य 17 हजार अन्य महिलाएं भी जेल गई।

1930 के पहले गोलमेज सम्मेलन में बेगम शाहनवाज और राधाबाई सुब्रायन ने तथा 1931 के दूसरे गोलमेज सम्मेलन में सरोजनी नायडु ने भाग लिया। तथा महिलाओं के मताधिकार की मांग की।

1937 के चुनावों में महिलाएं विधानमंडलों के लिए चुनी गई। संयुक्त प्रान्त उत्तरप्रदेश के मंत्रिमंडल में विजयलक्ष्मी पंडित पहली महिला मंत्री थी। 1942 के भारत छोड़ो आन्दोलन में भी हजारों महिलाओं ने भाग लिया। अरूणा आसफ अली, कल्पना जोशी, कनकलता बरूआ, रूपवती जैन, दुर्गाबाई, उषा मेहता आदि प्रमुख नेत्रियां थी।

1943 में नेताजी सुभाषचंद्र बोस ने भारत की आजादी के लिए सिंगापुर में आजाद हिंद फौज की महिला रेजीमेंट का नाम 'झांसी की रानी रेजीमेंट' रखा तथा लक्ष्मी सहगल को उसकी कमान सौंपी गई। (केप्टन लक्ष्मी सहगल ने डॉ. ए.पी.जे. अब्दुल कलाम के विरूद्ध राष्ट्रपति चुनाव भी लड़ा था)

अक्टूम्बर 1946 में जब संविधान सभा का गठन हुआ। उसके सदस्यों में श्रीमती सरोजनी नायडु, हंसा मेहता, श्रीमती रेणुकारे, श्रीमती अम्मू स्वामीनाथन, श्रीमती दक्षायणी वेलायुधन, श्रीमती कमला चौधरी, पूर्णिमा बनर्जी, सुचेता कृपलानी, बेगम ऐजाज रसूल, राजकुमारी अमृतकौर तथा एनी मस्करीन शामिल थी।[10]

26 जनवरी 1950 को भारत का नवीन संविधान लागू हुआ जिसमें महिलाओं को पुरूषों के समान मताधिकार दिया गया। वयस्क मताधिकार के आधार पर प्रथम आम चुनाव 1952 में हुए। 1952 से लेकर अब तक महिलाओं के राजनीतिक प्रतिनिधित्त्व का मूल्याकंन करें तो पाते हैं कि चाहे संख्यात्मक रूप से महिला प्रतिनिधित्त्व कम रहा हो, गुणात्मकता में कई कीर्तिमान स्थापित किए हैं।

राष्ट्रपति पद पर प्रथम महिला राष्ट्रपति श्रीमती प्रतिभा देवीसिंह पाटिल तथा प्रधानमंत्री पद पर श्रीमती इंदिरा गांधी का निर्वाचित होना महिलाओं की सबसे बड़ी उपलब्धि है। श्रीमती सोनिया गांधी आजादी के बाद लगातार दस वर्ष कांग्रेस अध्यक्ष पद पर रहने का कीर्तिमान रच रही है। दुनिया में कारोबार जगत की सर्वाधिक प्रभावशाली पचास महिलाओं की सूची (2007) में भारत की तीन महिलाओं चन्दा कोचर (आईसीआईसीआई बैंक) नैनालाल किदवई (एचएसबीसी–सीईओ) तथा बायॅकान सीईओ किरण मजूमदार शॉ का शामिल होना, महिला जगत की उल्लेखनीय उपलब्धि है।[11]

महिलाएं केन्द्रीय मंत्रिमडल में केबिनेट, राज्य तथा उपमंत्री रह चुकी है। सरोजनी नायडू, विजयलक्ष्मी पंडित, शारदा मुखर्जी, ज्योति वेंकटाचलम, सरला ग्रेवाल, कुमुदबेन जोशी, प्रतिभा पाटिल आदि महिलाएं राज्यपाल पद को सुशोभित कर चुकी हैं। मायावती चौथी बार मुख्यमंत्री बनकर

रिकार्ड स्थापित कर चुकी है। (देखिए तालिका भारत में महिला मुख्यमंत्री एवं राज्यपाल)

भारत में महिला मुख्यमंत्री[12]

क.सं.	नाम	राज्य	दल
01.	जे. जयललिता	तमिलनाडु	एडीएमके
02.	जानकी रामचन्द्रण	तमिलनाडु	एडीएमके (जानकी)
03.	मायावती	उत्तरप्रदेश	बसपा
04.	नन्दनी सत्पथी	उड़ीसा	कांग्रेस
05.	राबड़ी देवी	बिहार	आरजेडी
06.	राजिन्दर कौर भट्टल	पंजाब	कांग्रेस
07.	सुषमा स्वराज	दिल्ली	भाजपा
08.	शीला दीक्षित	दिल्ली	कांग्रेस
09.	सुचेता कृपलानी (प्रथम महिला मुख्यमंत्री)	उत्तरप्रदेश	कांग्रेस
10.	शशिकला काकोडकर	गोवा	महाराष्ट्रवादी गामंतकपार्टी
11.	सइदा अनवरा ताइमुर	असम	कांग्रेस
12.	उमा भारती	मध्यप्रदेश	भाजपा
13.	वसुन्धरा राजे	राजस्थान	भाजपा

भारत में महिला राज्यपाल (राज्य की प्रथम नागरिक)

क.स.	नाम	राज्य
1.	सरोजनी नायडु	उत्तरप्रदेश
2.	विजयलक्ष्मी पंडित	महाराष्ट्र
3.	शारदा मुखर्जी	—
4.	ज्योति वेंकटाचलम्	—
5.	सरला ग्रेवाल	मध्यप्रदेश

क.स.	नाम	राज्य
06.	कुमुदबेन जोशी	आंध्रप्रदेश
07.	प्रतिभा देवीसिंह पाटिल	राजस्थान
08.	श्रीमती पदमा नायडु	प. बंगाल
09.	फातिमा बीबी	आंध्रप्रदेश
10.	प्रभा राव	हिमाचल प्रदेश

महिलाओं ने रचाएं राजनीतिक कीर्तिमान

क.स.	प्रथम महिला भारतीय	नाम
1	राष्ट्रपति	श्रीमती प्रतिभा देवीसिंह पाटिल
2	प्रधानमंत्री	श्रीमती इन्दिरा गांधी
3	मुख्य चुनाव आयुक्त	श्रीमती वी.एस. रमा देवी
4	केन्द्रीय मंत्रिमंडल में मंत्री	राजकुमारी अमृतकौर
5	सांसद	राधाबाई सुबारायण
6	राजदूत	विजयलक्ष्मी पंडित (सोवियत संघ 1947)
7	मुख्य सचिव	निर्मला बुच
8	राष्ट्रपति चुनाव लड़ने वाली प्रथम महिला	केप्टन लक्ष्मी सहगल
9	राष्ट्रीय कांग्रेस की महिला अध्यक्ष	ऐनीबेसेंट
10	राष्ट्रीय कांग्रेस अध्यक्ष पद पर लगातार 10 वर्ष रहने वाली महिला	श्रीमती सोनिया गांधी

भारत में महिलाओं की एकमात्र राजनीतिक पार्टी 'यूनाइटेड वूमैन फ्रंट' है। जिसकी अध्यक्षा पूर्व उपराष्ट्रपति कृष्णकांत की पत्नी सुमन कृष्णकांत है। पार्टी का लक्ष्य महिलाओं के साथ हो रहे तमाम भेदभाव के विरूद्ध मुहिम चलाना तथा विधानसभा–लोकसभा में महिलाओं को 33 प्रतिशत

आरक्षण दिलाने के लिए प्रयास करना है। फ्रंट आरक्षण के भीतर आरक्षण का विरोध करता है। अगर ओबीसी पुरूषों के लिए राजनीति में आरक्षण नहीं है तब महिलाओं के लिए **'आरक्षण में आरक्षण'** का मुद्दा क्यों उठाया जा रहा है। यूनाइटेड वूमेन फ्रंट पार्टी की सदस्य संख्या वर्तमान में एक लाख के लगभग है।[13] महिला आरक्षण विधेयक को यूनाइटेड वूमेन फ्रंट मौजूदा स्वरूप में पारित करवाना चाहती है।

संसद से लेकर ग्रामसभा तक महिला प्रतिनिधित्त्व देखा–परखा जा सकता है फिर भी संख्यात्मक रूप से महिलाओं को उचित प्रतिनिधित्त्व नहीं मिलने का क्या कारण है जबकि संविधान स्त्री–पुरूष में कोई भेदभाव नहीं करता है। फिर भी शीर्ष संस्थाओं में महिला प्रतिनिधित्त्व का आकड़ा दस प्रतिशत से अधिक नहीं पहुंच पा रहा है जबकि जीत का प्रतिशत लगभग 16 है। स्केवन्डीयन देशों में बिना आरक्षण के महिलाओं का प्रतिनिधित्त्व 33 प्रतिशत से अधिक है।[14]

"बन्द होठों का है सबब कोई,
वक्त आया तो हम भी बोलेंगे।"

राजनीतिक दलों ने महिलाओं को टिकिट देने में पर्याप्त कोताही बरती। कथनी और करनी का बड़ा अंतर स्पष्ट देखा जा सकता है। ज्यादातर महिलाओं को 'डमी' उम्मीदवार के रूप में चुनाव लड़वाया जाता है। बैकडोर से निर्दलीय उम्मीदवारों का समर्थन कर चुनाव में पराजित करवाने का कार्य भी किया जाता है। जमीन से जुड़ी महिलाओं को टिकिट नहीं देकर प्रभावशाली नेता की पत्नी, पुत्रवधु, पुत्री या सहानुभूति आधार पर टिकिट दिए जिससे आम कार्यकर्ता अपने आपको तिरस्कृत मानने लगा है।

छोटे दलों ने महिलाओं को पर्याप्त टिकिट दिए, परन्तु राष्ट्रीय दल इस दिशा में गंभीर नहीं है। उदाहरणार्थ– 1980 से 1999 तक हुए 07 लोकसभा चुनावों में कांग्रेस ने कुल 308 महिला प्रत्याशियों को तथा भाजपा ने 160 महिलाओं को समर्थन दिया। दस फीसदी स्थानों पर भी चुनाव लड़ने का अवसर न देने वाले राजनीतिक दल 33 प्रतिशत आरक्षण दिए जाने की राजनीति कर रहे है। 'आरक्षण के भीतर आरक्षण' के नाम

पर अड़गा लगा महिला आरक्षण विधेयक को पारित होने से रोकने का प्रयास कर रहे है।

महिलाओं के विकास एंव दशा सुधार के नाम पर अनेक 'एनजीओ' कार्य कर रहे है, वे 'छपास' रोग से ग्रसित है। समय गुजारने, प्रसारित और प्रचारित होने, सरकारी मदद को हड़पने के उद्देश्य से संचालित हो रहे है। जो दिशा देने में विफल है। सिनेमा, विज्ञापन एवं स्तरहीन साहित्य ने महिला को दूसरे रूप में प्रस्तुत किया है। कोई भी व्यवस्था स्वयं सिकुड़ती जाए तो उसका इलाज क्या हो? समाज ने महिलाओं को संस्कार तो दिए लेकिन वैचारिक पक्ष को सदैव दबाकर रखा गया है। बाहुबलियों और माफियाकरण की राजनीति में किस प्रकार महिलाएं अपना अस्तित्व व अस्मिता बनाए रख पाएगी? बढ़ते चुनाव खर्च को महिलाएं कैसे वहन कर पाएगी क्योंकि वे आर्थिक रूप से अभी तक पूर्ण रूप से आत्मनिर्भर नहीं है। महिलाओं की राजनीतिक डगर काफी पथरीली है।

"इन्ही पत्थरों पे चल के गर आ सको तो आओ।
मेरे घर के रास्ते में कोई कहकशां नहीं है।"

स्वीडन और डेनमार्क जैसे देशों में महिला जनप्रतिनिधियों की संख्या भारत से बहुत ज्यादा है, इसके पीछे पुरूष की सहभागिता एक बड़ा कारण है। मगर जहां महिलाएं तेजी से आगे बढ़ रही है, पारिवारिक समन्वय की कमी बड़े पैमाने पर सामने आ रही है। **'भीड़ भरे कायनात है, मगर तन्हा तन्हा।'**

बदलते समय में महिलाएं अच्छी मतदाता, संगठनकर्ता तथा संचालक बन सकती है तो एक अच्छी जनप्रतिनिधि क्यों नहीं?[15] संसद में एक तिहाई (262) महिलाएं आए, चाहे किसी जाति, धर्म, दल, वर्ग की हो। इससे सामाजिक बदलाव परिलक्षित होगा। होना तो यह चाहिए कि आधी दुनिया के लिए आधी सीटें आरक्षित हो।

Footnotes

1. लॉग–रोलिंग अमेरीकी राजव्यवस्था की प्रथा है जिसमें मामले को लटकाए रखा जाता है।

2. अब बारी हमारी' रविवारीय आवरण आलेख– राजस्थान पत्रिका (जोधपुर) 14 जनवरी 2004
3. आई.सी.पी.ओ. का सर्वे, राजस्थान पत्रिका (जोधपुर) 15 मार्च 2003
4. प्रतियोगिता दृष्टि (जयपुर) 08 से 22 मई 2008, पृष्ठ 02
5. राजस्थान–पत्रिका (जोधपुर) 30 जुलाई 2007
6. समसामयिक वार्षिकी 2008, प्रतियोगिता दर्पण, (आगरा) पृष्ठ 197
7. निर्वाचन आयोग, भारत सरकार की वेबसाइट से उद्धृत
8. आधी दुनिया आधी अधूरी, देश जनादेश 2004, राजस्थान पत्रिका (जोधपुर) 19 मार्च 2004
9. इतनी महिलाएं पहली बार– देश जनादेश 2004, राजस्थान पत्रिका (जोधपुर) 19 मार्च 2004
10. संविधानिक विकास और स्वाधीनता संघर्ष – डॉ. काश्यप, पृष्ठ 260–264
11. प्रतियोगिता दर्पण, समसामयिक वार्षिकी 2008, पृष्ठ 183 (आगरा)
12. राजस्थान पत्रिका ईयर बुक 2007, पृष्ठ 399
13. पंजाब केसरी (दिल्ली) 07 जून 2008
14. आई.आई.पी.ओ. का सर्वे, राजस्थान पत्रिका (जोधपुर) 15 मार्च 2003
15. लोकतंत्र समीक्षा, खंड 36 अंक 1–4 जनवरी–दिसम्बर 2004, पृष्ठ 74

संदर्भ

1. समाज एवं नारी – मानचंद खंडेला
2. कार्यशील महिलाएं एवं सामाजिक परिवर्तन – मंजू जैन
3. भारतीय समाज में नारी – नीरा देसाई
4. ऑन दी सब्जेक्शन ऑफ वीमेन – जे.एस. मिल
5. वीमैन एंड रिवाल्युशन – मैनिन ईथल
6. वीमैन एंड मैन – ए. शीनफील्ड
7. इण्डियाज विमैन पॉवर – तारा अली बेग
8. हिस्ट्री ऑफ दी फ्रीडम मूवमेन्ट इन इंडिया – ताराचंद
9. वीमैन इन मॉडर्न इंडिया – नीरा देसाई

10. वीमेन इन पॉलिटिक्स – जे.एन.एस. जेक्यूट
11. राजस्थान में नारी रत्न – देवकिशन राजपुरोहित
12. स्त्री शक्ति जैसा मैने देखा – किरण बेदी
13. महिला विधि भारती स्वर्ण जंयती विशेषांक, नई दिल्ली
14. मंथन, नई दिल्ली
15. पालिटिक्स इंडिया, सितम्बर 1998
16. विधानबोधनी (राजनीति एवं महिलाएं अंक) जुलाई 2003
17. भारतीय राजनीति – डॉ. रामअवतार शर्मा

15

भारतीय राजनीति में क्षेत्रीयतावाद

भारतीय राजनीति की खरी सच्चाई यह है कि जाति, धर्म, धन, और क्षेत्र का प्रभाव निरतंर बढ़ रहा है हाल ही में नई दिल्ली में आयोजित संघीय व्यवस्था पर अतंरराष्ट्रीय सम्मेलन में बोलते हुए प्रधानमंत्री मनमोहन सिंह ने कहा कि क्षेत्रीय हितों पर कुछ वर्गों के सरोकारों पर आधारित संकीर्ण राजनीतिक सोच राष्ट्रीय और व्यापक सामूहिक उद्‌देश्यों को नुकसान पहुंचा रही है। क्षेत्रीय दल अपने स्थानीय हितों को अधिक महत्व देते है। गठबंधन सरकार में शामिल क्षेत्रीय क्षत्रपों को राजी करने की कवायद ने राजनीतिक संस्थाओं को असहाय बनाया हैं।[1] सरकार चलाने की मजबूरियों और विवशताओं के चलते क्षेत्रीय दलों के किरदारों को केन्द्रीय मंत्री तक बनाना पड़ता है। सेतु समुद्रम् परियोजना पर क्षेत्रीय दलों ने नाना–नाना प्रकार की बोलियां बोली। सत्ता का संतुलन अब छोटे व क्षेत्रीय दलों के हाथ में आ चुका है। सरकार को समर्थन देने की एवज में क्षेत्रीय दलों के नेताओं ने न केवल मंत्रीमंडल में स्थान पाया वरन् अपने रिश्तेदारो तक को मंत्री बनवाया दिया है। राष्ट्रीय हितों को नजरंदाज कर क्षेत्रीय हितों को उछालने के कारण कई राज्यों के आपसी संबंधों में दरार आई है। पंजाब–हरियाणा में क्षेत्रीय एवं जल विवाद, दक्षिण भारतीय राज्यों में कावेरी जल–विवाद और कई राज्यों में सीमा विवाद इसके ज्वलन्त उदाहरण हैं। भारत विविधतापूर्ण संस्कृतियों का राष्ट्र है अतः क्षेत्रीय और भावानात्मक मुद्‌दों पर लोगों को गुमराह कर वोट लिए जाते हैं, यही कारण है कि

भारत में क्षेत्रीय दल मजबूत होकर उभरे है। आज संसद में 37 दलों के प्रतिनिधि है।[2] केन्द्रीय कैबिनेट में भी क्षेत्रीय दलों के प्रतिनिधि ही बहुमत में हैं जिन्हें महत्त्वपूर्ण विभाग मिले हुए हैं।

देश में जिस प्रकार जटिल बहुदलीय व्यवस्था स्थापित हो रही है और राज्यों से लेकर केन्द्र तक में विभिन्न दलों और गठबंधनों की सरकारों का सर्जन–विसर्जन लगा हुआ है, ऐसी दशा में बढ़ती क्षेत्रीयकरण की प्रवृत्ति पर गंभीर चिन्तन की जरूरत है। हमारी संसदीय व्यवस्था में विभिन्न राज्यों का अस्तित्व केन्द्रीय कानून से निर्देशित होता है, केन्द्र अपने विषयों में से, कुछ अपने पास, कुछ राज्यों के पास तथा कुछ पर दोनों का साझा नियत्रंण और निर्देशन रखता है।

मगर पिछले तीन दशकों से क्षेत्रीयता ने बहुत जोर पकड़ा है। राज्यों की बढ़ती क्षेत्रीय महत्वाकांक्षाओं को मौजूदा परिस्थितियों में किस प्रकार पूरी की जा सकती है, इस विषय पर गंभीर चिन्तन–मनन की आवश्यकता है। न केवल राजनीति का क्षेत्रीयकरण वरन् राजनीति का कबायलीकरण भी हुआ है। भिन्न–भिन्न जातियों के नेतागण अपनी–अपनी जातीय दुकानदारी कर रहे हैं। इसमें कोई शक नहीं कि केन्द्र मजबूत होना चाहिए लेकिन क्षेत्रीय भावनाओं का दमन भी नहीं होना चाहिए। जटिल बहुदलीय प्रक्रिया की वजह से अनेक छोटी पार्टियां पनप गई है जिनका आधार कोई विचारधारा या आर्थिक कार्यक्रम नहीं है बल्कि जातीयता या क्षेत्रीयता ही इनकी प्राणवायु है। अमेरिकी विश्लेषक **सैलिग हैरिसन** ने 1960 में अपनी पुस्तक **'इंडियाः द मोस्ट डेंजरस डिकेट'** में भविष्यवाणी की कि **"भारत कई छोटी छोटी निरंकुश राष्ट्रीयताओं (क्षेत्रीयता) में विभाजित हो सकता है।"** यह भविष्यवाणी आंशिक रूप से सत्य सिद्ध हो रही है। जनाधार सकारात्मक कार्यों से नहीं बनाया जाता है तो शासन करते समय राष्ट्रीय सोच गौण हो जाती है। केरल को छोड़ दिया जाए तो लगभग पूरे देश में आजादी के बाद दो दशकों तक कांग्रेस का एक छत्र राज रहा। इसके बाद राजनीतिक विखंडन की शुरुआत हुई और बड़े नेताओं के अहम् के टकराव एंव क्षेत्रीय मुद्दों को लेकर नए दल

बनने लगे। 1982 में कांग्रेस 24 में से 20 राज्यों में काबिज थी। 2007 में 29 में से सिर्फ 12 राज्यों में ही उसका शासन रहा है। 1967 में हुए चुनावों में कांग्रेस को अनेक राज्यों से सत्ता गवानी पड़ी। 1975 के आपात्काल के बाद स्थिति और बदल गई कांग्रेस की लोकप्रियता में गिरावट आयी। वर्ष 1989 से 2004 तक कांग्रेस का मत प्रतिशत 40 से घटकर 26 पर आ गया। भाजपा ने जमीन तैयार की और 1989 में 11 प्रतिशत मत से बढ़कर उसके 1998 में 25 प्रतिशत हो गए लेकिन 2004 में घटकर 22 प्रतिशत रहा, शेष हिस्सा मिला क्षेत्रीय दलों एंव निर्दलीयों को। देश में केवल आठ राज्य यथा हिमालय प्रदेश, दिल्ली, उत्तराचल, मध्यप्रदेश, राजस्थान, गुजरात, छत्तीसगढ़ एवं अरुणाचल प्रदेश ऐसे है जहां देश के दोनों प्रमुख दलों कांग्रेस एंव भाजपा की ही भूमिका है, शेष अनेक राज्यों में ये दल है लेकिन साथ में क्षेत्रीय दल प्रमुख प्रतिद्वंदी हैं यहीं कारण हैं कि सत्ता संतुलन राष्ट्रीय दलों के हाथ से फिसलकर छोटे क्षेत्रीय दलों के हाथ में पहुंच गया है। राजनीति में क्षेत्रीय दलों का उदय कांग्रेस के धुंधलाने से सीधे आनुपातिक रूप से जुड़ा है। 1952 में लोकसभा में 27 दलों के प्रतिनिधि थे परन्तु इन क्षेत्रीय दलों के पास मात्र 16 सीटें थी जबकि कांग्रेस के पास लोकसभा में 466 में से 339 सीटें थी। 2004 के चुनावों में कांग्रेस ने 151 सीटें जीती। कांग्रेस जब अच्छा प्रदर्शन करती है तो क्षेत्रीय दलों का प्रदर्शन खराब होता है। भाजपा भी क्षेत्रीय दलों के उदय को नहीं रोक पाई।[3] कोई राष्ट्रीय राजनीतिक दल सामाजिक, धार्मिक तथा क्षेत्रीय आधार नहीं बढ़ा सकता है इसलिए क्षेत्रीय दलों के साथ मधुर संबंध बनाने लगे है। अस्सी के दशक की यह लहर शुरू में छोटी सी थी अब धार्मिक और क्षेत्रीय भावनाओं की क्रांति का रूप ले रही है। राष्ट्रीय दलों में नेतृत्व–संकट क्षेत्रीय दलों के लिए सोने में सुहागा है। 1989 में क्षेत्रीय एंव अन्य दलों को 247 सीटें, 1991 में 169, 1996 में 242, 1998 में 220, 1999 में 247, तथा 2004 में 260 सीटें हासिल हैं। ऐसे में क्षेत्रीय एवं राष्ट्रीय हितों में सामंजस्य बिठाना तथा नीतिगत कठोर निर्णय लेना एक बड़ी चुनौती है ? देखिए तालिका एवं ग्राफः–

क्षेत्रीय दलों की स्थिति

वर्ष	सीटें
1989	247
1991	169
1996	242
1998	220
1999	247
2004	260

देश में क्षेत्रीय दल इतने मजबूत हो चुके हैं कि निकट भविष्य में कोई भी दल अपने बलबूते पर केन्द्र में सरकार बनाने की स्थिति में नहीं होगे, यह दौर अभी लम्बा चलेगा। **पूर्व प्रधानमंत्री अटल बिहारी वाजपेयी ने कहा था कि ''देश में गठबंधन सरकारों का युग शुरु हो चुका है और यह जमीनी सच्चाई है तथापि भारत में गठबंधन–संस्कृति शैशव अवस्था में है इसलिए अधिकतर राजनीतिक दल अभी इसे निभाने में अभ्यस्त नहीं हैं। गठबंधन निर्माण तो हुआ है लेकिन संस्कृति का अभी तक निर्माण नही हुआ है।''** इसी कारण पूर्व में अनेक गठबधंन सरकारें गिरी हैं। आज क्या कोई प्रधानमंत्री मनमोहन सिंह को गंभीरता से लेता है? कमलनाथ डब्ल्यू.टी.ओ. की बैठक का बहिष्कार कर देते है क्या यह फैसला सरकार के निर्देश पर लिया गया? क्या हमारी भविष्य में भी यही अधिकारिक नीति होगी? सही क्या है और गलत क्या है, इस पर विमर्श हो सकता है लेकिन इसमें शासन प्रणाली और अनुशासन का सवाल तो है ही। आखिर प्रधानमंत्री की ऑथोरिटी क्या है ? लाभ के पद का मुद्दा भी उठा जिसकी शुरुआत सपा सांसद जया बच्चन को निशाना बनाए जाने से हुई। कांग्रेस में कानून के जानकारों ने जुबान नहीं खोली, उल्टे कांग्रेस पर ही इस विवाद का फंदा कसा गया और सोनिया गांधी को केबिनेट मंत्री के दर्जे वाली राष्ट्रीय सलाहकार परिषद् के अध्यक्ष पद से हाथ धोना पड़ा। कांग्रेस और भाजपा दोनों ही राष्ट्रीय दल तंत्र के भीतर कैदी जैसी स्थिति में है। इस समय में क्षेत्रीय पार्टियां और वाम दल लाभ की स्थिति में हैं।

राजनीतिक दलों का घटता–बढ़ता प्रभाव

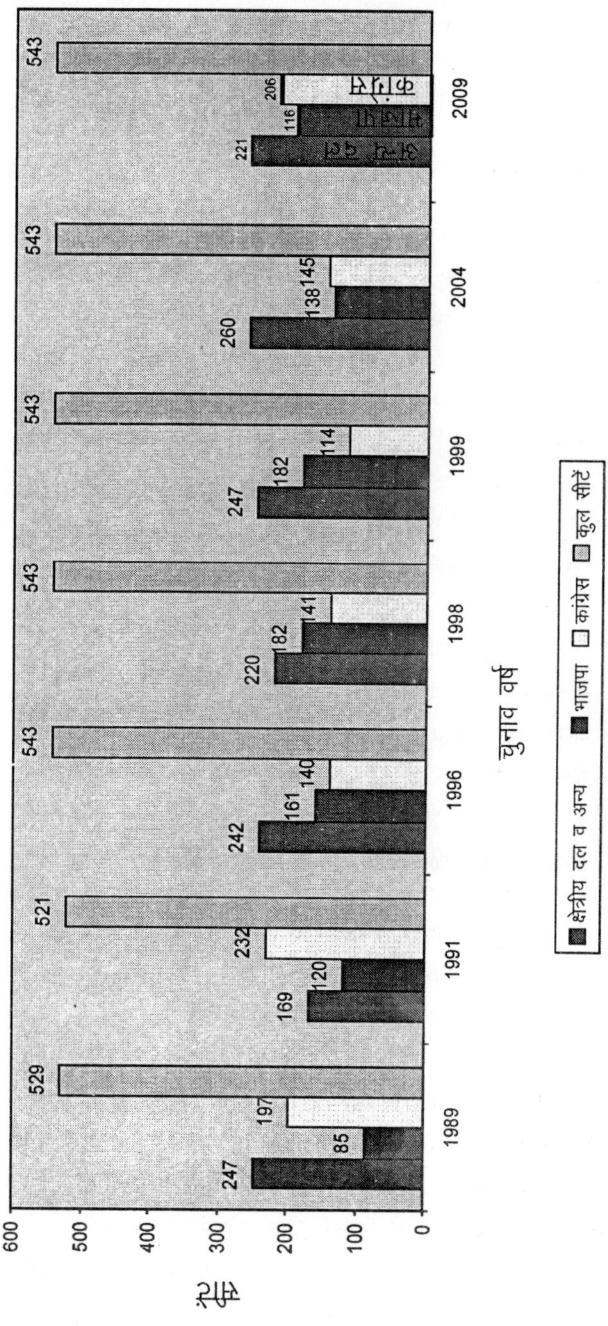

चुनींदा क्षेत्रीय दल और उनका प्रभाव क्षेत्र (2004 के चुनाव में)

क्र.स.	दल	राज्य	लोकसभा सीटें	घटक	15वीं लोक सभा में सीटें (2009)
1.	समाजवादी दल (सपा)	उत्तर प्रदेश	35	UPA	23
2.	राष्ट्रीय जनता दल	बिहार / झारखंड	23	UPA	04
3.	द्रविड़ मुनेत्र कषगम (DMK)	तमिलनाडू/पांडेचेरी	16	UPA	18
4.	शिवसेना	महाराष्ट्र/गोवा/दादरा व नागर हवेली	12	NDA	11
5.	बीजू जनता दल	उड़ीसा	11	NDA	14
6.	राष्ट्रीय कांग्रेस पार्टी	महाराश्ट्र	09	UPA	09
7.	शिरोमणि अकाली दल (SAD)	पंजाब	08	NDA	04
8.	पहाली मक्कल काली PMK	तमिलनाडू/पांडिचेरी	06	UPA	–
9.	तेलगुदेषम् (TDP)	आध्रंप्रदेश	05	NDA	06
10.	झारखंड मुक्ति मोर्चा (झामुओ)	झारखंड	05	UPA	02
11.	तेलगाना राष्ट्र समिति (TRS)	आधंप्रदेश	05	UPA	02
12.	असम परिषद् (AGP)	असम	02		01
13.	नेशनल कान्फ्रेंस	जम्मू–काश्मीर	02		03
14.	AIADMK आंल इंडिया द्रविड़	तमिल/ पांडेचरी	00		09
15.	इण्डिन नेशनल लोकदल		00		05

पिछ्ले दशकों से कांग्रेस के जनाधार में आ रही गिरावट भाजपा के उत्थान में सहायक बनी। कांग्रेस का पारम्परिक वोट बैंक क्षेत्रीय दलों की ओर रुख करने लगा ऐसा लगभग सभी राज्यों में हुआ है। यह प्रवृत्ति साठ के दशक में तमिलनाडू से शुरु हुई, सत्तर के दशक में पश्चिमी बंगाल में और अस्सी के दशक में उत्तर प्रदेश, बिहार आदि राज्यों में बड़ी तेजी से पनपी। कांग्रेस जिन्हें अपना 'क्लोज–पॉकेट' (Close Pocket) मानकर चल रही थी उन्हीं क्षेत्रों में क्षेत्रीय दलों ने सेंध लगायी। आंध्र में तेलुगुदेशम, कर्नाटक में जनता दल, महाराष्ट्र में शिवसेना, उड़ीसा में बीजू जनतादल, असम में असम गण परिषद् जैसी क्षेत्रीय पार्टियां बड़ी ताकत

बन कर उभरी है। 1984 में तो तेलुगुदेशम् जैसा क्षेत्रीय दल केन्द्र में प्रमुख विपक्षी दल बनकर उभरा। कांग्रेस तथा भाजपा जैसे राष्ट्रीय दलों के उत्थान–पतन से राष्ट्रीय राजनीति के स्वरुप में भारी बदलाव परिलक्षित हुआ, दोनों दलों को अपने बलबूते पर सरकार बनाने में भारी दिक्कतों का सामना करना पड़ा फलतः केन्द्र में सरकार बनाने के लिए क्षेत्रीय दलों के समर्थन की जरुरत पड़ने लगी। भाजपा के पूर्व प्रधानमंत्री अटलबिहारी वाजपेयी को चन्द्रबाबू नायडू जैसे क्षेत्रीय नेता की मांगों से जूझना पड़ा। कांग्रेसनीत गठबंधन सरकार को लालूप्रसाद यादव और करुणानिधि जैसे क्षेत्रीय नेताओं के आगे बार–बार झुकना पड़ रहा था। राजनीतिक दृष्टि से कमजोर केन्द्र सरकार होने से मजबूत क्षेत्रीय दल और नेता अपनी मर्जी से केन्द्र को हांक चुके हैं। संविधान निर्माताओं ने भारत को 'राज्य का संघ' (UNION OF STATE) कहा जिसमें केन्द्र के निर्णायक बन गए हैं–क्षेत्रीय दल। अप्रैल 1957 में विश्व की प्रथम निर्वाचित कम्युनिस्ट सरकार ई.एम.एस. नंबूदिरिपाद की अगुवाई में केरल में स्थापित हुई। सही मायने में क्षेत्रीय पहचान स्थापित करने का यह पहला आक्रमण था जिसने मौलिक समतावादी और जातिवादी विरोध का संदेश तो दिया ही साथ ही साथ ईसाइयों, हिन्दुओं, मुस्लिमों को विकास की क्षेत्रीय राजनीति के मंच पर एक साथ खड़ा किया। गटबंधन की राजनीति जिसका श्रीगणेश केन्द्रीय स्तर पर 1977 से हुआ वस्तुतः **गठबंधन की राजनीति संख्या बल या जोड़–तोड़ का दूसरा नाम है, इसमें शामिल प्रत्येक घटक सरकार से अपनी कीमत मांगता है यह कीमत पैसे, पद और प्रतिष्ठा के अलावा अपने गढ़ (क्षेत्र) को अभेद्‌य रखना होता है।** अपना साझा दायित्व तभी निर्वाह करते है जब उन्हें अपना हित दिखता हो। संयुक्त उत्तरदायित्व की भावना जो कि संसदीय व्यवस्था का प्राणतत्व है, धीरे–धीरे समाप्त प्रायः हो रही। शर्तों पर समर्थन के कारण क्षेत्रीय दल, अपने क्षेत्र में 'वीटो़ शक्ति' को ग्रहण कर लेते है जिसकी प्रेरणा अन्य राज्यों के क्षेत्रीय दल भी ग्रहण करते हैं। निजी महत्वाकांक्षा, परिवारवाद एंव दरबारीपन की प्रवृतियों के कारण राष्ट्रीय दल अपनी छवि खोते जा रहे हैं।

यह भी सौ टका सच्चाई है कि जब जब केन्द्र कमजोर हुआ है विदेशी ताकतों और शक्तियों ने भारत को भीतर से कमजोर किया है।

राजपूत राजा अगर आपस में नहीं लड़ते तो मुगलों का साम्राज्य भारत में स्थापित ही नहीं होता। 1857 में यदि सभी उत्तर–दक्षिण की रियासतें मिलकर दिल्ली के सम्राट बहादुरशाह जफर का साथ देती तो अंग्रेजों की ईस्ट इंडिया कम्पनी को 'सरकार बहादुर' के नाम से कौन नवाजता? इसमें कोई मीनमेख नहीं है कि भारत में अनेक जातियां है, सम्प्रदाय है, कुछ कोसों पर बोली बदल जाती है तमाम विविधताएं है इसलिए भारत को अजायबघर की संज्ञा दी जाती है तथापि राष्ट्रीय स्तर पर एकता के समवेत स्वर जरूरी है।

राज्यों में स्थानीय मुद्दों की विशेष भूमिका होती हैं। क्षेत्रीय दल इन्हीं क्षेत्रीय मुद्दों को उभारकर अपना वजूद तराशते हैं हालाकि क्षेत्रीयतावाद की भावना भाषायी आधार पर राज्यों के गठन से ही शुरु हो गई थी। मंडलीकरण और भूमंडलीकरण के बावजूद भी कई क्षेत्रीय दलों की सोच और कार्यक्रम जांत–पांत के मुद्दों को लेकर निर्मित किये जाते रहे हैं, चाहे उसका नाम कुछ भी क्यों न दिया जाय। गठबंधन सरकारें: समस्या एंव परिप्रेक्ष्य विषय पर आयोजित सेमीनार में (3 अक्टूबर 1996) पी. ए. संगमा तत्कालीन लोकसभा अध्यक्ष ने कहाकि "पहले चुनाव के बाद से सरकारों के इतिहास को निकट से देखे तो पायेगें कि लगभग साठ के दशक के उतरार्द्ध तक राष्ट्रीय दल सरकारें बनाया करते थे, इसके पश्चात् लगभग सत्तर के दशक के उतरार्द्ध तक राज्यों के शासन में क्षेत्रीय दल सुदृढ़ बन गये जबकि केन्द्र में भी सरकार में भागीदारी शुरु कर दी। ग्यारहवें आम चुनाव में क्षेत्रीय दल केन्द्र में सत्ता में आ गए और राष्ट्रीय दल सरकार से बाहर हैं।" देश का भाग्य तय करने में क्षेत्रीय दलों की भूमिका महत्त्वपूर्ण होते जाने से भारत अब सही मायने में विविध पहचान और आकांक्षाओं वाले राज्यों का संघ बन गया है।

आवश्यकता इस बात की है कि योजनाओं का निर्माण इस प्रकार से किया जाए कि क्षेत्रीय असंतुलन पैदा ही नहीं हों। तीव्रतर होती क्षेत्रीयता की भावनाएं विधान, संविधान, शासन एंव अनुशासन के माध्यम से रोकी जाए तभी राष्ट्रीय एकीकरण का जागरण पूर्ण होगा।

Footnotes

1. पंजाब केसरी, दिल्ली
2. इंडिया टुडे, 02 जनवरी 2008
3. इंडिया टुडे, 02 जनवरी 2008, पृष्ठ 26

संदर्भ ग्रथ

1. भारतीय राजनीतिक व्यवस्था – पी.के. चड्ढा
2. स्टेट गर्वनमेन्ट इन इंडिया – डॉ. श्रीराम महेश्वरी
3. पॉलिटिक्स – एन्ड्रयू होवट
4. पॉलिटिक्स इन इंडिया – रजनी कोठारी
5. सनस् ऑफ दी सोयल – माइनर विनर
6. भारतीय शासन एवं राजनीति (अनु.) मॉरिस जोन्स
7. भारतीय सरकार एवं राजनीति – इकबाल नारायण
8. भारत की राजनीतिक व्यवस्था – डॉ. जे.आर. सिवाच
9. भारतीय सरकार एवं राजनीति – डॉ. त्रिवेदी. राय
10. राज्यों की राजनीति – डॉ. उम्मेदसिंह इंदा
11. लोकतंत्र की चुनौतियां – सच्चिदानंद सिन्हा
12. भारत का राजनीतिक संकट – सं. राजकिशोर
13. संविधान संशोधन संबंधी सुझाव – नानुभाई नायक
14. भारतीय शासन एवं राजनीति – डॉ. जैन, डॉ. फड़िया
15. स्टेट पॉलिटिक्स इन इंडिया – सं. इकबाल नारायण
16. क्राइसिस इन इंडिया – श्रीनिवास राव
17. पार्टी पॉलिटिक्स इन इंडिया – माइनर विनर
18. इंडियन कॉस्टीट्यूशनल प्रोब्लम्स् – सिवास्वामी अय्यर
19. लोकतंत्र समीक्षा, नई दिल्ली

16

राज्यपाल का पदः संविधानिकता एवं यथार्थवादी परिदृश्य

राज्यपाल का पद स्वतंत्र भारत के संविधान द्वारा निर्मित पूर्णतया नया पद नहीं है। इस पद का इतिहास उतना ही पुराना है जितना पुराना ब्रिटेन का भारत के साथ संबंध। ईस्ट इंडिया कम्पनी के शुरूआती दिनों में राज्यपाल भारत में ब्रिटिश व्यापार को सुरक्षित रखने के लिए कम्पनी एजेण्ट के रूप में नियुक्त हुए थे परन्तु बाद में राज्यपालों ने राजनीतिक अधिकार प्राप्त कर लिये थे। ईस्ट इंडिया कम्पनी द्वारा ब्रिटिश राजमुकुट को सत्ता सौंपने के बाद तो राज्यपाल (गवर्नर) का पद एवं शक्तियों में असाधारण रूप से वृद्धि हुई। जिसने भारतीय प्रशासन में ब्रिटिश शासन के सूर्यास्त तक एक महत्त्वपूर्ण भूमिका का निर्वाह किया। ईस्ट इंडिया कंपनी ने 1600 ई. में व्यापार एवं वाणिज्य की सुरक्षा और संवर्द्धन के लिए प्रथम राज्यपाल **थामस स्मिटस** को नियुक्त किया था। धीरे–धीरे राज्यपाल ने व्यवसाय से शासन कला में प्रवेश किया। भारत में ब्रिटिश साम्राज्य को सुदृढ़ बनाने के लिए महत्त्वपूर्ण भूमिका अदा की। राज्यपाल पद का तीसरा युग रेग्यूलेटिंग एक्ट (1773) से शुरू होता है अब राज्यपाल केन्द्र के एजेन्ट के रूप में कार्य करने लगा था तथा गर्वनर को जनरल के रूप में नियुक्त कर उसके ओहदे को नया नाम दिया। उसे कानून बनाने और लागू करने के मामले में उच्चतम न्यायालय से ऊपर कर

दिया। बाद में उसे उच्चतम न्यायालय की राय न मानने के लिए भी अधिकृत कर दिया। 1784 में पिट्स इंडिया एक्ट द्वारा गर्वनर जनरल तथा उसके तीन सदस्यी परिषद् के हाथ में सौंप दी, उसमें गर्वनर जनरल को बहुमत से निर्णय लेना होता था। 1793 में सम्राट द्वारा गर्वनर जनरल को यह अधिकार दे दिया गया कि वह परिषद् के निर्णय को रद्द कर सकेगा। 1786 में उसके अधिकारों में वृद्धि करते हुए उसे मुख्य सेनापति भी बना दिया गया। 1833 में भारतीय प्रशासन का केन्द्रीयकरण करते हुए बंगाल के गर्वनर को भारत का गर्वनर जनरल घोषित कर दिया हालाकि उसे संविधान, चार्टर एक्ट तथा साम्राज्ञी के विशेषाधिकार आदि में परिवर्तन करने का अधिकार नहीं था। 1858 में गर्वनर जनरल के पद में परिवर्तन कर उसे "वायसराय" की उपाधि से विभूषित किया गया परन्तु उसके अधिकार क्षेत्र में कोई परिवर्तन नहीं किया गया। 1919 के भारत शासन अधिनियम (मान्ट–फोर्ड रिपोर्ट) द्वारा वायसराय को विवेकाधिकार एवं विशेषाधिकार प्राप्त हुए जिनका प्रयोग वह आरक्षित क्षेत्रों में विशेष अवसरों पर कर सकता था। 1935 के भारत शासन अधिनियम का उद्देश्य प्रत्येक प्रान्त को हर संभव अपने घर में मालिक (प्रान्तीय स्वायत्तता) बनाना था। इस अधिनियम द्वारा ब्रिटिश प्रान्तों और देशी रियासतों को मिलाकर एक अखिल भारतीय संघ बनाना था। गर्वनर अभी भी प्रान्त की कार्यपालिका का अध्यक्ष बना रहा जिसकी नियुक्ति क्राउन द्वारा भारत सचिव की सलाह पर पांच वर्ष के लिए होती थी। राज्यपाल को दोहरे दायित्त्वों का निर्वाह करना होता था एक ओर उसे स्वायत्त प्रान्त में संवैधानिक प्रधान की भूमिका का निर्वाह करना होता था ताकि स्वायत्त प्रदेश का प्रधानमंत्री (मुख्यमंत्री) को वास्तविक एवं प्रभावशाली मुखिया बनने का अधिकार मिले दूसरी ओर उसे केन्द्र के अभिकर्त्ता के रूप में कार्य करना होता था जो स्वविवेकीय या व्यक्तिगत निर्णय होता था। राज्यपाल प्रान्तों में संवैधानिक प्रधान न रहकर यथार्थ शासक के रूप में कार्य करते रहे। सन् 1947 में भारत स्वतंत्र हुआ तो संविधान–निर्माताओं ने प्रान्तीय शासन को संचालित करने के लिए राज्यपाल के पद को बनाए रखना उचित समझा तथा भारत को संघीय स्वरूप प्रदान किया। प्रान्तों में राज्यपाल को प्रान्तीय शासन का संवैधानिक प्रमुख बनाया गया। संविधान सभा में

राज्यपाल के पद को लेकर विचार–विमर्श हुए अन्त में निर्णय लिया गया कि राज्यपाल राज्य कार्यपालिका का प्रमुख होगा जिसकी नियुक्ति पांच वर्षों के लिए राज्यों में राष्ट्रपति द्वारा की जाएगी। वह भारतीय राष्ट्रपति का प्रतिनिधि माना जाएगा।

गर्वनर शब्द की उत्पतिः गर्वनर (Governor) शब्द अंग्रेजी भाषा के शब्द गवर्न (Govern) से बना है जिसका अर्थ होता है– अंकुश रखना या नियत्रंण करना। प्राचीन समय में यूरोपीय देशों में राजाओं की अपनी इच्छा से कार्य करने की प्रवृति 'गवर्न करना' (To Govern) कहलाती थी। ब्रिटेन द्वारा जब भारत में गर्वनर नियुक्त होते थे तो वे राजा के प्रतिनिधि के रूप में भेजे जाते थे। ब्रिटिश शासन के प्रतिनिधि के रूप में नहीं। राजा के प्रतिनिधि के रूप में स्वतंत्र कार्यभार सौंपने की व्यवस्था ब्रिटेन में चार्ल्स प्रथम से शुरू हुई। भारत में 'गर्वनर' शब्द का प्रयोग अंग्रेजों के बंगाल पर विजय हासिल करने के बाद शुरू हुआ। वस्तुतः गवर्नर (राज्यपाल) को दोहरी भूमिका अदा करनी होती है– एक राज्य के संवैधानिक प्रमुख के रूप में तथा दूसरी केन्द्र के प्रतिनिधि के रूप में।

राज्यपाल पद का चुनाव क्यों नहीं? संविधान सभा में राज्यपाल पद के चुनाव के तरीकों को लेकर व्यापक चर्चा हुई थी कि राज्यपाल का चुनाव प्रत्यक्ष रूप में जनता द्वारा वयस्क मताधिकार के आधार पर हो परन्तु ऐसा किया जाना संभव नहीं था। वयस्क मताधिकार के आधार पर चुना जाने वाला व्यक्ति दलीय होगा जिसका अपना दृष्टिकोण होगा। मुख्यमंत्री पद के साथ प्रतिस्पर्धा से भी इंकार नहीं किया जा सकता। सर्वोच्च और शक्तिशाली का विवाद उभरने की पूरी गुजाइंश थी। गुटबंदी से भी इंकार नहीं किया जा सकता था।

दूसरा यह सुझाव था कि विधानसभा द्वारा नामों का चुनाव आनुपातिक प्रतिनिधित्त्व पद्धति के अनुसार एकल संक्रमणीय मत द्वारा कर, नामावली राष्ट्रपति को प्रेषित कर दी जाए उन में से राज्यपाल की नियुक्ति करें। परन्तु इसमें राज्यपाल राज्यीय स्वरूप को ज्यादा महत्त्व दे सकता था। भारत राज्यों का संघ (Union of states) है। केन्द्र सरकार का राज्यों पर समुचित नियत्रंण होना देश की एकता और अखंडता के लिए जरूरी समझा गया।

तीसरा सुझाव संविधान सभा के समक्ष यह था कि राज्यपाल की नियुक्ति राष्ट्रपति द्वारा प्रत्यक्ष रूप से की जाए। अन्त में व्यापक वाद–विवाद के बाद निर्णय हुआ कि राज्यपाल की नियुक्ति राष्ट्रपति द्वारा प्रत्यक्ष रूप से की जाएगी परन्तु वास्तविकता में राज्यपाल की नियुक्ति राष्ट्रपति द्वारा प्रधानमंत्री की सिफरिश पर की जाती है। कोई भी भारतीय नागरिक जिसने पैंतीस वर्ष की आयु प्राप्त कर ली है। लाभ के पद पर न हो। राज्यपाल बन सकता है। नियुक्ति के बाद वह संसद या राज्य विधानमंडल में सदस्य नहीं रह सकता है। **संविधान निर्माताओं ने अपनाया कनाडा का स्वरूप**–राज्यपाल पद की व्यवस्था पर संविधान सभा कनाडा के संविधान से प्रभावित हुई थी। यहां पर केन्द्र अत्यन्त शक्तिशाली है। कनाडा का गर्वनर जनरल प्रान्तों के राज्यपालों की नियुक्ति करता है तथा उसकी प्रसाद–पर्यन्त तक ही पदासीन रहते हैं। संघीय ढ़ांचे के संचालन में कोई कठिनाई उत्पन्न नहीं हुई वरन् ऐसे अनेक अवसरों पर यह अत्यन्त लाभप्रद सिद्ध हुआ।[1]

अल्लादि कृष्णास्वामी अययर ने संविधान सभा में कहा था कि "समरूपता की प्राप्ति, अच्छे कार्य संचालन, राज्यपाल तथा मंत्रिपरिषद् के सौहार्दपूर्ण एवं सहयोगी सुदृढ़ रिश्तों को बनाए रखने के लिए यही अच्छा है कि हम कनाडा के संविधान के अनुरूप व्यवस्था करें।"[2]

राज्यपाल की नियुक्ति राष्ट्रपति द्वारा पांच वर्ष के लिए की जाती है। राष्ट्रपति इससे पूर्व भी पद से हटा सकता है। राज्यपाल का एक राज्य से दूसरे राज्य में स्थानान्तरण किया जा सकता है हालांकि संविधान में राज्यपालों के स्थानान्तरण की कोई व्यवस्था नहीं है फिर भी इनका तबादला असैनिक पदाधिकारियों की भांति किया जाता रहा है जैसे–उत्तरप्रदेश के राज्यपाल जी.डी. तपासे का हरियाणा, हरियाणा के राज्यपाल जयसुखलाल हाथी का पंजाब, उड़ीसा के राज्यपाल भगवतदयाल शर्मा का मध्यप्रदेश, जम्मू–कश्मीर के राज्यपाल के.के. नेहरू का गुजरात तबादला किया गया। राज्यपाल स्वेच्छा से समय से पूर्व राष्ट्रपति को संबोधित करते हुए त्यागपत्र देकर पदमुक्त हो सकता है। संविधान के सातवें संशोधन (1956) के मुताबिक एक ही व्यक्ति दो राज्यों से अधिक राज्यों का राज्यपाल नियुक्त किया जा सकता है।

राष्ट्रपति द्वारा राज्यपाल की नियुक्ति की अनेक आधारों पर आलोचना भी की गई। राज्यपाल नियुक्ति की इस व्यवस्था में यह सोचा था कि राज्यपाल प्रमुख रूप से अपने राज्य के संवैधानिक प्रधान तथा कम रूप में संघीय सरकार के रूप में कार्य करेगा परन्तु यह आशावाद सफल नहीं हुआ। दर्जनों बार राज्यपालों ने बहुमत वाली सरकारों को बर्खास्त कर 'केन्द्र के एजेण्ट' की धारणा को पुष्ट किया जिससे कई बार राज्यपाल पद को समाप्त करने की मांग तक की गई। उदाहरणार्थ– 11 अप्रैल 1969 को लोकसभा चर्चा में वासुदेवन नायर एवं गणेश घोष ने तथा 16 अप्रैल 1969 को तमिलनाडू के मुंख्यमंत्री के.करूणानिधि ने राज्यपाल पद को समाप्ति करने के प्रस्ताव रखे।

राज्यपाल पद के संबंध में कुछ परम्पराएं भी उभरी है जैसे एक राज्य में अन्य राज्य के निवासी को राज्यपाल नियुक्त करना ताकि प्रान्तीय राजनीति से राज्यपाल परे रहे। परन्तु इस परम्परा में कुछ अपवाद भी रहे। जैसे उज्जवल सिंह पंजाब (1966), करण सिंह कश्मीर (1965), जयचामराज वाडियार मैसूर (1956), एच.सी. मुखर्जी पश्चिमी बंगाल (1951) की नियुक्ति। एक परम्परा यह भी रही कि राज्यपाल की नियुक्ति से पूर्व संबंधित राज्य के मुख्यमंत्री से इसके नामों पर सहमति ले ली जाए लेकिन हमेशा ऐसा नहीं हुआ। जैसे श्री प्रकाश (मद्रास) तथा कुमार स्वामीराजा (उड़ीसा) की नियुक्ति में। हालांकि 1983 में गठित सरकारिया आयोग ने भी यही सुझाया है। एक अस्वस्थ परम्परा यह स्थापित हुई कि चुनावों में हारे हुए व्यक्तियों को राज्यपाल नियुक्त कर दिया जाता है। कई राज्यपाल ने तो राज्यपाल पद पर रहते हुए सक्रिय राजनीति में अपनी पहचान बनाये रखने का प्रयास किया। बसन्त दादा पाटिल, हरदेव जोशी, जगन्नाथ पहाड़िया, आर.डी. भंडोर, जोगेन्द्रसिंह, एस.पी. शर्मा, रेशांग किंशग, मदनलाल खुराना, एस.एम. कृष्णा, एस.सी. जमीर तथा नारायण दत तिवारी इत्यादि राजभवन को छोड़कर सक्रिय राजनीति में आ गए। संविधान निर्माताओं ने राज्यपाल पद पर नियुक्ति के लिए यह योग्यता निर्धारित की थी कि कोई भी भारतीय नागरिक जिसने 35 वर्ष की आयु पूर्ण की हो, राज्यपाल बन सकता है। शायद वे ये नहीं जानते थे कि केन्द्र को यह योग्यता केवल अपने ही दल के लोगों में नजर आएगी। केन्द्र में सरकार बदलते

ही राज्यपाल बदलना इसका प्रत्यक्ष उदाहरण है। वर्तमान में राज्यपाल का वेतन एक लाख दस हजार रूपये प्रतिमाह है।

क्या राज्यपाल पर महाभियोग लाया जा सकता है? – राज्यपाल की नियुक्ति राष्ट्रपति के द्वारा की जाती है उसकी प्रसाद–पर्यन्त तक ही राज्यपाल पद पर रह सकता है। उसे हटाने के लिए महाभियोग या अन्य कोई व्यवस्था संविधान में नहीं की गई है। इतना ही नहीं संविधान में राज्यपाल के स्थानान्तरण का भी प्रावधान नहीं है फिर भी राज्यपालों के तबादले होते रहे है। एक राज्य का राज्यपाल स्थानान्तरित होकर दूसरे राज्य में जाता है तो उसे दोबारा अपने पद ग्रहण करने की शपथ लेनी होती है, और उसके बाद कार्यकाल शुरू होता है जो कि साधारणतया 5 वर्ष का होता है। इसका अर्थ यह है कि राज्यपाल को उसकी शेष अवधि के लिए किसी दूसरे राज्य का राज्यपाल नियुक्त नहीं किया जा सकता है।[3]

राज्यपाल के अधिकार–जहां तक राज्यपाल की शक्तियों का प्रश्न है उसे संवैधानिक रूप से कई महत्त्वपूर्ण शक्तियां प्राप्त है। शमशेरसिंह बनाम पंजाब सरकार के मामले में सर्वोच्च न्यायालय ने यह कहा था कि राज्यपाल प्रान्तीय स्वायत्तता, राष्ट्रपति और भारत–सरकार के बीच की एक कड़ी है।[4]

राज्यपाल राज्य विधानमंडल का सदस्य नहीं है फिर भी वह उसका महत्त्वपूर्ण अंग है। उसे अनेक विधायी शक्तियां प्राप्त हैं– राज्यपाल राज्य विधानमंडल का सत्र बुलाता है, अधिवेशन स्थगित करता है तथा भंग करता है। प्रत्येक वर्ष के प्रथम सत्र में प्रथम विधानसभा बैठक को संबोधित करता है। वह किसी एक सदन या संयुक्त रूप से संबोधित कर सकता है (विधानसभा+विधानपरिषद्) जिन राज्यों में विधानपरिषद् है, वहां 1/6 सदस्यों को जो साहित्य, कला, विज्ञान, समाजसेवा, सहकारिता एवं अन्य सेवाओं में व्यावहारिक अनुभव रखते हैं, नामजद करता है यदि सदन में आंग्लों समुदाय से कोई चुनकर नहीं आया है तो दो सदस्यों को विधानमंडल में नामजद करता है। विधानमंडल द्वारा पारित विधेयक तभी कानून का रूप ले पायेंगे जब उन पर राज्यपाल हस्ताक्षर कर दे। वह

विधानमंडल को पुनर्विचार के लिए लौटा सकता है लेकिन यदि विधानमंडल ने दोबारा पारित कर दिया तो राज्यपाल को हस्ताक्षर करने पड़ेगे।

विधानमंडल द्वारा पारित कुछ विधेयकों को राज्यपाल भारत के राष्ट्रपति के हस्ताक्षर के लिए संरक्षित रखने का निर्णय ले सकता है। धन विधेयक बिना राज्यपाल की पूर्व स्वीकृति के विधानमंडल में नहीं रखा जा सकता है और न ही संशोधित किया जा सकता है। राज्यपाल ही निर्वाचन आयोग की सलाह से विधानमंडल के सदस्यों के निर्वाचन संबंधी विवादों का निर्णय करता है। राज्यपाल जब विधानसभा का सत्र नहीं चल रहा हो तो अध्यादेश जारी कर सकता है। अध्यादेश का कानून की भांति ही महत्त्व होगा लेकिन यदि विधानमंडल छह सप्ताह में इस अध्यादेश को स्वीकृत नहीं करता है तो यह निष्प्रभावी हो जायेगा। राज्यपाल अवधि से पूर्व अध्यादेश वापस भी ले सकता है। जब तक दोनों सदन अध्यक्ष एवं उपाध्यक्ष का निर्वाचन नहीं कर लेते है अस्थायी तौर पर राज्यपाल अध्यक्ष और उपाध्यक्ष की नियुक्ति कर सकता है।

संविधान के अनु. 154 के मुताबिक राज्य की समस्त कार्यपालिका शक्ति राज्यपाल में निहित होगा, इन शक्तियों का प्रयोग स्वयं या अधीनस्थ अधिकारियों के माध्यम से करेगा। उसे राज्य सूची के सभी विषयों पर नियत्रंण, निर्देशन और संचालन का अधिकार है। मुख्यमंत्री की नियुक्ति करता है, शपथ दिलाता है तथा मुख्यमंत्री के परामर्श से अन्य मंत्रियों की नियुक्ति करता है। महाधिवक्ता, राज्य लोकसेवा आयोग के अध्यक्ष एवं सदस्यों, उच्च न्यायालय के परामर्श से अधीनस्थ न्यायालयों के न्यायाधीशों की नियुक्ति करता है। राज्य के उच्च न्यायालयों के मुख्य न्यायाधीशों तथा अन्य न्यायाधीशों की नियुक्ति में राष्ट्रपति राज्यपाल से परामर्श लेता है। राज्यपाल राज्य के विश्वविद्यालयों का कुलाधिपति होता है, वह विश्वविद्यालयों के कुलपति एवं प्रति–कुलपति की नियुक्ति करता है, उन्हें पदमुक्त करता है। राज्यपाल को राज्य प्रशासन के मामले में किसी भी प्रकार की सूचना प्राप्त करने का अधिकार है, मुख्यमंत्री का दायित्त्व है कि वह राज्यपाल को समय–समय पर राज्य प्रशासन की गतिविधियों से अवगत कराते रहें। राज्य का शासन संवैधानिक व्यवस्था के अनुरूप

संचालित न हो तो राज्यपाल अपना प्रतिवेदन राष्ट्रपति को भेज सकता है। राष्ट्रपति प्रतिवेदन की गंभीरता को देखते हुए राज्य में राष्ट्रपति शासन घोषित कर सकता है, (अनु. 356) तब राज्यपाल राज्य का वास्तविक शासक बन जाएगा। राज्यपाल, राज्य की अनेक संस्थाओं का पदेन पदाधिकारी (रेडक्रास) होता है, उनमें उसे मार्गदर्शक के रूप में कार्य करना होता है। राज्य में शैक्षणिक वातावरण बनाए रखने के लिए आवश्यक दिशा निर्देश दे सकता है।

राज्यपाल की भूमिकाएं

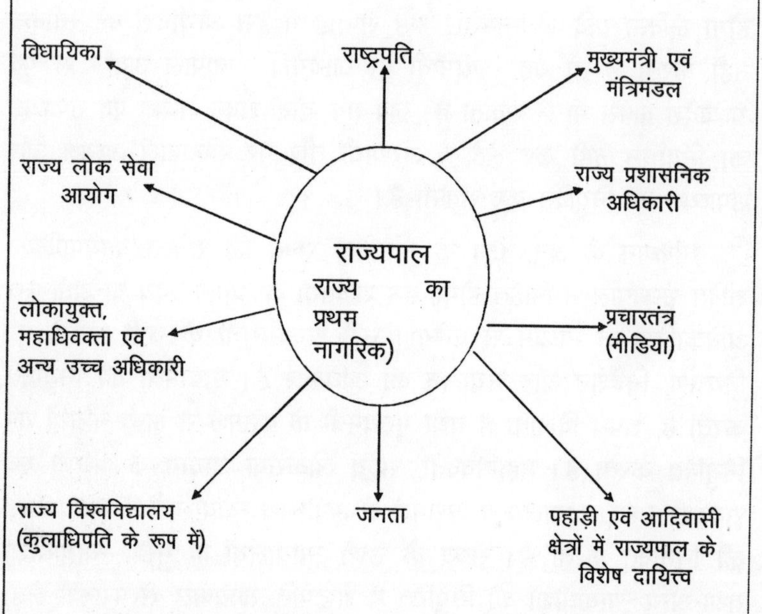

राज्यपाल आगामी वर्ष के लिए राज्य के आय–व्यय का ब्यौरा (बजट) राज्य विधायिका में रखवाता है। राज्य की संचित निधि राज्यपाल के अधीन होती है। विधानमंडल की स्वीकृति की आशा में राज्यपाल इस निधि में से व्यय की स्वीकृति दे सकता है। राजस्व की कोई भी राशि

राज्यपाल की स्वीकृति के बिना व्यय नहीं की जा सकती है। राज्यपाल अतिरिक्त व्यय की पूर्ति के लिए अनुपरक अनुदान की मांग कर सकता है।

संविधान के अनुच्छेद 161 के अनुसार उसे राज्य सूची में सम्मिलित विषयों से संबंधित किसी कानून को तोड़ने पर दंडित किया हो, दण्ड को बदल सकता है, घटा सकता है या क्षमा कर सकता है। इस शक्ति का प्रयोग राज्यपाल द्वारा मुकदमें से पूर्व, इसके दौरान या बाद में कभी भी किया जा सकता है। बम्बई के राज्यपाल ने कमांडर नानावती के मामले में दंड को निलम्बित करने की अपनी शक्ति का प्रयोग किया था। राज्यपाल इस संबंध में उच्च–न्यायालय के मुख्य न्यायाधीश से परामर्श करता है। राज्य के उच्च न्यायालयों के कर्मचारियों की सेवा–शर्तों का निर्धारण करता है। राज्यपाल को मृत्युदंड की सजा को माफ करने का अधिकार नहीं है।

राज्यपाल को संविधान के अनु. 361 के अनुसार कुछ छुटे और सुविधाएं (विशेषाधिकार) उपलब्ध है कि अपने कार्यालय से संबंधित किसी भी कार्य के लिए वह किसी भी न्यायालय में जवाबदेह नहीं होता है। उसके कार्यकाल के दौरान उसके विरूद्ध किसी भी न्यायालय में कोई दीवानी या फौजदारी मुकदमा नहीं चलाया जा सकता है और न ही उसे चालू रखा जा सकता है। कोई भी न्यायालय उसे गिरफ्तार करने का वारंट जारी नहीं कर सकता है।

इन शक्तियों के अलावा कुछ विशेष परिस्थितियों में विवेकाधिकार प्राप्त है। इनका प्रयोग राज्यपाल किन आधारों पर तथा किन परिस्थितियों में करेगा, संविधान मौन है तथापि निम्न परिस्थितियों में राज्यपाल स्वविवेकीय शक्ति का प्रयोग करता है–

1. स्पष्ट बहुमत प्राप्त नहीं होने की स्थिति में मुख्यमंत्री के चुनाव में (त्रिशंकु विधानसभा)
2. मंत्रिपरिषद् को भंग करने में।
3. विधानसभा को भंग करना।

4. मुख्यमंत्री से विधायी एवं प्रशासनिक सूचना प्राप्ति में।
5. राज्य विधायिका द्वारा पारित गैर–वित्तीय विधेयकों पर हस्ताक्षर करना या नहीं करना।
6. राज्य विधायिका द्वारा पारित विधेयकों को राष्ट्रपति की स्वीकृति के लिए आरक्षित करना।
7. राष्ट्रपति को संवैधानिक व्यवस्था के बिगड़ने की रिपोर्ट देना इत्यादि।

राज्यपाल पद का राजनीतिकरणः 26 जनवरी 1950 को संविधान लागू किया गया। आगामी 17 वर्ष तक राज्यपाल अपने अधिकार क्षेत्र में प्रभावशाली पदाधिकारी प्रमाणित करने के असफल रहे। इसका एक तो मुख्य कारण यह था कि राज्यों में मुख्यमंत्रियों के पद प्रथम दर्जे के कांग्रेसी नेताओं के पास थे। जबकि राज्यपालों के पद अपेक्षाकृत कम महत्त्वपूर्ण कांग्रेसी नेताओं के हाथ में थे। ऐसी परिस्थितियों में राज्यपाल मुख्यमंत्रियों के प्रति आदर भाव दर्शाते हुए सदैव उनके निणयों का समर्थन करते रहे। दलीय सजातीयता दूसरा महत्त्वपूर्ण तत्व था। पंडित जवाहरलाल नेहरू ने अपने आलोचकों को निपटाने के लिए इस पद का उपयोग किया। नेहरू युग में राज्यपाल का पद 'पांचवा पहिया' बनकर रह गया। सरदार पटेल के देहान्त के बाद नेहरू ने पटेल समर्थकों को केन्द्र से हटाकर राजनीतिक रूप से निष्क्रिय करने के लिए राजभवनों में भेज दिया। इनमें डॉ. पट्टाभिसीतारमैया (म.प्र.), के.एम. मुंशी (उ.प्र.), श्री प्रकाश (महाराष्ट्र) प्रमुख थे। नेहरू–काल के बाद इन्दिरा गांधी ने राज्यपालों को केन्द्र का राजनीतिक एजेन्ट बनाकर प्रदेश सरकारों पर अकुंश लगाने का प्रयास किया। केन्द्र सरकार की सेवानिवृत तथा असफल राजनीतिज्ञों को नियुक्त करने की नीति ने राज्यपाल पद को ग्रहण लगा दिया है। कुछ आलोचक तो यहां तक कहते है कि राज्यपाल का पद तो थके मांदे राजनीतिज्ञों को वृद्ध आयु में पेन्शन देने का साधन है। चुनाव में हारे हुए लीडरों के लिए 'सांत्वना पुरस्कार' (Consolation Prize) है। महाराष्ट्र के भूतपूर्व राज्यपाल श्रीमती विजयालक्ष्मी पंडित ने तो यहां तक कहाकि यह पद बेकार है और इसे समाप्त कर दिया जाना चाहिए। राज्यपाल पद की

विडम्बना यह है कि यह स्वतंत्र रूप में कार्य नहीं कर सकता, सामान्य काल में उसे मंत्रिपरिषद् की राय माननी पड़ती है, संकटकाल में राष्ट्रपति की। श्रीमती सरोजनी नायडू ने राज्यपाल की स्थिति सुनहरी पिंजरे में बंद पक्षी से की।

1967 के चुनाव के बाद भारत के कुछ राज्यों में गैर–कांग्रेसी सरकारों की स्थापना से राज्यपाल की स्थिति में विशेष परिवर्तन आया। क्योंकि कांग्रेस दल का केन्द्र तथा राज्यों में समान प्रभाव नहीं रहा; राजनीतिक जोड़–तोड़ का वातावरण बना रहा। संयुक्त सरकारों (Coalition Governments) का निर्माण हुआ उनमें मुख्यमंत्रियों की स्थिति मजबूत न होने से राज्यपालों की उपेक्षा करना संभव नहीं रहा।

1969 में कांग्रेस फूट ने राज्यपालों की स्थिति को और भी अधिक सुदृढ़ बना दिया। राज्यपाल सक्रिय शासक बन गए। उनकी गतिविधियां शीघ्र ही आलोचना का विषय बन गयी। कुछ राज्यपालों पर पक्षपात का आरोप लगा। उदाहरणतया एन.टी.आर. नेतृत्त्व में आंध्र प्रदेश के मंत्रिमंडल ने राज्यपाल कुमुद बेन जाशी के विरूद्ध यह आरोप लगाया कि उसका व्यवहार पक्षपातपूर्ण है। बसन्त दादा पाटिल राजस्थान के राज्यपाल थे तब भी वे महाराष्ट्र की राजनीति में बहुत हस्तक्षेप करते थे, प्रधानमंत्री राजीव गांधी ने उनकी आलोचना की। जी.डी. तपासे (हरियाणा), रामलाल (आंध्र प्रदेश), रोमेश भंडारी (उत्तर प्रदेश), के.के. शाह (तमिलनाडू), सिद्धार्थशंकर राय (चंडीगढ़), मोतीलाल वोरा (लखनउ), चेन्ना रेड्डी (चेन्नई), सरला ग्रेवाल (आंध्र प्रदेश), बूटासिंह (बिहार) आदि ने राज्यपाल पद का उपयोग राजनीतिक उद्देश्यों से कर अपने को विवादास्पद बना डाला। वहीं बी.के. नेहरू, जगमोहन, ओ.पी. मल्होत्रा, कृष्णकांत, सी. सुब्रहमण्यम, पी.सी. एलेक्जेण्डर तथा नुरूल हसन आदि ने राज्यपाल पद के अनुकरणीय आदर्श स्थापित किए।

राज्यपाल पद का राजनीतिकरण काफी पहले शुरू हो चुका था। केन्द्र सरकार के इशारों पर राज्यों में राष्ट्रपति शासन की शुरूआत पांचवे दशक में हो गई थी। पंजाब राज्य में राष्ट्रपति शासन इसलिए लगा कि पंडित जवाहरलाल नेहरू भीमसेन सच्चर को हटाकर प्रतापसिंह कैरो को

मुख्यमंत्री बनाना चाहते थे। 1958 में इंदिरा गांधी ने कांग्रेस अध्यक्ष के रूप में केरल में इसलिए आंदोलन चलाया ताकि वहां ई.एम.एस. नम्बूदरीपाद की देश की पहली गैर–कांग्रेसी सरकार को बर्खास्त किया जा सके। इसके साथ ही राज्यपाल के जरिए वहां 13 विधायकों की पीएमसी के पोत्तम थनु पिल्लाई की सरकार बनायी गई। कश्मीर में शेख अब्दुल्ला को सत्ता से बाहर कर जेल भेजकर कांग्रेस समर्थित बख्शी गुलाम मोहम्मद को वहां का प्रधानमंत्री बनाने के लिए सदरे रियासत कर्णसिंह जो तब मात्र बीस वर्ष के थे, उपयोग किया गया।[5] राजीव गांधी, वी.पी. सिंह, पी.वी. नरसिम्हाराव, चन्द्रशेखर, अटलबिहारी वाजपेयी आदि के शासनकाल में स्थिति यथावत् ही बनी रही। यह देश का दुर्भाग्य ही कहा जाएगा कि आज तक जो भी पार्टी केन्द्र में सत्तारूढ़ हुई उसी ने अपने चेहतों को राजभवनों में राज्यपाल के रूप में बैठाकर अपने राजनीतिक स्वार्थों की पूर्ति की। आजादी प्राप्ति बाद 107 बार राज्यों में अनु. 356 का प्रयोग स्पष्ट करता है कि पद का कितना राजनीतिक दुरूपयोग किया गया है।

तमिलनाडू की राज्यपाल फातिमा बीबी ने अपने संवैधानिक दायित्त्वों का पालन करते हुए जयललिता को मुख्यमंत्री पद की शपथ दिला दी। तत्कालीन विधि मंत्री अरूण जेटली ने राज्यपाल फातिमा बीबी को बर्खास्त करने की धमकी दी। फिर फातिमा बीबी ने पद से त्यागपत्र दे दिया।

इतना ही नहीं, अपनी पार्टी में बढ़ते असंतोष को रोकने या गुटबंदी को विराम देने के लिए राज्यपाल पद का उपयोग किया गया जैसे मोहनलाल सुखाड़िया, हरदेव जोशी तथा जगन्नाथ पहाड़िया को राज्यपाल बनाना। एन.टी. रामाराव ने राज्यपाल के पद को सफेद हाथी की संज्ञा देते हुए पद को समाप्त करने की मांग की। हिमाचल प्रदेश के राज्यपाल गुलशेर अहमद को राज्यपाल पद इसलिए छोड़ना पड़ा क्योंकि उन्होंने मध्यप्रदेश विधानसभा चुनाव में अपने पुत्र के समर्थन में चुनाव प्रचार किया था।

वस्तुतः राज्यपाल पद के प्रति सम्मान का भाव कम होता जा रहा है। महाराष्ट्र के राज्यपाल एस.एम. कृष्णा ने पद से इस्तीफा दे दिया और वे कर्नाटक की सक्रिय राजनीति में लौट आए हैं। कांग्रेस आलाकमान की उन्हें रोकने की इच्छा धरी की धरी रह गई। राज्यपाल मुकुट मिथि

(पांडिचेरी), एस.सी. जमीर और नारायणदत्त तिवारी (आंध्रप्रदेश) को राज्यपाल भवन रास नहीं आ रहा है। महत्त्वपूर्ण प्रश्न यह है कि जहां राजनीतिज्ञों को राजभवन रास नहीं आ रहा है वहीं रिटायर्ड ब्यूरोकेटस् इस पद के लिए लाइन लगाए हुए हैं। राज्यपाल की भूमिका संबंधी आलोचना का सबसे बड़ा तर्क यह है कि उन्होंने समान परिस्थितियों में समान नीति को नहीं अपनाया। नियुक्तिदाता राजनीतिक दल चाहता है कि वह उसके हितों के लिए कार्य करे। बिहार के राज्यपाल बूटा सिंह ने बिहार की विधानसभा को भंग किया जिसकी सर्वोच्च न्यायालय ने भर्त्सना की। सर्वोच्च न्यायालय ने यह भी सुझाया कि राज्यपाल पद के दुरूपयोग को रोकने के लिए दिशा–निर्देश का निर्माण हो। राजनीतिज्ञों को इस पद पर नियुक्त न करें। बहुमत का निर्णय राज्यपाल स्वयं करने के स्थान पर विधानसभा और उसका अध्यक्ष करे।

सरकारिया आयोग ने भी अपनी सिफारिशों में सुझाया है कि राज्यपाल गैर–राजनीतिक व्यक्ति हो, नियुक्ति के समय विपक्ष के नेता से परामर्श कर लिया जावें। राज्यपाल राज्य के बाहरी व्यक्ति को बनाया जावे। बर्खास्तगी तथा स्थानान्तरण के लिए दिशा–निर्देशों का निर्माण किया जावें साथ ही राज्यपाल पद छोड़ने के कुछ समय बाद तक उसके चुनाव लड़ने पर रोक लगायी जावें। चुनाव में हारे हुए व्यक्तियों को राज्यपाल नहीं बनाया जावे। दिल्ली में आयोजित राज्यपाल सम्मेलन के उद्घाटन सम्मेलन को संबोधित करते हुए राष्ट्रपति अब्दुल कलाम ने कहा था कि **"राज्यपाल राज के कामकाज में निष्पक्ष तथा अपने दृष्टिकोण व फैसलों में गैर–राजनीतिक रहकर तटस्थता का परिचय दे।"** समापन समारोह को संबोधित करते हुए प्रधानमंत्री अटलबिहारी वाजपेयी ने कहा कि **"राज्यपालों को अधिक सकिय होना चाहिए।"** दोनों व्यक्तियों के कथन से स्पष्ट है, आदर्श और वास्तविकता क्या है? आलोच्च साठ वर्षों के राज्यपालों के कार्यकलापों से स्पष्ट होता है कि इस पद का निहित राजनीतिक स्वार्थों एवं पक्षपात के लिए दुरूपयोग अधिक हुआ है। केन्द्र–राज्य संबंधों में तनाव उत्पन्न हुआ। अनु. 356 को लेकर मतभेद और मनभेद उभरे। बी.जी. खेर ने कहा कि 'एक अच्छा राज्यपाल बहुत अच्छा लाभ पहुंचा सकता है और एक बुरा राज्यपाल दुष्टता भी करता है

यद्यपि संविधान में उसको बहुत कम शक्ति दी गयी है।[6] कर्नाटक के मुख्यमंत्री रामकृष्ण हेगड़े ने यहां तक कहा कि वे इस आरोप को सिद्ध कर सकते हैं कि राज्यपाल केन्द्रीय सरकार के महिमामंडित सेवक बन गये है।[7] राज्यपाल संसदीय शासन व्यवस्था होने की वजह से भले ही राज्यों का वास्तविक प्रधान न हो परन्तु वह केवल मिट्टी का माधव भी नहीं है। राज्यपाल को प्राप्त स्वविवेकी शक्तियां राज्य प्रशासन को अनेक मौको पर काफी हद तक प्रभावित कर सकती है।

के.आर. बम्बवाल के शब्दों में ''वास्तविकता यह है कि भारत की वर्तमान राजनीति की बैचेनी, हमारी दलीय प्रणाली की विफलता और प्रचलित सिद्धान्तहीन राजनीति ही समस्याओं के लिए उत्तरदायी है। मानव द्वेषी, अवसरवाद की वर्तमान स्थिति में प्रत्येक राजनीतिक समूह खेल के नियमों को तोड़ने को तैयार है और अपने हितों की रक्षा हेतु राज्यपाल की शक्तियों का प्रयोग करने के इच्छुक है।''

राज्यपाल की छवि कैसे सुधरेः राज्यपाल का पद 1967 के बाद विवादास्पद बन गया। अनेक मंचों से यह मांग की जाने लगी कि राज्यपाल केन्द्र के एजेन्ट के रूप में अधिक सक्रिय रहता है क्यों न इस पद को समाप्त कर दिया जाए या फिर उचित दिशा–निर्देशों से कार्य करने के लिए बाध्य किया जाएं। विभिन्न आयोगों यथा राजमन्नार समिति, भगवान सहाय समिति, सरकारिया आयोग, सर्वोच्च न्यायालय, संविधान समीक्षा आयोग आदि ने राज्यपाल की कार्यशैली और भूमिका को सार्थक बनाने के संबंध में उपयोगी सुझाव दिये हैं तथापि राज्यपाल को कोई दिशा–निर्देश जारी नहीं किए गए हैं। राज्यपाल का पद स्वतंत्र संवैधानिक स्थिति का अनुरक्षण करें इसके लिए निम्न बातों पर ध्यान दिया जाना आवश्यक हैः–

राज्यपाल की नियुक्ति एक कमेटी के माध्यम से हो जिसमें प्रधानमंत्री, विपक्ष के नेता एवं संबंधित राज्य के मुख्यमंत्री शामिल हो। सर्वसम्मति या बहुमत के नियमानुसार राष्ट्रपति राज्यपाल की नियुक्ति करे। साथ ही

योग्यताधारी व्यक्ति जिनकी सार्वजनिक जीवन में विशिष्ट पहचान हो, राज्यपाल नियुक्त किया जावें, राजनीतिज्ञों को इस पद से दूर रखा जाएं। राष्ट्रीय हितों को ध्यान में रखते हुए ऐसे व्यक्ति को राज्यपाल बनाया जाए जो केन्द्र तथा राज्य के मध्य एक सम्पर्क सूत्र के रूप में कार्य करें। संवैधानिक दायित्त्व को 'रेफरी' की भांति निभायें। भारत में राज्यों का स्वरूप भिन्न–भिन्न प्रकार का है कोई आर्थिक क्षेत्र में अग्रणी है तो कोई नक्सली हिंसा एवं आतंकवादी गतिविधियों से पीड़ित है ऐसे में आर्थिक क्षेत्र में तेजी से बढ़ रहे राज्यों में आर्थिक विशेषज्ञ राज्यपाल, हिंसा पीड़ित राज्यों में पुलिस विशेषज्ञ राज्यपाल तथा अन्य राज्यों में सामान्यज्ञ राज्यपाल नियुक्त किये जावे। राज्यपाल व्यवसाय दक्ष तथा राज्य के बाहर का व्यक्ति होना चाहिए ताकि स्थानीय राजनीति, पूर्वाग्रहों एवं दूराग्रहों से प्रभावित न हो। राज्यपाल की सहमति के बिना उसका स्थानान्तरण न किया जावे। राज्यपाल के स्थानान्तरण कमेटी का गठन हो जिसमें उपराष्ट्रपति, प्रधानमंत्री, विपक्ष का नेता शामिल हो। निर्णय सर्वसम्मति या फिर बहुमत से होना चाहिए। स्थानान्तरण से असुरक्षा की भावना बलवती होती है। राज्यपाल की कई स्वविवेकीय शक्तियां होती है। इन स्वविवेकीय अधिकारों को न्याय–योग्य बनाया जाए। राज्यपाल पद को लेकर सबसे ज्यादा आलोचना अनु. 356 के कारण हुई है। राज्यपाल को अनु. 356 का प्रयोग अन्तिम विकल्प के रूप में, जब कोई रास्ता न बचे तो करना चाहिए। मौजूदा गठबंधन राजनीति के युग में राज्याध्यक्षों की कड़ी परीक्षा होती है जब सदन में किसी दल को स्पष्ट बहुमत नहीं मिलता है। राज्यपाल को इसमें (श्रीप्रकाश सिद्धान्त) सबसे बड़े दल को सरकार बनाने के लिए आमंत्रित करना चाहिए या चुनाव पूर्व गठबंधन के नेता के बहुमत का निर्णय सदन में हो, राजभवन में नहीं। राज्यपाल पद नियुक्ति के बाद उसे सक्रिय राजनीति में मुख्यमंत्री, केबिनेट मंत्री आदि नहीं बनाया जाना चाहिए। जिन विधेयकों को राज्यपाल राष्ट्रपति के हस्ताक्षरों के लिए भेजता है उसकी समयावधि स्पष्ट हो। राज्यपाल राज्य का संवैधानिक मुखिया है उसे सत्तापक्ष–विपक्ष के साथ समान व्यवहार करके आदर्श स्थापित

करना चाहिए। राज्य की जनता भी राज्यपाल से कई अपेक्षाएं रखती है, राज्यपाल को समय–समय पर जनता से सम्पर्क साधते रहना चाहिए।

वस्तुतः राज्यपाल का पद उत्तरदायित्त्वपूर्ण पद है समसामयिक संदर्भों में इस पद की गरिमा का ह्रास हुआ है। जरूरत इस बात की है कि राज्यपाल संवैधानिक और व्यवहारिक स्थिति में उचित संतुलन स्थापित करे। राज्यपाल पद पर ऐसे व्यक्तियों की नियुक्ति की जावें जिनको संसदीय लोकतंत्र से संबंधित विषयों का व्यापक ज्ञान हो जिनका स्वतंत्र चिन्तन–मनन हो। दलगत राजनीति के मोहपाश से परे हो। संविधान की भावना के अनुरूप दायित्त्व निर्वाह के लिए तैयार हो। इतना सब कुछ होते हुए भी राज्यपाल स्वयं का आचरण ही उसे सभी पक्षों की ओर से सम्मान दिला सकता है। किसी भी संस्था की छवि उसके संचालकों के व्यवहार पर निर्भर करती है। राज्यपाल की छवि सुधार हेतु संविधान में आवश्यक संशोधन भी किया जा सकता है।

Footnotes

1. एम.पी. पायली– भारतीय संविधान (हिन्दी) 1968, 259
2. अल्लादि कृष्ण अययर, संविधान सभा वाद विवाद वोल्यूम तृतीय, पृष्ठ 433
3. भारत की राजनीतिक व्यवस्था– डॉ. जे.आर.सिवाच, 1992, पृष्ठ 131
4. आधुनिक लोक प्रशासन– आर.के. दुबे, पृष्ठ 529, 1992
5. कैसे हो राज्यपाल– राजस्थान पत्रिका (जोधपुर) 16 फरवरी 2003
6. राज्यपाल का पद एवं उथल पुथल की राजनीति– एस.सी. पाराशर, पृष्ठ 162
7. आधुनिक लोक प्रशासन– आर.के. दुबे , पृष्ठ 536

संदर्भ–ग्रथ

1. भारत की राजनीतिक व्यवस्था – डॉ. जे.आर. सिवाच
2. राज्यपाल का पद एवं उथल–पुथल की राजनीति– डॉ. एच.सी. पाराशर
3. गवर्नरस् ऑफिस इन इंडिपेन्ड्स इंडिया– पुरूषोत्तम सिंह
4. दी ऑफिस ऑफ दी गवर्नरस्–इटस् कॉस्टस्ट्रीश्नल इमेज एडं रियेलटी

– डॉ. एन.एम. गहलोत

5. भारत का संविधान एक परिचय– डॉ. डी.डी. बसु
6. भारत का संविधान – अनिल कुमार सलिल
7. भारतीय शासन एवं राजनीति– मोरिस जोन्स (अनु. हरिन्दर के छबड़ा)
8. भारतीय राजनीतिः सिद्धान्त, समस्याएं और सुधार– डॉ. सुभाष काश्यप, विश्वप्रकाश गुप्त
9. भारतीय शासन एवं राजनीति– डॉ. बी.एल. फड़िया
10. भारतीय प्रशासन– डॉ. होशियार सिंह
11. भारत में राज्य प्रशासन – रमेश अरोड़ा, गीता चतुर्वेदी
12. भारत में राजनीति कल और आज– रजनी कोठारी

17

विचारधाराओं से परे हटते राजनीतिक दल

राजनीतिक दल राजव्यवस्था के गतितंत्र होते हैं वे न केवल व्यवस्था के गतितंत्र है वरन शासन रूपी मशीनरी में तेल के तुल्य है। दूसरे शब्दों में वे राजव्यवस्था में 'स्टेअरिंगव्हील' का कार्य करते हैं। जो व्यवस्था को न केवल चलायन रखते है वरन् दिशा भी देते है। व्यवस्था के दिशा–बोध में राजनीतिक दलों का महत्त्वपूर्ण योगदान होता है। देश की दशा और दिशा बहुत कुछ मात्रा तक राजनीतिक दलों पर ही निर्भर करती हैं। नार्मन डी॰ पामर का मानना है कि **"स्वस्थ दलीय व्यवस्था देश की दिशा तय करती है यदि दल सैद्धान्तिकता से परे हटे तो व्यवस्था के समक्ष अनेक प्रश्न खड़े हो जायेगें।"** एड़मंड बर्क ने राजनीतिक दलों की परिभाषा करते हुए कहा है कि "राजनीतिक दल व्यक्तियों का एक ऐसा समूह है जिसके सदस्य सामान्य सिद्धान्तों पर सहमत हो। सामूहिक प्रयत्नों द्वारा राष्ट्रहित का परिवर्तन करने के लिए एकता के सूत्र में बंधे हुए हों।" दुर्भाग्य से हमारे देश में राजनीतिक दल चाहे उनका दर्जा राष्ट्रीय, राज्यीय या क्षेत्रीय क्यों न हों, सिद्धान्तों और अपनी संस्थापक विचारधारा से परे हट रहे है, विचारधारा रूपी ऑक्सीजन दिनों–ब–दिन कम होती जा रही है। व्यक्तिवाद, सत्तावाद और अवसरवाद जैसी व्याधियां राजनीतिक दलों को चारों ओर से घेरे हुए है। भारतीय राजनीति में पिछले तीन दशकों से राजनीतिक दलों की कार्यप्रणाली की समीक्षा की जाए तो यह तथ्य उभरकर सामने आता है कि विचारधारा

का राजनीतिक दलों में लगभग अवसान हो चुका है। सैद्धान्तिक जीवन की दुहाई देने वाले राजनीतिक दल स्वयं सिद्धान्तों को तोडने में रहे हैं। "Crime, Cash, Corruption and Caste" जैसी व्याधियों से सभी राजनीतिक दल घिरे हुए है। राजनेता, राजनीतिक दल, विचारधारा और लोकतंत्र कुछ ऐसी चीजें है जो एक–दूसरे के बिना अपने मायने खो देती हैं। भारत के संदर्भ में कहा जा सकता है कि यहां लोकतंत्र है, नेता है और राजनीतिक दल भी, लेकिन 'विचारधारा' का स्तम्भ कमजोर होता जा रहा है। चाहे कांग्रेस और भारतीय जनता पार्टी जैसे प्रमुख राष्ट्रीय राजनीतिक दल हो या खुद को समाजवादी आंदोलन को पर्याय मानने वाले दल। साम्यवादी विचारधारा के पैरोकार बने साम्यवादी दल हों या विशुद्ध रूप से समाज में अगड़े–पिछड़े वर्गों की राजनीति करने वाला बहुजन समाजवादी पार्टी। सत्ता तक पहुंच बनाने या सत्ता में बने रहने के लिए सभी दल अपनी विचारधारा को कोने में समेटने से नहीं चूक रहे है। इतना ही नही इन दलों के साथ जुड़े नेताओं का एक ऐसा वर्ग भी है, जिनके लिए विचारधारा तो क्या दल भी कोई महत्व नहीं रखता। जिधर सुख उधर मुख।

एकमात्र लक्ष्य चुनाव लड़ने के लिए टिकट और जीतने के बाद मंत्री पद। भटकाव के इस परिवेश में दल और नेता जितनी तेजी से मजबूत हो रहे है, ठीक उसी रफ्तार से जनता और तेज और तंत्र कमजोर होते जा रहे हैं।

देश की मौजूदा राजनीतिक स्थिति में जो परिवर्तन का दौर चल रहा है जिसमें किसी दल को स्पष्ट बहुमत नहीं मिलने के कारण समझौते की राजनीति का जन्म हुआ। किसी दल को स्पष्ट बहुमत नहीं मिलने से सरकार निर्माण करना टेढी खीर हो गया है, आखिर ले–देकर सरकार बनाने की जुगत बिठायी जाती है, ऐसे में कोई दल नहीं चाहता है कि तुरन्त चुनाव का सामना करना पड़े। लगातार चुनाव होने से फायदा कम नुकसान अधिक होता है। ऐसे में विवश होकर राजनीतिक दलों को सिद्धान्तों से हटकर तात्कालिक समझौते करने पड़ते हैं।

देश की मौजूदा परिस्थितियों में दलों की पहचान और संबंध आदर्शों और मान्यताओं पर आधारित हैं।

केरल और पश्चिम बंगाल में वामपंथी व कांग्रेस परस्पर विरोधी हैं लेकिन केन्द्र में 'साझा कार्यक्रम' में साथ–साथ। सन् 1996 में धर्मनिरपेक्षता के नाम पर बने तीसरे मोर्चे की सरकार में ड़ी॰एम॰ के अब केन्द्रीय राजनीति में प्रमुख भूमिका अदा कर रही है। 1998 में यह भाजपा के साथ थी तो अब सत्ता से बाहर रखने के लिए यूपीए के साथ। यह अवसरवाद का खुला खेल है।

दल हित चिन्तन में लोकतांत्रिक मापदंड और संवैधानिक प्रावधान कहीं पीछे छूट जाते है। 1967 के आम–चुनाव कें बाद उत्तर प्रदेश, बिहार, मध्यप्रदेश, पश्चिम बंगाल तथा हरियाणा आदि प्रदेशों में जो संयुक्त विधायक दल की सरकारें बनी उनमें जनसंघ, सोशलिस्ट पार्टी, स्वतंत्र पार्टी, कम्युनिस्ट तथा भारतीय क्रांतिदल के लोग शामिल हुए। जो दल चुनाव में एक–दूसरे के विरूद्ध विषवमन कर रहे थे वे सत्ता के बंटवारे के समय नजदीक आ गए।

1977 में विभिन्न राजनीतिक विचारधाराओं के लोगों, जिनमें जनसंघ, सोशलिस्ट, संगठन कांग्रेस, भारतीय लोकदल शामिल थे जनता पार्टी का गठन किया तथा जीत कर केंद्र में सरकार बनायी 1980 में केरल विधानसभा चुनावों में इन्दिरा कांग्रेस और जनता पार्टी ने परस्पर सहयोग करते हुए एक ही मोर्चे के अन्तर्गत चुनाव लडा जबकि राष्ट्रीय राजनीति में वे परस्पर विरोधी थे। विचारधारा?

2005 के बिहार विधानसभा चुनावों में लोकजनशक्ति पार्टी ने संयुक्त प्रगतिशील गठबंधन से अपना दूसरा मोर्चा बनाकर चुनाव लड़ा जबकि केन्द्र में वह यूपीए में शामिल थी।

इन्द्रकुमार गुजराल के नेतृत्व वाली संयुक्त मोर्चा सरकार ने मुख्यमंत्री द्वारा सदन में बहुमत साबित करने के बाद भी गुजरात सरकार की बर्खास्तगी की सिफारिश कर दी। दल–बदल विरोधी कानून जब से प्रभावी हुआ है दल–बदल करने वाले विधायकों को अयोग्य सिद्ध करने के मामले में विधानसभा अध्यक्ष पार्टी हितों के संरक्षक बन बैठे है। राज्यपाल का केन्द्रीय सत्तारूढ़ पार्टी के एजेन्ट के तौर पर नियुक्त करना भारतीय राजनीति की कड़वी सच्चाई है।

सोनिया गांधी के कांग्रेस अध्यक्ष बनने पर विदेशी मूल के मुद्दे को लेकर शरद पंवार के नेतृत्व में कुछ नेता कांग्रेस से अलग हुए। बाद में पंवार की एनसीपी ने कांग्रेस के साथ मिलकर महाराष्ट्र में सरकार का निर्माण किया। पवार सोनिया के अध्यक्षता वाली कांग्रेस सरकार में मंत्री पद पर आसीन रहे। वे कई बार यह भी कह चुके है कि सोनिया गांधी प्रधानमंत्री बनती है तो कोई आपत्ति नहीं। इस समझौते से नाराज होकर पी.ए. संगम ने राष्ट्रीय कांग्रेस पार्टी (राकांपा) छोड़ी और तृणमूल कांग्रेस में शामिल हुए अब वे पुनः राकांपा में आ गए है।

1995 में उत्तरप्रदेश के पूर्व मुख्यमंत्री नारायणदत्त तिवारी और मध्यप्रदेश के पूर्व मुख्यमंत्री अर्जुन सिंह के नेतृत्व में कांग्रेस से अलग होकर तिवारी कांग्रेस के नाम से नई पार्टी बनाई बाद में पुनः वे कांग्रेस में लौट आए। पूर्व केन्द्रीय मंत्री स्व. माधवराव सिंधिया ने कांग्रेस से पृथक होकर मध्यप्रदेश विकास कांग्रेस का गठन किया बाद में पुनः कांग्रेस में आ गये। नारायणदत्त तिवारी उतराखंड़ में कांग्रेस सरकार के मुख्यमंत्री रह चुके हैं। अर्जुन सिंह यू.पी.ए सरकार में मंत्री रहे।

1980 में गेगांग अपांग अरूणाचल प्रदेश की कांग्रेस सरकार के मुख्यमंत्री बने। 1996 में उन्होंने अधिकतर पार्टी विधायकों को तोड़कर अरूणाचल कांग्रेस बनाई। बाद में एन डी ए की सरकार के जाने के बाद वे फिर से कांग्रेस में शामिल हो गए तथा मुख्यमंत्री बने।

न केवल कांग्रेस में ऐसा होता रहा हैं, वरन् भाजपा में भी ऐसा होता रहा है। जब कल्याण सिंह उत्तरप्रदेश के मुख्यमंत्री थे, उनके कार्यकाल में बाबरी मस्जिद ढहायी गई थी। बाद में अन्दरूनी कलह के कारण कल्याण सिंह ने नया दल बनाया तथा विधानसभा चुनाव में मुलायम सिंह की समाजवादी पार्टी के साथ समझौता किया । उनकी पार्टी मुलायमसिंह सरकार में शामिल हुई और उनके बेटे राबीर सिंह सपा सरकार में मंत्री भी रहे। अब कल्याणसिंह फिर भाजपा में आ गये।

के० करूणाकरण आजादी से पूर्व कांग्रेस के साथ जुड़े रहे। तीन बार केरल में कांग्रेस के मुख्यमंत्री रहे । 2005 में करूणाकरण ने डेमोक्रेटिक

इंदिरा कांग्रेस नाम से नई पार्टी बनाई बाद में इसका विलय राकांपा में कर दिया गया।

छगन भुजबल शिवसेना के प्रमुख रणनीतिकार माने जाते थे वे शिव सेना छोड़कर राकांपा में शामिल हो गए। कांग्रेस–राकांपा सरकार में उनको उपमुख्यमंत्री बनाया गया।

सन् 1980 में कांग्रेस के टिकट पर सांसद बने कैप्टन अमन्दिर सिंह ऑपरेशन ब्लू स्टार (1984) में कांग्रेस से अलग हो गये थे। वे अकाली दल सरकार में मंत्री रहे तथा बाद में समर्थकों सहित कांग्रेस में शामिल हो गए तथा पंजाब के मुख्यमंत्री रहे।

मध्यप्रदेश के मुख्यमंत्री रहे पंडित रविशंकर शुक्ला के पुत्र वी.सी. शुक्ला कांग्रेस के साथ जुड़े रहे थे तथा केन्द्र में मंत्री भी रहे। 1987 में वे जनता दल में चले गए बाद में पुनः काग्रेस में आ गए। वे फिर राकांपा व भाजपा में जाकर पुनः कांग्रेस में आ गए है।

लम्बे समय से कांग्रेस दल में रहे शीशराम ओला 1996 में कांग्रेस को छोड़कर संयुक्त मोर्चे की सरकार में मंत्री रहें बाद में पुनः कांग्रेस में आ गये तथा यू० पी० ए० सरकार में मंत्री रहे।

इन उदाहरणों से स्पष्ट है कि अब सत्ता ही विचारधारा सत्ता ही सत्य है। विचारधारा और सिद्धान्त अब सभी दलों के लिए प्रासंगिकता खो रहे हैं। सत्ता को ढ़कने के लिए मान्य धारणाएं आदर्श एवं राजनीतिक घोषणाएं केवल घोषणा–पत्रों में रह गई है।

सत्ता के शिखर पर पहुंचने के लिए मान्य सिद्धान्त को छोड़ने में किसी भी दल को कोई संकोच नहीं होता। कांग्रेस ने गांधीवादी मूल्यों को छोड़ा तो भाजपा ने समान आचार संहिता के मुद्दे को। डी एम के सामाजिक न्याय हासिल करने के लिए बनायी मूल विचारधारा तमिल पहचान केन्द्र तथा उत्तर भारतीयों के विरोध को छोड़ दिया है। विचारधारा के नाम पर उसके पास केवल बाह्मणों का विरोध ही शेष बचा है।

वामदल का मानना है कि वे अपने सिद्धान्तों पर अडिग है। लेकिन यह भी झूठा दभं है। पश्चिमी बंगाल जहां वामदल कई वर्षो में सत्ता में

है साम्यवाद के साक्ष्यों के दर्शन बहुत दुर्लभ है। उदारीकरण और वैश्वीकरण के माध्यम से आर्थिक उन्नति एवं विशेष आर्थिक क्षेत्र (सेज) स्थापित करने के नाम पर गरीबों की जमीन हथियाने में वामपंथी सरकार भी किसी से पीछे नहीं रही है।

अस्सी के दशक में वामपंथी दलों ने कांग्रेस और भाजपा को क्रमशः कैंसर तथा कोलेरा कहा था। वे ही वामदल वी.पी. सिंह (संयुक्त मोर्चा) तथा डॉ. मनमोहन सिंह सरकार (कांग्रेस) में बाहरी समर्थन दे चुके है। सारगर्भित रूप में कहा जा सकता है कि भारतीय राजनीति में विचारधारा हाशिये पर है। अवसरवादी प्रवृतियां सभी राजनीतिक दलों पर हावी है। रजनी कोठारी के अनुसार **"व्यक्ति का महत्व अभी भी राजनीति में बहुत है। भारत में एक संगठन के अभिन्न अंग अलग–अलग काम करते है। एक ही दल की राष्ट्रीय और राज्य शाखाएं प्रतिकूल दिशाओं में चलती है और ऐसे गुटों व तत्वों से हाथ मिलाती है। जो विचारधारा और नीति में उनसे भिन्न है।"**

प्रत्यक्ष विदेशी निवेश का विरोध करने वाले वामपंथी गठबंधन के पश्चिमी बंगाल के मुख्यमंत्री बुद्धदेव भट्टाचार्य ने खुद स्वीकार किया है कि वैश्विक दौर में पष्चिमी बंगाल में विदेशी निवेश की भारी जरूरत है। वयोवृद्ध वामपंथी नेता एवं पश्चिमी बंगाल के पूर्व मुख्यमंत्री ज्योति बसु परमाणु ऊर्जा का समर्थन कर चुके है। आज के दौर में जब समूचे विश्व में कम्युनिज्म लगभग समाप्त हो चुका है। बदलते विश्व में और बदलती विचारधारा में समानता और स्वतंत्रता की सशक्त जरूरत है। आज गरीबों की रोटी और अभिव्यक्ति की आजादी दोनों दावं पर है।

संदर्भ ग्रथ

1. भारतीय राजनीतिक व्यवस्था – पी.के. चड्ढ़ा
2. भारत का संविधान – डॉ. डी.डी. वसु
3. भारतीय शासन एवं राजनीति – डॉ. सुभाष काश्यप
4. उदारीकरण की तानाशाही – प्रेम सिंह
5. ग्लोबलाइजेशन – दास गुप्ता
6. भारतीय राजव्यवस्था – एस.एम. सईद

7. आम आदमी और लोकतंत्र – भैरोसिंह शेखावत
8. भूमंडलीकरण: विचार, नीतियां एवं विकल्प – कमलनयन काबरा
9. आधुनिक भारत में विचारधारा और राजनीति – विपनचन्द्र
10. सूचना क्रांति की राजनीति एवं विचारधारा – पूरनचन्द्र जोशी
11. ऑन पॉवर एंड ऑइडिलोजी – नोम चॉम्सकी
12. भारतीय राजनीति और राजनीतिक दलः समस्याएं एवं सम्भावनाएं – लक्ष्मीमल सिंघवी
13. प्रगति के परिदृश्य – डॉ. शंकरदयाल शर्मा

18

दिशाहीन लोकतंत्र और मीडिया की सजगता

"समाचार पत्र जनता की संसद है जिसका अधिवेशन सदा चलता रहता हैं। इस समाचार पत्र रूपी संसद का कभी सत्रावसान नहीं होता है। खबर लेना और लोगों तक पहुंचाने का काम अखबार वालों का काम हैं। बैठक की कार्यवाही को गुप्त रखना आप लोगों का काम हैं। आप लोग अपने भीतर झांकिए और अपने घर को ठीक करने की कोशिश कीजिए।"
– पंडित जवाहरलाल नेहरू

भारतीय लोकतंत्र में पूंजीपतियों, व्यापारियों और बाहुबलियों का प्रभाव सर्वविदित हैं, सभी राजनैतिक दल सैद्धान्तिक और विचारात्मक पाखंडों में ग्रसित हैं लोकतांत्रिक मूल्यों के फलने–फूलने की सबसे महत्वपूर्ण शर्त यह है कि संसद के दोनों सदनों के सदस्य अपने चरित्र, विचार–सम्प्रेषण और कार्य प्रणाली द्वारा यह स्पष्ट करें कि वे सच्चे अर्थों में भारतीय जनता के प्रतिनिधि है किन्तु भारतीय लोकतांत्रिक प्रणाली में गणतंत्र की स्थापना के साथ भारी क्षरण हुआ है। प्रश्न यह नहीं है कि नेहरू कालीन संसद में जिस प्रकार प्रतिभावान, विद्वान और राष्ट्रीय आंदोलन के तपोनिष्ठ मूल्यों से जुड़े हुए सांसद थे, वैसे अब नहीं हैं बल्कि अधिक जटिल और गंभीर समस्या सांसदो को उत्तरदायित्व की भावना और चरित्रगत शुचिता का ह्रास होना है। कबूतरबाजी का उदाहरण प्रत्यक्ष है। सांसद या विधायक अब जनसमयाओं से विचलित नहीं होते। पिछले दिनों संसद में सूखे की स्थिति और भूख से होती मौतों पर बहस के दौरान सत्ता पक्ष और विपक्ष दोनों के गणमान्य सांसदों ने आंकड़ों का जाल बुनते हुए इस बात पर

सहमति जाहिर की कि अकाल की स्थिति बहुत विकराल होने के बावजूद भूख से लोग मरे नहीं हैं, कुपोषण से मरे है, कुपोषण किसकी देन हैं? सत्ता पक्ष और विपक्ष में इस प्रकार की अद्‌भुत सहमति **'सुविधा की राजनीति'** का ही परिणाम हैं। भू–मंडलीकरण और बाजारवाद के दौर में जो गरीब है, वे लगातार हाशिए पर जा रहे हैं, उनकी सुध लेने वालो की निरन्तर कमी होती जा रही है। यह सुखद तथ्य है कि 15वें लोकसभायी चुनाव भारतीय लोकतंत्र में सुचारू रूप से सम्पन्न हो चुके है लेकिन निर्वाचन दंगलों की सच्ची तस्वीर कुछ और कहानी बयां करती है। यह एक सामान्य सी बात है कि करोड़ों रूपए फूंक कर संसद में पहुंचने वाले व्यक्ति सबसे पहले चुनाव में अपने द्वारा निवेश की गई राशि व्यवस्था में भ्रष्ट आचरण के माध्यम से वसूलेगा और उसके बाद लोभ की क्या सीमा? दरिद्रता, अशिक्षा, कुपोषण, भुखमरी और नरकीय जीवन से जूझते भारत के गरीब लोगों के जनप्रतिनिधियों का यह रूप हमारे लोकतंत्र के लिए शुभकारी नहीं है।

जैसाकि कवि रहीम ने कहा है–

"कहु रहीम कैसे निभे, बेर केर को संग।
वे डोलत रस आपने, उनके फाटत अंग।।"

सरकार के तीन आधारभूत अंगों कार्यपालिका, व्यवस्थापिका तथा न्यायपालिका के बाद मीडिया का चौथा स्थान हैं। मीडिया आधुनिक लोकतंत्र का आधारस्तम्भ है। जैसाकि कहा गया है–

"न तीर निकालो न तलवार निकालो।
जब तोप मुकाबिल हो तो अखबार निकालो।।"

आधुनिक काल में प्रेस बहुत महत्वपूर्ण भूमिका अदा करता है, स्वस्थ जनमत का निर्माण तथा प्रतिक्रियावादी ताकतों पर प्रभावी नियंत्रण मीडिया के द्वारा ही किया जाता है। सरकार तथा जनता के मध्य संवेदनशीलता तथा जीवन्तता बनाये रखने में मीडिया महत्वपूर्ण सेतु है। प्रेस द्वारा निर्मित जन–भावनाओं के आधार पर सरकारों के कार्यों का मूल्याकंन होता है। कोई भी सरकार मीडिया के सहयोग के बिना सफलतापूर्वक कार्य नहीं कर सकती।

"नाममात्र हथियार है, तोप, तीर और तलवार।
चारों खाने चित्त पडै, अजब है कलम की मार।।"

मीडिया के माध्यम से विचारों को दूर–दूर तक प्रचारित तथा प्रसारित किया जाता है, प्रेस में समाचार पत्रों, पुस्तकों, इश्तिहारों, विज्ञापनों, व्यंग्य चित्रों, पत्र–पत्रिकाओं में कार्टून, संपादकीय लेख, कहानी, नाटक तथा संवाद आदि के द्वारा प्रचार किया जाता है। पुस्तकों के माध्यम से भी विचारों, सिद्धान्तों, मूल्यों एवं आदर्शों का स्थायी प्रतिपादन कर पीढ़ी–दर–पीढ़ी पहुंचाने का प्रयास किया जाता है। सरकार की सामाजिक, आर्थिक एवं वैदेशिक नीतियों को अनावृत करने का कार्य मीडिया के द्वारा ही किया जाता है। इसीलिए आवश्यक हैं कि मीडिया चाहे दृश्य हो या श्रृव्य स्वतंत्र व निष्पक्ष तो हो ही साथ ही साथ जनहित को प्राथमिकता देने पर भी जोर दे। भारतीय प्रेस कमीशन के शब्दों में–

> **"लोकतंत्र केवल विधानमंडल के सचेत देखभाल में ही नहीं वरन् लोकमत की देखभाल और मार्गदर्शन के अन्तर्गत भी फलता–फूलता है। प्रेस की ही यह सबसे बड़ी विशेषता है कि उसके माध्यम से लोकमत स्पष्ट होता है।" कोई भी राष्ट्र जनता से ही महान् बनता हैं।**

तृतीय विश्व के देशों में निहित स्वार्थों वाले तत्व समय–समय पर बेबुनियादी–अफवाहों का सहारा लेकर जनता में रोष उत्पन्न करने में सफल हो जाते है, जिसके कारण जन–समुदाय में वैमनस्य या द्वेष की भावना भर जाती हैं। स्वतंत्र, निष्पक्ष और सजग मीडिया जनता के सामने सच्ची तस्वीर प्रस्तुत कर जन समुदाय को आस्तीन के सांपों से सावधान करता है। साम्प्रदायिक, क्षेत्रीयता, भाषाई मतभेद, जात–पात एवं भाई–भतीजावाद जैसे दूषित मानसिकता वाले चेहरों को बेनकाब करने का काम मीडिया ही करता है, कर्त्तव्यों के प्रति समर्पित मीडिया ही देश में अनेकता में एकता का पोषक होता है। मीडिया को चाहिए कि जनमत के समक्ष सत्य और तथ्य के साथ जाए। मीडिया सरकारी हस्तक्षेपों से मुक्त रहे। सरकार प्रेस को नियंत्रित, निर्देशित और प्रभावित न करे तभी मीडिया प्रजातंत्र का वास्तविक संरक्षक बन सकेगा। लोकतंत्र में राज्य–सम्प्रभु नहीं होता, जनता सम्प्रभु होती है। प्रिंट मीडिया को पीत–पत्रकारिता से मुक्त पाते हुए संवेदनशील मुद्दों पर संयम और संतुलित दृष्टिकोण अपनाना होगा। भारत की सम्प्रभुता एवं अखण्डता, सुरक्षा, लोक–व्यवस्था, शिष्टाचार,

विदेशी राज्यों से संबंध, न्यायालय की अवमानना, मानहानि तथा अपराध उद्धीपन आदि मुद्दों पर मीडिया को कानूनी परिसीमाओं का पालन करना चाहिए क्योंकि कोई भी अधिकार अन्तिम नहीं होता। सबसे बड़ा धर्म राष्ट्र धर्म का निर्वाह करना है।

वस्तुतः मीडिया लोकतंत्र का एक आवश्यक अंग है, प्रेस के बिना लोकतंत्र गूंगा और बहरा है लेकिन प्रेस को सरकार की स्वस्थ और रचनात्मक आलोचना करनी चाहिए, ऐसी आलोचना जिससे गलतियां सुधारी जा सकें। ऐसी आलोचना से सरकार की छवि सुधरेगी लेकिन ऐसी आलोचना नहीं करनी चाहिए कि सरकार तथा मीडिया में दुश्मनों जैसे संबंध स्थापित हो जाये। प्रेस पर सरकार कोई अंकुश नहीं लगा सकती और न ही यह बता सकती है कि क्या लिखना चाहिए और क्या नहीं, अखबारों को भी अपनी सीमाओं को स्वयं तय कर लेनी चाहिए। प्रजातांत्रिक शासन व्यवस्था में एक स्वच्छ, पारदर्शी, संवेदनशील और जवाबदेह प्रशासन सुनिश्चित करने के लिए जनता को सूचना का अधिकार प्राप्त हैं। परन्तु सूचना के अधिकार के प्रति सजग करने का गुरूत्तर दायित्व मीडिया का है। दिशाभ्रमित और दिशाहीन लोकतंत्र को सही दिशा देने में मीडिया की सजगता बहुत आवश्यक हैं। मीडिया को **वाल्तेयर के इस कथन को ध्यान में रखना होगा "हो सकता है मैं आपके विचारों से सहमत न हो पाउं, फिर भी विचार प्रकट करने के आपके अधिकारों की रक्षा करूंगा।"**

संदर्भ ग्रंथ

1. सूचना–क्रांति की राजनीति और विचारधारा – सुभाष धूलिया
2. भारतीय लोकतंत्रः दशा एवं दिशा – सं. डॉ. उम्मेद सिंह इंदा
3. भारत में राजनीतिः कल और आज – रजनी कोठारी
4. शासनतंत्रः अजीब तौर तरीके – अरूण शौरी
5. विधानबोधनी, जयपुर
6. लोकतंत्र समीक्षा, नई दिल्ली

19

भारतीय निर्वाचन प्रणाली और लोकतंत्र के यक्ष प्रश्न

विश्व का सबसे बड़ा लोकतांत्रिक राष्ट्र है परन्तु अहम् सवाल यह है कि क्या भारतीय लोकतंत्र, भारतीय लोकमत को न्यायपूर्वक प्रतिबिम्बित करता है या लोकोत्तेजना का प्लेटफार्म बनता जा रहा है? भारत में मतदाता व्यक्ति होने के नाते मतदान नहीं करता वरन् परिवार, वंश, कुल, गोत्र, जाति, सम्प्रदाय और स्वार्थों के आधार पर मतदान करता है। सार्वजनिक जीवन में ढ़ोंग क्या कड़वी सच्चाई नहीं है? जातिवाद को गालियां देते हुए निपट जातिवादी व्यवहार जमीनी सच्चाई है, प्रवाह पतित हमारा लोकतंत्र वास्तविक अर्थों में जातिवादी है। जाति सामाजिक सरोकार का सेतु है यह हकीकत है परन्तु जातिवाद की जुगलबंदी बहुत भयावह चीज है। जातिवाद सिद्धान्तहीन और विचारधारा को नकारात्मक रूप से प्रभावित करता है। सिद्धान्तहीन मतदान, सिद्धान्तहीन राजनीति को जन्म देता है। सिद्धान्तहीन मतदान से सिद्धान्तवादी प्रत्याशी कैसे उभरेगा? हमारे देश में सरकारों का बदलाव निर्वाचन के जरिये होता है, निर्वाचन ही सरकारों का वैधानिकीकरण करता है। प्रश्न यह है कि क्या हमारे लोकतंत्र का निरन्तर विकास हो रहा है, यह मानकर निर्वाचकीय त्रुटियों और कमजोरियों को अनदेखा नहीं किया जा सकता है? देश में राजनीतिक निर्णयों का गुरूतर दायित्त्व हर स्तर पर निर्वाचित संस्थाओं को सौंपा जाता है लेकिन दुर्भाग्य से निर्वाचित प्रतिनिधि अपने आपको सत्ता का स्थायी संरक्षक

मान बैठता है और येन केन प्रकारेण सत्ता में बने रहने का जुगाड़ करता है। जिसका नतीजा यह कि जनता और उसके नाम पर बनी सरकारों के बीच खाई बढ़ती जाती है। चुनाव के समय लोग वोट है और चुनाव के बाद लोग बोझ है। सत्ता के लिए सारे तिकड़म जायज है। अपने को जनता को समर्पित प्रत्याशी कहने वाला व्यक्ति सदन में पहुंचने के बाद अपना सारा ज्ञान–ध्यान केवल चार–टी (T4) टिकट, टेण्डर, ट्रांसफर, और ट्रांसपेरेसी पर लगाता है और लगाए भी क्यों नहीं? क्योंकि जिस सिद्धान्तहीन पृष्ठभूमि पर चुनाव लड़ा और जीता उसमें साधनों की कितनी शुचिता थी? ले–देकर मतदान व्यवहार भी सात (7W)7 से प्रभावित है– (1) **मंसजी** (वेल्थ) (2) **पदम** (वाइन) (3) **मंचवद** (वेपन) (4) **पतम** (वायर) (5) **मेजमतद चतवगल** (वेस्टर्न प्रोक्सी) (6) **अम** (वेव) (7) **मेजमतद च्तवचंहंदकं** (वेस्टन प्रोगेडा) इन्ही तत्वों से जीत हासिल करने वाला उम्मीदवार चाहकर भी शुचितापूर्वक साधन नहीं अपना सकता है। अतः इन प्रवृत्तियों के लिए जनता, जनतंत्र और जनप्रतिनिधि तीनों ही दोषी है। यही कारण है कि चुनाव परिवर्तन के माध्यम नहीं बन रहे हैं। कोई मंहगाई से बिलख रहा है, कोई सीलिंग के लिए जमीन आसमान एक किए हुए है, कोई भ्रष्टाचार का शिकार है तो किसी की आंखों में सरकार, समाज और परिवार के जुल्मों के कारण आंसू है। कोई आतंकवाद के घावों की पीड़ा से दुःखी है लेकिन नेतृत्व की नजर में? सब अच्छा है। क्यों? **क्योंकि हमारे जनप्रतिनिधि की जमीन और जमीर जनतांत्रिक नहीं है।** अपरिभाषित कौमी मांगें क्यों उठती है? साम्प्रदायिकता क्यों आग उगलती है? इससे बड़ा दुर्भाग्य लोकतंत्र का क्या होगा कि क्षेत्र के सांसद के दर्शन के लिए जनता अखबारों में 51 लाख का ईनाम घोषित करे। उद्घाटन के इंतजार में अरबों की राष्ट्रीय सम्पत्ति बेकार हो जाए।

लोग क्या सोचकर वोट देते है? प्रचार, प्रलोभन और प्रेशर से मतदाताओं को कब तक रिझाया जा सकता है? कभी–कभी यह प्रश्न भी बड़ी शिदत् से उठाया जाता है कि राजनीति में सज्जनों को शिरकत करनी चाहिए परन्तु क्या प्रभावशाली राजनीतिक दल सज्जनों को टिकट देना चाहते है? लाख टके का सवाल है कि आजकल चुनाव दलों के मध्य नहीं मोर्चो

(गुटबंदी) के मध्य होते है। जनता का महत्त्व जन–प्रतिनिधि के लिए रह ही नहीं गया है। महाकवि सूर्यकांत त्रिपाठी 'निराला' का यह कथन आज के परिप्रेक्ष्य में कितना प्रासंगिक है–

"अबे सुन बे गुलाब फूल मत, जो पाई खुशबू रंगों–आब, खून चूसा खाद का तूने अशिष्ट, डाल पर इतरा रहा कैपिटलिस्ट।"

प्रश्न दलों के कारोबार का–

हर कोई कहता है आजकल यह फैशन सा बन गया है कि चुनाव बहुत खर्चीले बन गये है। आखिरकार इन्हें किसने खर्चीला बनाया? लोकतंत्र में जनता के बीच जाने से वे डरते है जो जनता की छदम् नुमाइंदिगी करते येनकेन प्रकारेण जीतने में यकीन रखते है। समग्र कांति के नायक जयप्रकाश नारायण ने चुनाव प्रणाली में सुधार हेतु Right to Recall (पुनः बुलाने का अधिकार) का मुद्दा रखा। स्वयं जेपी ने 1974 में वी.एम. तारकुंडे की अध्यक्षता में चुनाव सुधार हेतु कमेटी गठित की। इस कमेटी ने 1975 में अपनी रिपोर्ट प्रस्तुत की। जे.पी. आंदोलन के सहारे 1977 में सत्ता में पहुंचने वाले लोगों ने ही सबसे पहले तारकुंडे समिति की सिफारिशों को रद्दी की टोकरी में डालते हुए एक नए आयोग शकधर आयोग का गठन कर यह सिद्ध कर दिया कि जेपी आंदोलन केवल सत्ता–सूत्रों तक पहुंचने का सेतु मात्र था। जब राजनीति व्यापार और व्यवसाय में तब्दील हो रही है तो बिल्ली के गले में घण्टी कौन बांधे? चुनावों में लोग सिद्धान्तों की लड़ाई नहीं लड़कर राजनीतिक सौदेबाजी और सेंधमारी के लिए संघर्ष कर रहे है।

तथ्य कहते है कि चुनाव आयोग में पंजीकृत 967 राजनीतिक दलों में से लगभग 700 दल किसी चुनाव में भाग नहीं लेते है। फिर इन राजनीतिक दलों के निर्माण का क्या उद्देश्य है? पूर्व मुख्य चुनाव आयुक्त एन. गोपालस्वामी का कहना है कि देश में कुल 967 पार्टियां है, जिनमें अधिकांश पार्टिया अपने आर्थिक फायदे व काले धन को सफेद में तब्दील करने के लिए बनी हैं। राजनीतिक दल चंदा लेने के लिए तो तैयार है परन्तु राजनीतिक दल का दर्जा प्राप्त करने के लिए कोई कार्य नहीं किया। आयोग के पास प्रति सप्ताह तीन आवेदन ऐसे आते हैं जिनमें

पार्टी को मान्यता देने की प्रार्थना होती है। चुनाव आयोग तथा आयकर विभाग ने प्रधानमंत्री कार्यालय को लिखे पत्र में यह उजागर किया कि जनप्रतिनिधित्व कानून में 2003 में किए गए उस संशोधन की समीक्षा करे जिसमें राजनीतिक दल चाहे तो कितना ही चंदा उगाह सकते है, इस पर आयकर की छूट होगी। वहीं चंदा देने वालों को भी कर राहत दी जायेगी। इसी का फायदा उठाकर दलों ने कारोबार शुरू कर दिया। ऐसे असंख्य राजनीतिक दल है जो मात्र चंदा उगाही की फसल काटते है। परमार्थ पार्टी जिसने कभी चुनाव नहीं लड़ा, चैक से 35.16 लाख का चंदा अमित सरीन से, 60.84 लाख का चैक कुणाल सरीन से एवम् एसबीजी एंड कम्पनी से 4.75 लाख का चंदा चैक से प्राप्त किया। विजय तनेजा से परमार्थ पार्टी ने 2 लाख का चंदा चैक के माध्यम से लिया। उल्लेखनीय है कि परमार्थ पार्टी का कार्यालय कार–गेरेज में चलता है। ऐसा ही एक अन्य राजनीतिक दल है, राष्ट्रीय विकास पार्टी। जिसका कार्यालय एक छोटे से कमरे में फरीदाबाद में चलता है। झावेरी एक्सपोर्टस् (अहमदाबाद) से आरवीपी ने 200 लाख के तीन ड्राफ्ट, दीपक अरोड़ा (दिल्ली) से 10 लाख का ड्राफ्ट तथा पवेल गर्ग (दिल्ली) से 25 लाख का ड्राफ्ट प्राप्त किए। इन अज्ञात किस्म के राजनीतिक दलों ने भाकपा और राकांपा जैसे दलों से भी ज्यादा चंदा उगाह लिया।

2003 में अटलबिहारी सरकार ने ऐसे परिदृश्य की कल्पना की जिसमें राजनीतिक दल चैक के जरिये चंदा लेंगें ताकि पारदर्शिता बनी रहे, इस चंदे पर कर राहत उसी भांति दी जायेगी जिस प्रकार सामाजिक संस्थाओं को दी जाती है। चुनाव आयोग की स्पष्ट मान्यता है कि कर–राहत का दुरूपयोग हो रहा है। पंजीकृत राजनीतिक दलों को चुनाव आयोग के पास उन लोगों की सूची भेजनी होती है जिन्होनें चंदा दिया है, आयोग इसका अनुमोदन कर सूची आयकर विभाग को भेज देता है, इसमें प्रायः गंभीरता का अभाव रहता है, निश्चित रूप से करचोरी होती है।

चुनाव आयोग का मानना है कि राजनीतिक दलों के पंजीकरण की प्रकिया बहुत सरल है, 1989 तक राजनीतिक दलों के पंजीकरण पर आयोग का नियत्रंण और नियमन का अधिकार था। 1989 में जनप्रतिनिधित्व

कानून की धारा 29ए जोड़ी गई जिसमें राजनीतिक दल गठन की प्रक्रिया को सरल बना दिया गया। इससे पहले प्रत्येक चुनाव में बहुत सारे निर्दलीय उम्मीदवार होते थे, जिसकी जगह अब कई क्षेत्रीय दलों ने ले ली है इनमें से 173 चुनाव लड़ चुके है अन्यों का वजूद इसीलिए बना हुआ है कि पार्टी पंजीकरण के लिए मात्र एक सौ मतदाताओं का हलफनामा, पार्टी का संविधान और दस हजार रूपए जमा करवाने की जरूरत होती है। करोड़ों का टैक्स बचाने के लिए इससे सरल–सूत्र और क्या हो सकता है? यह भी विडम्बना है कि एक बार पंजीकृत हो चुकी पाटी का पंजीकरण रद्द नहीं हो सकता है।

चुनाव आयोग का कहना है कि कर राहत या चंदे की छूट प्रत्येक राजनीतिक दल को न दी जाए। चुनावों में भागीदारी और जनसमर्थन को ही ध्यान में रखना चाहिए साथ ही आयोग को राजनीतिक दलों के पंजीकरण और विपंजीकरण को नियमित करने की शक्ति दी जावें।

जरूरत चुनावी अर्थतंत्र में सुधार की–

हमारी निर्वाचकीय व्यवस्था में सुधार एवं साफ–सफाई के लिए अनेकानेक प्रयास किए गए हैं, अब तक के चुनाव संबंधी सुधारों के एकत्रित दस्तावेजों पर यदि एक नजर डाली जाए तो स्पष्ट होता है कि उपदेश देने तथा लागू करने के बीच में एक गहरी खाई बराबर बनी हुई है चाहे इसमें दूरी अधिक न बढ़ी हो। वी.एम. तारकुंडे, शकधर समिति, मोहनधारिया कमेटी, भाकपा के सुझाव, वांचू समिति, आठदलीय स्मरण पत्र, दिनेश गोस्वामी समिति, के. सथानम् समिति, इन्द्रजीत गुप्त समिति, भारतीय विधि आयोग की रिपोर्ट, चुनाव आयोग–मुख्य घटनाएं नवीन पहल आदि–आदि प्रयासों ने चुनावों में शुचिता लाने के लिए अमूल्य सुझाव सुझाये लेकिन सुधारों की दरकार आज भी बनी हुई है।

भारतीय राजनीति में अपराधीकरण तथा चुनावों में बढ़ती अपराध एवं हिंसा की प्रवृत्ति से निजात पाने के लिए जून 1998 में भूतपूर्व केन्द्रीय गृहमंत्री इन्द्रजीत गुप्त की अध्यक्षता में समिति का गठन किया गया। इस समिति ने सुझाया कि चुनाव–खर्च सरकार द्वारा वहन किया जाए। ये सरकारी मदद केवल चुनाव आयोग द्वारा मान्यता प्राप्त राष्ट्रीय एवं

प्रान्तीय दलों को ही दी जाए। चुनावी–खर्च में 50–50 फीसदी योगदान केन्द्र एवं राज्य दोनों करें। चुनाव–खर्च के लिए एक अलग चुनाव कोष बनाया जाए। केन्द्र तथा राज्य प्रति मतदाता 10रू. का योगदान दें। चुनाव आयोग से मान्यता प्राप्त राजनीतिक दलों के प्रत्येक उम्मीदवार को निम्न सुविधाएं दी जाए– चुनाव अभियान में इस्तेमाल होने वाले वाहनों के लिए तय मात्रा में पेट्रोल–डीजल, चुनाव प्रचार सामग्री प्रकाशन के लिए तय सीमा तक कागज का कोटा, डाक–टिकट, चुनावी क्षेत्रों की मतदाता सूची की पांच प्रतियां, विधानसभा क्षेत्र के लिए छह लाउडस्पीकर्स, अधिकतम छह डिपोजिट फ्री टेलीफोन तथा मतदान के दिन पोलिंग स्टेशन के बाहर बैठने का न्यूनतम इंतजाम की व्यवस्था। कमेटी की मान्यता थी कि चुनावी मदद केस में न देकर काइड में दी जाए।

इस कमेटी की सिफारिशों के मुताबिक राजनीतिक दलों को हर वर्ष अनिवार्य तौर पर आयकर विभाग के समक्ष आय–खर्च का लेखा–जोखा रखना होगा, यदि कोई राजनीतिक दल उसमें कोताही बरतेगा या उम्मीदवार ऐसा करेगा तो चुनाव–खर्च नहीं दिया जाएगा। उन्हें ब्लैकलिस्ट घोषित कर दिया जाएगा।

15 फरवरी 2006 को इन्द्रजीत गुप्त कमेटी की सिफारिशों पर विचार करने के लिए सर्वदलीय बैठक बुलायी गई जिसमें सिफारिशों पर व्यापक चर्चा हुई। कमेटी के इस सुझाव पर सर्वसम्मति बनी कि लोकसभा चुनाव के लिए 25 लाख रूपए तथा विधानसभा चुनाव के लिए 10 लाख रूपए प्रति उम्मीदवार खर्च की सीमा का कड़ाई से पालन हो। परन्तु राजनीतिक दलों ने इसमें से पेंच निकाल लिया कि डमी उम्मीदवार खड़े करके खर्च सीमा का उपयोग मुख्य उम्मीदवार के लिए करते है। क्षेत्रीय दलों की राय थी कि चुनाव–खर्च का 75 प्रतिशत हिस्सा केन्द्र दे। प्रधानमंत्री डॉ. मनमोहन सिंह का सुझाव था कि सरकार सांसदों को जो प्रतिवर्ष संसदीय क्षेत्र विकास निधि (MP-LAD) के लिए प्रति वर्ष दो करोड़ रूपए देती है उसका आधा हिस्सा ही पार्टियों को दे दिया जाए तो सारी समस्या ही हल हो जायेगी। कांग्रेस दल की मान्यता थी कि चुनाव–खर्च सरकारी कोष से उम्मीदवार को नहीं दिया जाए। दुनिया के सबसे बड़े लोकतंत्र

में दल लोकतांत्रिक तरीके से नहीं वरन् बॉसवाद से चल रहे हैं। इन्द्रजीत गुप्त कमेटी की उल्लेखनीय सिफारिशों के बाद भी चुनाव में अवैध रूप से धन–बल की संभावनाए समाप्त नहीं हुई अनेक शंकाए उठ खड़ी हुई है। कमेटी ने राजनीतिक दल तथा उम्मीदवार को अलग–अलग ईकाई माना है। उम्मीदवार केवल जीत (Only Victory) प्राप्त करना चाहता है साम–दाम दण्ड–भेद से, जबकि पार्टी सत्ता को। उम्मीदवार किसी भी सीमा तक अवैध साधन काम में ला सकता है। कमेटी की सिफारिश है कि सरकारी फण्ड से मदद केवल आयोग से मान्यता प्राप्त दलों को दी जाएगी, गैर–मान्यता प्राप्त तथा निर्दलीय को नहीं, ये गैर–मान्यता प्राप्त तथा निर्दलीय किसी भी स्त्रोत से धन प्राप्त कर सकते है जिससे अपराध जगत को खुला आमंत्रण नहीं मिलेगा?

मौजूदा परिस्थितियों में प्रत्येक दल का प्रभाव कुछ राज्यों या राज्य के कुछ हिस्सों तक ही सीमित है परन्तु मान्यता प्राप्त करने के लिए अन्य क्षेत्रों में भी अपने उम्मीदवार खड़े करेंगे जहां जीतने की कोई गुजांइश न हो, इसके आधार पर चुनावी फण्ड प्राप्त करने में सफल होंगे इसका वैधानिक तथा संवैधानिक औचित्य नहीं है। जर्मनी की तर्ज पर पिछले चुनाव में मिले मतदान–प्रतिशत के आधार पर चुनाव–फण्ड दिया जाने के सुझाव को राजनीतिक दलों ने स्वीकार नहीं किया। चुनाव खर्च की राशि सीधे उम्मीदवार को दी जाए या पार्टी को अस्पष्ट स्थिति है। संविधान समीक्षा आयोग के सदस्य सुभाष काश्यप जो चुनाव सुधार के उत्तरदायी थे, का कहना है कि संविधान के अनुसार सरकारी खजाने से सरकारी फण्डिंग फिलहाल नही की जा सकती है जब तक की दलों की संख्या नहीं घटायी जाती। सबके सब उम्मीदवारों को सरकारी खजाने से पैसा देना न व्यवहारिक है और न मुमकिन। संसार में 17 देश ऐसे है जिनमें चुनाव का खर्च सरकार द्वारा वहन किया जाता है। उदाहरणार्थ– अर्जेन्टीना, आस्ट्रेलिया, कनाडा, पश्चिमी जर्मनी, इजराइल, नार्वे, स्वीडन, इंग्लैण्ड, कोस्टारिका, मैक्सिकों, प्यूरोरिटिका, उरूग्वे, फ्रांस तथा अमरीकी राष्ट्रपति का चुनाव खर्च सरकार द्वारा वहन किया जाता है। विश्व में सबसे महंगा चुनाव एवं लम्बी अवधि तक चलने वाला चुनाव अमेरिकी राष्ट्रपति का है।

मतदान के अनिवार्यता का सवाल–

कुछ विद्वानों और जागरूक नागरिकों का मत है कि मौलिक नागरिक कर्त्तव्य होने के कारण मतदान करना अनिवार्य कर दिया जाना चाहिए। पूर्व राष्ट्रपति और वरिष्ठ नेता आर. वेंकटरमन सहित अनेक प्रसिद्ध भारतीयों ने अनिवार्य मतदान का समर्थन किया है। वेंकटरमन ने सुझाव दिया कि सभी मतदाना अपने कर्तव्य का पालन करें यह देखने की जिम्मेदारी ग्राम पंचायतों को सौंपी जानी चाहिए इससे मतदाता यह अनुभव करेगा कि वह किसी प्रत्याशी का समर्थक मात्र नहीं बल्कि एक जिम्मेदार नागरिक होने के नाते कर्तव्यपालन कर रहा है। विश्व के अनेक देशों में मतदान अनिवार्य है मतदान न करने पर दण्ड तक वसूला जाता है जैसाकि आस्ट्रेलिया और बैल्जियम में प्रचलित है। संविधान समीक्षा के गठित संविधान समीक्षा आयोग (NCRWC) ने अनिवार्य मतदान के प्रस्ताव को स्वीकार कर लिया था परन्तु किन्ही कारणों से आयोग की अंतिम रिपोर्ट में इसे शामिल नहीं किया गया। इस प्रस्ताव पर विचार करने की जरूरत है। वर्तमान परिस्थितियों में मतदान को अनिवार्य नहीं किया जा सकता है तो ग्राम पंचायतें यह तो कर सकती है कि मतदाता को प्रमाणपत्र के माध्यम से प्रोत्साहित या हतोत्साहित करें, जिससे नैतिक एवं सामाजिक दबाव बढ़ेगा। मतदान के प्रति बढ़ती उदासीनता पर रोक लगेगी। यदि मतदान को अनिवार्य किया जाता है तो यह संविधान के अनु. 19(1)ए के प्रतिकूल होगा।

क्या लोकसभा और विधानसभा के चुनाव एक साथ हो?

पूर्व मुख्य चुनाव आयुक्त एन. गोपालस्वामी ने सुझाया कि लोकसभा तथा विधानसभाओं के चुनाव एक साथ हो। पूर्व उपराष्ट्रपति भैरोंसिंह शेखावत ने भी इसका समर्थन किया। एन. गोपालस्वामी का मानना था कि इसके लिए संविधान संशोधन भी किया जा सकता है। पिछले दशकों से लोकसभा और विधानसभाओं के चुनाव अलग–अलग समय पर हो रहे हैं। 1952 से 1967 तक लोकसभा और विधानसभाओं के चुनाव एक साथ होते रहे है, इसके बाद तो सारा शिराजा ही बिखर गया। कभी किसी राज्य में चुनाव हो रहे होते हैं कभी किसी राज्य में। **भारत को**

चुनावों का देश कहा जाने लगा है। लोकतंत्र रूपी वृक्ष को सींचने में चुनावी–जल का अपना विशेष महत्व है। एक निश्चित अन्तराल पर निश्चित मात्रा में जल के सींचने से वृक्ष पल्लवित और पुष्पित होता है। परन्तु भारत में निश्चित अन्तराल और निश्चित मात्रा का प्रश्न गड्डमड्ड है। लोकसभा तथा विधानसभा के चुनाव अलग–अलग होने से जहां सरकारी खजाने पर वित्तीय बोझ बढ़ता है चुनाव महंगे होने से राजनीतिक भ्रष्टाचार बढ़ता है। काम किश्तों में होने से खर्च भी बढ़ता है और राजनीतिक टकराव का माहौल भी बनता है।

लोकसभा तथा विधानसभा के चुनाव एक साथ होने से एक ओर सरकारी खजाने पर बोझ घटेगा, राजनीति में शुचिता आएगी, चुनाव प्रक्रिया सस्ती होगी, मुख्य चुनाव आयुक्त ही ऐसी पहल करेंगें तो शुभकारी होगा। हालांकि बढ़ती दलीय संख्या के कारण चुनाव–सुधार की बात करना अरण्यरोदन के समान ही है।

क्या लोकसभा और विधानसभाओं की कार्यावधि निश्चित कर दी जाए?

चुनाव आयोग की स्वर्ण जयन्ती पर आयोजित समारोह में पूर्व प्रधानमंत्री अटलबिहारी वाजपेयी ने कहा कि लोकसभा तथा विधानसभाओं का कार्यकाल पांच वर्ष निश्चित कर दिया जाना चाहिए, इस अवधि में प्रधानमंत्री या मुख्यमंत्री भले ही बदलते रहें परन्तु लोकसभा तथा विधानसभाएं बनी रहनी चाहिए। उनका यह चिन्तन सम्भवत् राजनीतिक मजबूरियों और त्रिशंकु लोकसभायी बहुमत के आधार पर उभरा हो। क्या संसदीय व्यवस्था में ऐसा किया जा सकता है? संसदीय व्यवस्था तभी तक कार्यशील रह सकती है जब तक जनविश्वास हो। लोकसभा और विधानसभाओं की कार्यावधि पांच वर्ष क्यों निश्चित की जावें? दो अथवा तीन वर्ष क्यों नहीं। किसी भी उम्मीदवार को एक पद पर दो बार से अधिक बार प्रत्याशी बनने पर रोक लगायी जावे ताकि नई पौध को अवसर प्राप्त हो, ऊर्जावान नेतृत्व को बढ़ावा मिले। लोकसभा और विधानसभाओं का कार्यकाल निश्चित करने से सतत् जागरूकता और सतत् चेतना में कमी तथा निरकुंशता को भी बढ़ावा मिल सकता है।

मतदाताओं की सोच पर जातीयता का हावी होना–

भारतीय मतदाता अति जातिवादी है। जिसका एक नतीजा साझा सरकारें है लेकिन इसके अनुरूप गठबंधन संस्कृति में स्वर भी समवेत होने चाहिए (Coaliation Tone) परन्तु ऐसा नहीं हो पाया है। एक ही थैले में सांप, नेवले, चूहे और मेंढक को बंद कर दिया गया है, वे स्वाभाविक रूप से शत्रु है लेकिन परिस्थितियों का तकाजा है। एक साथ दिन गुजार रहे है। क्षेत्र और जाति के आधार पर वोटों की गुहार की जाती है। राजनीति में जाति ही बह्मा, विष्णु और महेश बन चुकी है। पूर्व मुख्य चुनाव आयुक्त टी.एन. शेषन ने कहा था कि कास्ट, केस और करेप्सन ने चुनावी दंगलों की दिशा विकृत कर दी है। पूर्व मुख्य चुनाव आयुक्त जे. एम. लिंगदोह ने राजनेताओं को समाज के लिए कैंसर की सज्ञा दी। सिंगापुर के संसद सदस्य सियाकाह हुई ने नई दिल्ली में राष्ट्रमंडलीय देशों के संसदीय सम्मेलन में दिये अपने व्यक्तव्य में कहाकि "अगर आप दुनिया की मशीनों को समुद्र में डुबों दें तो दुनिया भूखों मर जाएगी और यदि आप दुनिया के राजनीतिज्ञों को समुद्र में फेंक दें तो पत्ता भी नहीं खड़केगा।" प्रश्न उत्पन्न होता है कि ऐसा क्यों? क्योंकि नेतृत्व निपट व्यक्तिवादी होता जा रहा है।

नन ऑफ दी अबाउ (उपर्युक्त में से कोई नहीं) NOTA की व्यवस्था का प्रश्न–

पूर्व उपराष्ट्रपति स्व. कृष्णकांत ने सुझाया कि मतपत्र में एक कॉलम (None of the above) 'नहीं' का भी होना चाहिए। मतदाता यदि मतपत्र में से किसी को ठीक नहीं पाता है तो वह 'NOTA' पर टिक कर सकेगा, इससे एक ओर मतदान के प्रति बढ़ती जो उदासीनता है उस पर रोक लगेगी साथ ही अभिव्यक्ति के अधिकार का उपयोग भी हो सकेगा।

यदि 'NOTA' की संख्या 50 प्रतिशत से अधिक हो तो चुनाव पुनः करवाए जावें। यह लोकतंत्र के सशक्तिकरण का आधार स्तम्भ है। विधिवेत्ता अभिषेक सिंघवी में मतानुसार यूरोप, एशिया, अमेरिका तथा नवनिर्मित रूसी गणराज्यों में 'नाटा' का प्रयोग होता है।

क्या कदम उठाए जाए?

भारत विश्व का सबसे बड़ा प्रजातांत्रिक राष्ट्र है। कुल मिलाकर

अमेरिका, इंडोनेशिया, जापान, नाइजीरिया और बंग्लादेश से भी ज्यादा वोट पड़ते हैं। कहा यह जाता है कि **जब भारत मतदान करता है तो पूर्ण विश्व मतदान करता है।** लोकतंत्र में चुनावों की विशेष भूमिका होती है। सरोवर जैसे बिना जल, लक्ष्मी जैसे बिना कमल, हाथ बिना कंगन के, जहाज बिना लंगर के, नभ बिना इन्द्र, कविता बिना भाव के, पेड़ बिना छांव के शोभा नहीं देते हैं वैसे ही वोटर भी बिना चुनाव के शोभा नहीं देते हैं। मतदाता मत से दिशा और दृष्टि से इसके लिए जरूरी है कि निम्न चुनाव सुधार अविलम्ब हों–

1. चुनाव में धन, बल और माफिया की भूमिका को सीमित करते हुए चुनावी–खर्च पर लगाम लगायी जाए।
2. अपराधी और अपराधीकरण से सम्पूर्ण निवार्चकीय–प्रक्रिया को मुक्त करवाया जाए।
3. निर्वाचित प्रतिनिधि जनता का सही–सही प्रतिनिधित्व कर सकें और बहुमत से जीतें इसके लिए आवश्यक सुधार किया जाए।
4. कानून द्वारा राजनीतिक दलों का नियमन हो, दल के कोष की ऑडिट हो, दलों के खातों का सार्वजनिक ऑडिट हो, सभी उम्मीदवारों की आय का पूर्ण परीक्षण हो, सम्पति की घोषणा करना अनिवार्य हो।
5. राजनीतिक दलों की संख्या सीमित की जाएं।
6. जहां तक संभव हो सके विधानसभा और लोकसभा के आमचुनाव एक साथ करवाये जाए।
7. किसी को एक से अधिक निर्वाचन क्षेत्र से लड़ने की अनुमति न दी जाए। चुनाव प्रचार का समय घटाया जाए।
8. आचार संहिता को कानून का रूप दिया जाए जिसके उल्लघंन पर दंडात्मक कार्रवाई हो।
9. बाहर के लोगों को बुलाकर रैली करने पर प्रतिबंध होना चाहिए।
10. जनता को नकारात्मक वोट देने का विकल्प दिया जाए।
11. घोषणापत्र एवं एजेंडा बनाते समय पार्टी कार्यकर्ताओं के अलावा

आम नागरिकों की भी राय ली जाए। घोषणा पत्रों पर कार्य करना बाध्यकारी किया जाए।

12. चुनावों पर निगरानी रखने के लिए नागरिक निगरानी समितियां का निर्माण हो।
13. मतदाताओं को भी उचित प्रशिक्षण दिये जाने की आवश्यकता है ताकि प्रलोभनों में नहीं आए।
14. चुनाव के दरम्यान सिक्कों से तोलने, रूपयों की मालाएं पहनाने, खून से तोलने जैसे 'टोटको' पर भी अंकुश लगना चाहिए।
15. चुनाव के समय रैलियों एवं थैलियों पर रोक लगायी जाए।

क्या लोकतंत्र का अभिमन्यु बच सकेगा?

भारतीय लोकतंत्र ने 60 वर्षों में सफलतापूर्वक कार्य किया है। पंद्रह लोकसभायी और विधानसभायी चुनाव कुशलतापूर्वक सम्पन्न हो चुके हैं। निरन्तर फेयर और फ्री इलेक्शन लोकतंत्र की अग्निपरीक्षा होती है, जिसमें भारतीय लोकतंत्र की मेधा प्रतिष्ठित ही हुई है। अमेरिकी प्रशासन तक ने भारतीय चुनावी व्यवस्था की खूबियों की प्रंशसा की है लेकिन हमारे संसदीय लोकतंत्र में खामियों की भी कमी नहीं हैं।

मतदान का गिरता स्तर, संसद में संवादों में खोती गरिमा, संसदीय मर्यादाओं का मान मर्दन, कार्यसंस्कृति का थौंथरापन, राजनीतिक दलों की राख होती साख, लोकोत्तेजना का बढ़ता दायरा, खुदगर्जी और स्वार्थपरता की बढ़ती परतें, घोटाला दर घोटाला, अपनी राह और विकास की चाह से महरूम राजनेता, मनी–माफिया–मसल्स और मीडिया से प्रभावित चुनाव दंगल एक ऐसे चक्रव्यूह की रचना कर रहे हैं जिसमें से लोकतंत्र का अभिमन्यु या कि प्रजातंत्र का प्रह्लाद बच सकेगा, विचारणीय यक्ष प्रश्न है।

चुनाव कमोबेशी स्वांग बनकर रह गए हैं। ज्यां पॉल सार्त्रे का मानना था कि चुनाव राष्ट्रीय पर्व होते हैं जिनमें उन लोगों को सत्ता से परे करना होता है जो जनसेवा नहीं कर सके। परन्तु आज के परिप्रेक्ष्य में तो

बुरे में से कम बुरे का चयन करना ही चुनाव है। क्या मतदाता के अर्न्तमन का वजूद जिन्दा भी बचा है? समय रहते सार्थक की समीक्षा और अक्षमताओं की पहचान कर लेनी चाहिए वरना राजनीतिक सुनामी के लिए तैयार रहना चाहिए।

"रोज बढ़ता हूँ जहां से आगे,
लौट कर आ जाता हूँ बार–बार वहीं,
बार–बार तोड़ चुका हूँ जिन्हें,
उन्हीं दीवारों से सिर टकराता हूँ।"

संदर्भ–ग्रंथ

1. इंडियाः प्राब्लम्स ऑफ गवर्नेन्स–भवानी सेन गुप्ता
2. पॉलिटिकल डवलपमेन्ट एंड पॉलिटिकल डिके–सेमुएल पी. हन्सिगटन
3. भारतीय राजनीति में आचार संहिता–डॉ. उम्मेद सिंह इन्दा
4. फिटी ईयर्स ऑफ इंडियाज पॉर्लियामेन्ट–सी. के. जैन
5. भारतीय राजनीतिक व्यवस्था–आई. वी. जैन
6. भारतीय राजनीतिक सिद्धान्त, समस्याएं और सुधार–सुभाष काश्यप, विश्व गुप्ता
7. कोएलेशन पॉलिटिक्स इन इंडिया–एस. के. खन्ना
8. भारत में राजनीति कल और आज–रजनी कोठारी
9. भारतीय राजनीति का संकट–मुधलिमये
10. हम भारत के लोग–नानी पालखीवाला
11. लोकतंत्र और चुनाव सुधार–डॉ. निशात सिंह, स्वप्निल सारस्वत
12. भारत की राजनीतिक व्यवस्था–डॉ. जे. आर. सिवाच
13. भारत में निर्वाचन राजनीति–पदमनाथ शर्मा
14. चुनाव सुधारः समस्या एवं समाधान–एल. पी. सिंह
15. भारत पतन की ओर–टी. एन. शेषन
16. लोकतंत्र की चुनौतियां–सच्चिदानंद सिन्हा
17. लोकतंत्र–रघुकुल तिलक

शोध–पत्रिकाएं

1. ए जर्नल ऑफ एशिया डेमोक्रेसी एंड डवलपमेन्टः मुरैना (म.प्र.)
2. इक्नोमिक्स एंड पॉलिटिकल विकलीः बम्बई (महाराष्ट्र)
3. इंडिया टुडेः दिल्ली
4. लोकतंत्र समीक्षाः दिल्ली
5. मंथनः दिल्ली
6. मूलप्रश्नः उदयपुर
7. पॉलिटिकल इंडियाः दिल्ली
8. सर्वोदय जगतः वाराणसी
9. सांध्या दीपिकाः लखनउ
10. सेमीनारः दिल्ली
11. विधायनीः भोपाल
12. विधानमालाः शिमला
13. विधानबोधनीः जयपुर

20

संसदीय व्यवस्था में परिवर्तन की दिशा

संविधान और गणतंत्र अपने जीवन की षष्ठीपूर्ति मना चुके हैं। किसी भी देश की राज–व्यवस्था में 60 वर्ष का जीवनकाल सब कुछ नहीं तो बहुत कुछ तो होता ही है। जिससे दशा और दिशा (Diagnosis and Prognosis) का संकेत तो मिल ही जाता है। आज 'शासन के रूप' के लिए विवादाग्रस्त होकर कुछ नया करने का सपना संजो रहे है। सरकार के रूप में उलझने से पूर्व हमें पूरी ईमानदारी और खरी निष्ठा से अपनी संस्थाओं के कार्य–करण और स्वयं के गिरेबान में झांक कर देखना चाहिए कि हम कैसा आचरण कर रहे हैं? हमारी संस्थाओं के प्रति प्रतिबद्धता कैसी है?

यूनानी दार्शनिक एवं राजनीतिक चिन्तक **प्लेटो** ने कहा कि **"राज्य ओंक के वृक्षों या चट्टानों से नहीं वरन् व्यक्तियों से बनता है।"** कहने का तात्पर्य यह है कि राज्य स्वयंमेव संचालित नहीं होता वरन् 'व्यक्ति' ही राज्य को दिशा देते हैं। शासन तो ढांचा उपलब्ध करवा सकता है। वास्तविक शासन संचालन तो देश के नेतृत्व एवं नागरिकों को करना होता है। नेतृत्व की कार्यशैली, कार्यसंस्कृति और सांविधानिक मर्यादाओं की पालना शासन–व्यवस्था को सफल या असफल बनाती है। संविधान सभा में बोलते हुए **डॉ. अम्बेडकर** ने कहा कि **"कोई भी संविधान कितना ही भला क्यों न हो, यह बुरा साबित होगा यदि उसे कियान्वित करने वाले लोग बुरे हैं, कोई संविधान कितना ही बुरा क्यों न हो वह अच्छा साबित होगा यदि उसे कियान्वित**

करने वाले लोग अच्छे हों।" संविधान केवल राज्य के अंग उपलब्ध करवा सकता हैं, विधायिका, कार्यपालिका एवं न्यायपालिका। किन्तु जिन तत्त्वों पर राज्य के इन अंगों की कार्यप्रणाली निर्भर है, वे हैं जनता, (जिन्हें मतदान की शक्ति प्राप्त है) और राजनीतिक–दल (जिन्हें शासन–व्यवस्था को कियान्वित करना है), जो अपनी आकांक्षाओं को पूरा करने और राजनीति चलाने के लिए अपने उपकरण तय करेंगे। कौन कह सकता है कि भारत की जनता और उसके दल कैसा व्यवहार करेंगे? संविधान की प्रस्तावना प्रतिध्वनी देती है कि संविधान को भारतीय जन ने स्वीकृति दी है जबकि संविधान सभा न तो भारत की जनता–जनार्दन द्वारा चुनी गई थी और न ही संविधान–निर्माताओं ने संविधान पर जनमत–संग्रह करवाया था। संविधान–निर्माता आजादी के समर के तपोनिष्ठ प्रखर व्यक्तित्त्व और प्रबुद्ध विशिष्ट जन थे। उनके द्वारा निर्मित संविधान को क्रियान्वित होते 60 वर्ष का कालखंड व्यतीत हो गया है, हमारी राजव्यवस्था दिन–ब–दिन व्याधिग्रस्त होती जाने से प्रत्येक चिन्तनशील नागरिक के मन में कुछ आशंकाएं, उठना स्वाभाविक है।

प्रतिनिधिक लोकतंत्र में जनता के प्रतिनिधियों को सत्ता इस विश्वास के साथ सौंपी जाती है कि वे जनता के विश्वास पर खरे उतरेंगें परन्तु यदि नेतृत्व जनता में साख खोता जाए तो न केवल जनता में उनके प्रति सम्मान कम होता है वरन् आशंका यह पैदा होती है कि समाज की नजरों में कहीं वे तिरस्कार के पात्र न बन जाए। पूर्व केन्द्रीय मंत्री मणिशंकर अय्यर से नार्वे से आए मेहमानों की मौजूदगी में पूछा गया कि भारत में राजनेताओं की कितनी इज्जत है तो उन्होंने कहाकि "लुटरों और वेश्याओं से अधिक।" (पंजाब केसरी 01 नवम्बर 2007) राजनीति को प्रायः साम–दाम–दंड–भेद का प्रतीक मान लिया जाता है, वस्तुत राजनीति सेवा, समर्पण, संस्कार और त्याग का नाम है। राजनीति का व्रत लेने वाले को त्याग और समर्पण को अपनाना होता है। राजनीति को यदि 'धन्धे या पेशे' के रूप में स्वीकार कर लिया जावें तो यह शुभकारी संकेत नहीं है। जन–प्रतिनिधि संस्थाओं में त्यागी, तपस्वी, सेवाव्रती कुशल नेतृत्व चाहिए। प्रतिनिधि संस्थाओं में माफियाओं, अपराधियों और लम्पटों को शरण मिलती है तो व्यक्ति की स्वतंत्रता का हनन तो होता ही है साथ ही संस्था की छवि घटती है।

वोहरा कमेटी ने अपनी रपट में स्पष्ट किया कि राजनेताओं, अपराधियों एवं नौकरशाहों के त्रिगुट ने अपराधिक कृत्यों को बढ़ावा दिया है। 14वीं लोकसभा में करीब एक–चौथाई सांसद अपराध की काली दुनिया से जुड़े थे 15वीं लोकसभा में करीब 150 सांसद आपराधिक मामले से जुडे हुए है। (27.62%) इतने अधिक बाहुबलियों को क्या एक स्पीकर सदन की मर्यादा में बांध सकेगा? विचारणीय प्रश्न है। वोहरा कमेटी ने स्पष्ट किया कि यदि व्यक्तियों के नाम उजागर किए तो 'राम' रावण बन जायेगा तथा 'कृष्ण' कंस। इससे स्पष्ट है कि कथनी और करनी में कितना फर्क है। सही स्थानों पर 'मांगीलाल' मिल रहे हैं 'देवीलाल' कोई नहीं है। लोकतंत्र के नाम पर जो व्यवस्था स्थापित हुई वह जननिरपेक्ष तथा सत्ता स्वार्थों की पर्याय हो गई है। सांविधानिक व्यवस्था के अनुकूल हमारी मानसिक आचरण शैली और स्वस्थ दलीय राजनीति का विकास नहीं हो पाया है। यही कारण है कि साठ वर्षों के संसदीय शासन व्यवस्था में बदलाव के प्रयास किए जा रहे है। शासन–व्यवस्था के अनुरूप कार्यकरण नहीं होने से सारा दोष व्यवस्था के स्वरूप पर डालकर, बदलाव की मांग करना क्या युक्तिसंगत है?

भारत में संसदीय सरकार की स्थापना 1947 में ही हो गई थी लेकिन संविधान के अन्तर्गत जिस प्रकार की संसद की रूपरेखा–वेस्ट–मिनिस्टर मॉडल बनाई गई थी उसकी स्थापना 1952 के चुनावों के परिणामोंपरान्त हुई। 1947 से 1969 तक के इन दो दशकों मे कुर्सी पर एक दल (कांग्रेस) का प्रभुत्त्व रहा तथा संसदीय–व्यवस्था की सफलता की पहली शर्त सशक्त और संगठित प्रतिपक्ष का लगभग संख्यात्मक दृष्टि से अभाव रहा लेकिन गुणात्मक रूप से तथा सदस्यों की उच्च नैतिकता और योग्यता की दृष्टि से प्रभावी रहा। वर्ष 1969–70 में कांग्रेस विभाजन के बाद जब कांग्रेस दो धड़ों में बंट गई तो स्वयं कांग्रेस में से विपक्ष निकला, यह पहला औपचारिक मान्यता प्राप्त प्रतिपक्ष था। 1977,1989,1998,1999, 2004 तथा 2009 को छोड़कर प्रभावशाली प्रतिपक्ष नहीं उभरा। खंड–खंड प्रतिपक्ष सत्ता–पक्ष की नाक में नकेल डालने में सक्षम नहीं होता। पिछले दो दशकों से भारत में लगभग 967 छोटे–बड़े दल होने के बावजूद किसी भी दल को स्पष्ट बहुमत प्राप्त नहीं हो पा रहा है जिसके परिणामस्वरूप त्रिशंकु

लोकसभा का निर्माण होता आ रहा है, 'समझौता, साझा और सौदेबाजी' की अविरल श्रृंखला चलती रही है। राजनीति की गंगोत्री में क्षेत्रीय–क्षत्रपों की बाढ़ सी आ गई। प्रथम लोकसभा से पंद्रहवी लोकसभा आते–आते संसदीय संस्थाओं के कार्यकरण, स्वरूप और आयामों में जबरदस्त बदलाव आया है। संसद विधि निर्माण करने वाली संस्था है, उसके लिए विधि–निर्माण का कार्य गौण हो गया है, केवल 18 प्रतिशत समय इस सदन का विधि निर्माण में व्यतीत होता है। कार्यपालिका दिशाविहीन है, व्यवस्थापिका उलझन में है, इस प्रवृति ने न्यायिक–सक्रियतावाद को बढ़ावा दिया। जिससे शासनांगों में द्वन्द्व, विरोध और टकराव की स्थिति उत्पन्न हुई।

सदनों की कार्यसूची के मुताबिक कार्यवाही नहीं होती है। 17 मिनट में आठ विधेयक पारित करने का कीर्तिमान यूपीए सरकार स्थापित कर चुकी है। मंत्रालयों की मांगों पर संक्षिप्त चर्चा मात्र होती है, बाकी मांगें मुखबंद करके पारित कर दी जाती हैं। जिससे संसदीय नियत्रंण में पर्याप्त ढिलाई आई है। कमेटी–व्यवस्था से मंत्रालयों की कमियां चर्चाओं में खुलकर नहीं आती, केवल मास–मीडिया से खबर मिलती है। प्रश्नकाल की गुणात्मकता घटी। सांसद और विधायक चर्चाओं में भाग लेने के लिए होमवर्क नहीं करते। जिससे सदनों की बहसें जीवन्त नहीं बनती है। तथ्यों और तर्कों को जुटाने में लाइब्रेरी का उपयोग बहुत कम होता है। बहुत सारी घोषणाए संसद के बाहर होने लगी हैं जबकि संसद देश की सबसे बड़ी प्रतिनिधिक पंचायत है। बजट से पूर्व महत्त्वपूर्ण रियायतों की घोषणाएं की जाती है तथा बजट के पश्चात् किस्तों में 'कर' बढ़ाये जाते हैं दूसरी ओर सांसदों द्वारा पूछे गये प्रश्नों के ढले–ढलाये उत्तर दिये जाते हैं। प्रश्न उठता है ऐसा क्यों? इसका प्रत्युत्तर यह कि हमारी संसदीय–व्यवस्था की अनेक व्यवस्थागत कमजोरियां हैं। नियमों के अन्तर्गत सदन में प्रश्न रखना एक कला है, जिसके लिए नियमों की जानकारी एवं प्रशिक्षण की आवश्यकता होती है। जन–प्रतिनिधि मतदान के समय ही लोकतंत्र का सेवक बनता है। निर्वाचित होते ही दल के द्वारा उसके हाथ–पांव बांध दिये जाते है, उसे एक निर्धारित भाषा, कार्यकम तथा सांचे में कार्य करना होता है। निजी विचार, निष्ठाएं और दायित्त्व दलीय सांचे में फिट हो

जाते या फिट करने पड़ते हैं। उसकी स्थिति 'दलीय रोबोट' सी स्थिति बन जाती है। **प्रो. जे.डी. सेठी** के शब्दों में **"संसद की सत्ता की हानि का मूल कारण है वर्तमान पार्टी पद्धति है। पार्टी अनुशासन एवं निष्ठा के कारण सरकारें अधिकाधिक आरक्षित होती गयी है।" भूतपूर्व लोकसभा अध्यक्ष रविराय** का मानना है कि "अब संसद सारी लोकतांत्रिक मर्यादाएं ताक पर रख देने वाले राजनीतिक दलों की मान्यताओं का ही प्रतिनिधित्त्व करती है।" अध्यादेश जारी करने की प्रवृति ने भी संसदीय व्यवस्था की गरिमा को कम किया है। संसदीय–कार्यवाही की समीक्षा करने पर स्पष्ट होता है कि अधिकतर सांसद राष्ट्र–निर्माण की बातों से परहेज करते हैं तथा स्थानीय समस्याओं पर ज्यादा जोर देते है। क्षेत्रीय राजनीतिक दलों के राष्ट्रीय राजनीति में प्रवेश के बाद तो स्थानीय पंचायत, विधानसभा तथा संसदीय क्षेत्र का भेद ही समाप्त हो गया। **सांसद के.पी. उन्नीकृष्णन** का मानना है कि **"नई पीढ़ी के कुछ सांसदों की मूल चिन्ता कुल मिलाकर अपने क्षेत्र की स्थानीय समस्याएं ही रह गई हैं।"** संसदीय व्यवस्था का क्षरण का एक प्रमुख कारण 'व्यक्ति–पूजा' को बढ़ावा देना भी है।

आयरिश देशभक्त **डैनियल ओ कोलोनेल** ने लिखा है कि कोई पुरूष अपने सम्मान की कीमत पर ऋणी नहीं हो सकता, कोई महिला अपने सतीत्त्व की कीमत पर ऋणी नहीं हो सकती और कोई देश अपनी आजादी की कीमत पर ऋणी नहीं हो सकता। यह चेतावनी अन्य देशों की तुलना में भारत के मामले में तो और भी अधिक आवश्यक है क्योंकि दुनिया के किसी अन्य देश की तुलना में भारत की राजनीति में 'नायकपूजा' अधिक है। मूर्तिकरण की ओर बढ़ता क्रेज इसका ज्वलन्त उदाहरण है। सन् 1947 में मुम्बई में अपनी मूर्ति स्थापित किए जाने के अवसर पर **महात्मा गांधी** ने कहाकि **"जब लोगों के पास खाने को भोजन और पहनने को वस्त्र नहीं है। तब ऐसे समय में मेरी मूर्ति स्थापित करने का मैं पूरजोर विरोध करता हूँ। बम्बई में घनघोर गंदगी व्याप्त है। यहां इतनी अधिक भीड़भाड़ है कि गरीब लोग कीड़े–मकोड़ों की तरह जीवनयापन कर रहे हैं। इन दस लाख रूपयों का जनता के किसी कार्य के लिए खर्च कर दिया जाना**

इनका सही उपयोग होगा। यही एक अच्छी मूर्ति होगी।" वर्तमान में तो मूर्ति लगवाने की होड़ मची हुई है। **कार्लाइल** ने कहा है कि "यह वह दौर है, जहां महापुरूषों के अस्तित्त्व को नकारा जाता है। हमारे आलोचकों को एक महापुरूष दिखा दीजिए, वे इस बात की तर्कों के साथ पुष्टि कर देंगे कि उसकी पूजा ही मत करो बल्कि उसकी प्रतिमाएं भी गढ़ो।" डॉ. अम्बेडकर का मानना था कि राजनीति में नायक–पूजा अवनति की ओर ले जाती है।

जांच–आयोग के गठन की प्रवृति से भी सदन की चर्चायें सजीव नहीं हो पाती। असंसदीय–कृत्यों यथा नारेबाजी, धरना, तोड़–फोड़, मसल्स पावर आदि से संसद की मान–मर्यादा में कमी आई हैं। रैलियों, थैलियों और यात्राओं की राजनीति आम बात है। कोई भी संस्था उतनी ही अच्छी होती है, जितने उसके सदस्य होते हैं और जब सत्ता में बैठे सांसद अपने उत्तरदायित्त्वों और सदन की गरिमा की रक्षा नहीं करेंगे तो संसद अपनी प्रासंगिता खोती जाएगी। **मधुलिमये** का मत है कि अगर यह प्रवृति जारी रही तो संसद एक धोखा बनकर रह जाएगी।

प्रधानमंत्री स्व. पी.वी. नरसिम्हा राव की इंका सरकार ने जनादेश के बिना और संसद के व्यापक विचार–विमर्श के बिना ही उदारवादी अर्थव्यवस्था को लागू किया, ये तत्त्व संसद में 'अविश्वास' की अभिव्यक्त करता है और 'सरकार की धृष्टता' को भी दोनों बातें संसदीय प्रणाली के लिए हानिकारक है।[1] सन् 1960 के दशक में **के.एम. मुंशी** (प्रारूप समिति के सदस्य थे) ने कहा कि हमने संसदीय व्यवस्था को अपनाकर भारी गलती की है। संसदीय व्यवस्था की विकृतियों की ओर संकेत करते हुए **हीरेन मुखर्जी** लिखते है कि भारतीय संसद स्वर्ण युग प्राप्त किए बिना ही पतन की ओर बढ़ने लगी है। प्रसिद्ध **पत्रकार कुलदीप नायर** के शब्दों में "सांसदों को संसदीय कार्यों में कोई रूचि नहीं होती है वे केवल धन कमाने तथा अन्य कार्यों में ही व्यस्त रहते है।" **पूर्व प्रधानमंत्री वी. पी. सिंह** के शब्दों में "सांसदों का दिनो–ब–दिन रूझान धन कमाने की ओर बढ़ रहा है।[2]

परिवर्तन की दिशा क्या हो

संसदीय–व्यवस्था की खामियों का ईमानदारी से बिना किसी राजनीतिक नजरिये के मूल्याकंन होना चाहिये, संसदीय व्यवस्था की 'संस्थागत' तथा 'कार्यात्मक' विकृतियों को दूर किया जाए। मौजूदा व्यवस्था में अध्यक्षात्मक–मॉडल की ओर आकृष्ट होने का वजनदार तर्क यह है कि त्रिशंकु–लोकसभा से मुक्ति मिलेगी तथा शासन में स्थायित्व आयेगा, कार्यपालिका अधिक सशक्त होगी, लेकिन अध्यक्षात्मक शासन–व्यवस्था में महाभियोग की व्यवस्था है। कार्यपालिका के प्रमुख राष्ट्रपति की शक्तियां बहुत कुछ सीमा तक कांग्रेस से नियंत्रित है तथा कुछ शक्तियां संबंधित राज्य के प्रशासन से नियंत्रित होती हैं। संसदीय व्यवस्था अधिक उत्तरदायी होती है। संसदीय व्यवस्था में प्रधानमंत्री प्रत्यक्ष रूप से जनता द्वारा निर्वाचित होता है, जबकि राष्ट्रपति संसद के दोनों सदनों तथा राज्य विधानसभाओं के निर्वाचित सदस्यों द्वारा। अतः प्रधानमंत्री सीधे जनता का तथा राष्ट्रपति राज्यों तथा राष्ट्र का प्रतिनिधि है। अध्यक्षात्मक शासन प्रणाली में मंत्रिमंडल लोक–उत्तरदायित्व का पालन नहीं करता है जबकि संसदीय–व्यवस्था में सामूहिक उत्तरदायित्व का पालन होता है। देश का आर्थिक तथा सामाजिक विकास शासन के तीनों अंगों के सम्मिलित प्रयास का परिणाम होता है। अध्यक्षात्मक शासन प्रणाली में शक्ति–पृथक्करण एक प्रमुख लक्षण है जिसमें शासन के तीनों अंग पृथक–पृथक रहकर कार्य करते हैं, जिसे स्वयं अमरीका ने अस्वीकार किया तथा 'नियंत्रण एवं संतुलन' के सिद्धान्त को अंगीकार किया जिसमें शासन के तीनों अंग परस्पर सहयोग से कार्य निष्पादित करते हैं।

आवश्यकता इस तथ्य की है कि लोकसभा का कार्यकाल निश्चित कर दिया जावे। प्रतिपक्ष को 'संस्थागत' आवश्यकता स्वीकारते हुए इस प्रकार सुसंस्कृत किया जावे कि आलोचना के लिए आलोचना नहीं, रचनात्मक रणनीति से सत्तापक्ष को पटकनी दें। संविधान में संशोधन कर राजनीतिक दलों की मान्यता की संवैधानिक व्यवस्था की जावे। चार–पांच से अधिक राजनीतिक–दलों को किसी भी सूरत में मान्यता न दी जावें। जांच–आयोग के गठन की प्रवृति पर रोक हो तथा बहुत जरूरी होने पर ही जांच–आयोग

गठित हो परन्तु उसकी कार्यावधि निर्धारित हो। कमेटी–व्यवस्था को और सार्थक तथा पारदर्शी बनाया जावे। संसद की बैठकों तथा अधिवेशनों की संख्या में वृद्धि हों, सभी महत्त्वपूर्ण घोषणाओं तथा रियायतें सदन में घोषित की जावे, राष्ट्र के धन पर संसद का पूरा नियत्रंण है। लामबंदी, पाटी–व्हिप तथा मुखबंद कृत्य की प्रवृत्ति का सदन में कम से कम प्रयोग हो। सांसदों तथा विधायकों के लिए उचित प्रशिक्षण की व्यवस्था हो, इस प्रशिक्षण में सदन में प्रश्न उठाने के नियमों तथा प्रक्रियाओं की जानकारी दी जावे। अपराधियों तथा माफियाओं को चुनाव–दंगलों से दूर रखने के लिए कानूनों का निर्माण किया जावे ताकि बाहुबल तथा धनबल से मुक्ति मिले। सांसद, विधायक तथा नौकरशाह पद ग्रहण करते ही अपनी सम्पत्ति की घोषणा करें एवं कार्यकाल में जुटायी सम्पति की सूचना दे। संविधान में संशोधन लाकर गैर–संवैधानिक संस्थाओं पर अंकुश लगाया जावे तथा संवैधानिक संस्थाओं को अधिक से अधिक शक्ति सम्पन्न एवं गरिमासम्पन्न बनाया जावे। चुनाव–व्यवस्था में परिवर्तन कर 50 प्रतिशत से अधिक वोट प्राप्त करने वाले उम्मीदवारों को ही विजयी घोषित करे, चुनावी–खर्चों की सामाजिक अंकेक्षण व्यवस्था को अधिक प्रभावशाली बनाया जावे। चुनावी चन्दे पर आयकर रियायत को समाप्त किया जावे।

दल–बदल कानून में संशोधन किया जावें, उम्मीदवार ने जिस दल की सदस्यता ग्रहण की है तथा चुनाव चिन्ह पर चुनाव लड़ा है यदि सदन में जाकर निष्ठा परिवर्तन की मंशा जाहिर करते हैं तो न केवल उसकी सदस्यता त्यागनी होगी बल्कि जितना व्यय चुनाव कार्य पर हुआ, उससे वसूल किया जावे। कोई भी व्यक्ति एक साथ दो स्थानों से चुनाव नहीं लड़े। काम के अधिकार को मौलिक अधिकारों में शामिल किया जावे। मूल–कर्त्तव्यों को अनिवार्य बनाया जावें उल्लधंन की स्थिति में न्यायालय दंडित करें। सरकारिया आयोग की सिफारिशों को लागू किया जावे। आम आदमी के दिल में घर करती जा रही असुरक्षा की भावना को निकाल बाहर करने का सार्थक प्रयास जरूरी है। संसदीय व्यवस्था अधिक प्रासंगिक बने इसके लिए आवश्यकता है कि आचार–संहिता लागू करने के लिए संसद नीति संबंधी समिति का निर्माण करे। हालांकि वर्तमान में संचालित

व्यवस्था में परिवर्तन करना सरल नहीं है जितना समझ लिया जाता है। इसमें मूलतः संविधान संशोधन की जरूरत है और इससे भी कहीं अधिक महत्त्वपूर्ण है राष्ट्रीय स्तर पर आम सहमति। आखिर व्यवस्था तो अपने देशवासियों को ही संचालित करनी है। आचरण शैली में सुधार ही संसदीय शासन को दिशा दे सकेगा।

Footnotes (पाद-टिप्पणी)

1. दी पीएमस् प्रेसिडेन्टस्– ए न्यू कन्स्पेन्ट ऑन ट्रायल, एच.एन. पंडित (नई दिल्ली) एस. चंद एंड कम्पनी, 1974
2. इंडिया टुडे, अगस्त 1992

संदर्भ ग्रंथ

1. भारतीय राजनीति एवं संविधान – डॉ. सुभाष काश्यप
2. भारतीय लोकतंत्रः दशा एवं दिशा – सं. डॉ. उम्मेद सिंह इंदा
3. विधानबोधनी, जयपुर
4. लोकतंत्र समीक्षा, दिल्ली

21

ग्रामीण गणराज्य की निर्बल संस्थाः ग्रामसभा

"अफसरशाही और राजनीतिज्ञों के बीच सत्ता का बंटवारा है जिसके चलते पंचायतें स्वशासन का असली औजार नहीं बन पायी है।"

पंचायतीराज अपनी अर्द्धसदी पूर्ण करने आ रहा है। पंचायत यानि गांव की अपनी सरकार, पंच–परमेश्वरों की असली सरकार जमीनी सरकार। पंचायतों को सशक्त बनाने के लिए 73वें संविधान संशोधन में ग्रामसभाओं का प्रावधान किया गया, इसके पीछे मंशा यह थी कि जनता अपने विकास के लिए लोकतंत्र में लोकमन में जुड़कर स्विट्जरलैण्ड की लैण्डसजीमिण्डे तथा अमेरिका की नगर–सभा (टाउन–मिटिंग) के समतुल्य भूमिका अदा करेगी। इसके लिए सरकार ने वर्ष में कम से कम दो बार ग्रामसभा बुलाने का प्रावधान रखा। लोकतंत्र को चौपाल तक पहुंचाने का कार्य पंचायतों ने किया तो ग्रामसभा ने लोकतंत्र को घर की चौखट और गवाड़ तक पहुंचाने का महती कार्य किया। पंचायतीराज को जीवन्त, ऊर्जावान और गतिशील बनाने तथा शिखर से धरातल तक लोकतंत्र के प्रवाह को पहुंचाने के उद्देश्य से नवीन पंचायतीराज कानून द्वारा ग्रामसभाओं को संवैधानिक मान्यता प्रदान की गई।

20वीं शताब्दी के **महामानव महात्मा गांधी** की मान्यता थी कि **''हरेक गांव में जम्हूरी सल्लनत होगी, उसके पास पूरी सत्ता और ताकत रहेगी। यहां तक कि सारी दुनिया के खिलाफ अपनी हिफाजत खुद कर सके। ऐसा समाज अनगिनत गांवों का बना**

होगा। उसका फैलाव एक के ऊपर एक के ढ़ग से नहीं बल्कि लहरों की तरह एक के बाद एक ही शक्ल में होगा। जिन्दगी मीनार के शक्ल में नहीं होगी, जहां ऊपर की तंग चोटी को नीचे के चौड़े पाए पर खड़ा होना पड़ता है। समुद्र की लहरों की तरह जिन्दगी एक के बाद एक घेरे के शक्ल में होगी और व्यक्ति उसका मध्य बिन्दु होगा।" आदमी के निकटतम बिन्दु पर ही सारे फेसले हो जाए यही पंचायतीराज है।

ग्रामसभा के महत्व को इंगित करते हुए **जयप्रकाश नारायण** लिखते है "मेरे लिए ग्रामसभा ग्राम्य–लोकतंत्र का प्रतीक है। गांव से दिल्ली तक केवल प्रतिनिधिक लोकतंत्र नहीं हो। कम से कम एक स्थान पर सीधा शासन, सीधा लोकतंत्र हो। पंचायत और ग्रामसभा का संबंध केबिनेट तथा विधानसभा जैसा हो।" ग्रामसभा समस्त पंचायतीराज व्यवस्था का दिल और दिमाग है तथापि यह संस्था बातचीत की संस्था बनकर रह गई है।

ग्राम पंचायत को ग्रामसभा के प्रति उत्तरदायी बनाया गया है। दूसरे शब्दों में ग्रामसभा को ग्रामीण लघुसंसद या ग्रामीण व्यवस्थापिका कहा जाता है। सत्ता के सूत्र गरीब की झोपड़ी तक पहुंचे और झोपड़ी की मांगे सत्ता–सूत्रों तक पहुंचे इसके लिए ग्रामसभाओं की अहम् भूमिका है। ग्रामसभा में वे सभी लोग भाग ले सकते है जो पंचायत क्षेत्र की मतदाता सूची में पंजीकृत है। संविधान के अनुसार ग्रामसभा गांव स्तर पर ऐसे कार्य तथा शक्तियों का निर्वहन कर सकेगी जो राज्य विधानमंडल द्वारा उन्हें दी जाए। 23 अप्रैल 1993 को तमाम ग्राम पंचायतों, ग्रामीण संस्थाओं और नागरिक संस्थाओं को संवैधानिक मान्यता के साथ यह दायित्व भी सौंपा गया कि 29 विषय जो संविधान की 11वीं अनुसूची में, का संचालन ग्रामसभा करें। जनता खुद यह तय करे कि उसके गांव का, नगर का विकास कैसे हो?

ग्रामसभाओं के बारे में पिछला अनुभव बताता है कि अधिकतर ग्रामसभाओं में गणपूर्ति (कोरम) ही पूर्ण नहीं होता। कुछ ग्रामपंचायतों में तो पंच–सरपंच कागजी खानापूर्ति के लिए घर–घर जाकर रजिस्टर पर

लोगों के हस्ताक्षर करवा लेते हैं। ग्रामसभाओं की बैठके साल में कम से कम दो बार हो, ये कानून की अनिवार्यता है। ये भी प्रावधान है कि पहली बैठक हो उसमें तो एक निश्चित कोरम की शर्त लागू हो। लेकिन जो दूसरी बैठक हो उसमें कोरम की कोई आवश्यकता नहीं है। लेकिन हो यह रहा है कि पहली बैठक धीरे से कर ली जाती है जो कोरम के अभाव में ही सलेक्ट हो जाती है और दूसरी बैठक में चूंकि कोरम की जरूरत नहीं होती है तो चार आदमी की उपस्थिति में फेसले ले लिए जाते है और जो संवैधानिक आवश्यकता है, नियम है उसे बैठक में पूर्ण कर लिया जाता है। क्यों नहीं दूसरी बैठक मे भी कोरम की अनिवार्यता हो? इतना ही नहीं स्वयं पंच–सरपंच, वार्ड–पंच ग्रामसभा की बैठकों के प्रति गंभीर नहीं है और न ही ठीक समय पर ग्रामीणों को बैठक की सूचना दी जाती है। क्यों नहीं ऐसी व्यवस्था होती कि ग्रामसभा की जब खुली बैठक हो तो उसका कम से कम दस दिन पहले मुनादी कराके पूरे गांव में प्रसार हो। ग्रामसभा का जो सभा–भवन हो, कार्यालय हो उसके नोटिस बोर्ड पर मोटे–मोटे अक्षरों में ये लिखा हो कि फला तारीख को ग्रामसभा की बैठक है, जरूर आएं।

परन्तु अशिक्षा और अज्ञानता के अन्धयारे में पंच–सरपंच अपने वारे–न्यारे करने से भी नहीं चुकते हैं।

नियमों के अनुसार ग्रामसभाओं में लाभान्वित होने वाले लोगों का चयन भी इन्हीं में से होता है। फण्ड, फंक्शन और फक्शंनरीज से पीड़ित ग्रामसभाओं में वे ही लोग शिरकत करते नजर आते हैं जिनका हित नजर आता है।

जहां पंचायत संस्था की बागडोर महिलाओं के हाथ में है वहां असली ताकत प्रभावशाली पुरूषों के हाथ में है। पर्दे से पंचायतों में पहुंची महिलाओं से पंचायतीराज में ऊपरी तौर पर बदलाव की जबरदस्त बयार अवश्य नजर आती है वास्तविक सत्ता–सूत्रों में बदलाव नहीं के बराबर ही रही है।

ग्रामसभाओं तथा वार्डसभाओं की प्रभावशाली भूमिका न होने से विभिन्न योजनाओं के लाभार्थियों के चयन में भारी गड़बड़ियों की शिकायतें आम

रही है। बीपीएल परिवारों के चयन, आवास–योजनाओं के आवंटन तथा रोजगार संबंधी योजनाओं में अन्धा बांटे रेवड़ी फिर फिर अपनों को दे की स्थिति है।

निम्न कारणों से ग्राम–स्वराज्य की प्रतीक ग्रामसभाएं कमजोर दृष्टिगोचर हो रही है–

1. ग्रामीण स्तर पर सूचनातंत्रों की कमजोर स्थिति।
2. अशिक्षा, अज्ञानता और अन्धविश्वास का होना।
3. पंचों–वार्डपंचों तथा सरपंचों की मलिन मानसिकता।
4. राजनीतिक आकांओं की मनोदशा।
5. हारे हुए पंचायतीराज उम्मीदवारों की गुटबंदीपूर्ण मनोवृति।
6. जाति एवं क्षेत्र की कुंठाएं।

इन कारणों से ग्रामसभाओं को अब तक चमकदार सफलता प्राप्त नहीं हो पायी है। जरूरत इस बात की है कि ग्रामसभाओं में लोगों की भागीदारी बढ़े, इसकी बैठकों में नियमितता आए। तभी सच्चे मायने में पंचायतें गांव–गवाड़ की सरकारें बन सकेगी।

कैसे हो सशक्त ग्रामसभाएं–

1. ग्रामसभा तथा ग्रामपंचायत का आपसी संबंध वैसा ही होना चाहिए जैसाकि व्यवस्थापिका एवं सरकार का हो।
2. पंचायत को ग्रामसभा के प्रति उत्तरदायी बनाया जावें। ग्राम पंचायत सदस्यों को तभी तक अपने पदों पर रहना चाहिए जब तक उनमें ग्रामसभा का विश्वास हो।
3. जो पंच/सरपंच/उप–सरपंच लगातार दो ग्रामसभा बैठकों में भाग न ले, ग्रामसभा उन्हें पद से हटा दे। ग्रामसभा को इस संबंध में आवश्यक शक्ति दी जावें।
4. ग्रामसभाएं फंक्शन और फक्शनरीज से पीड़ित हैं, ग्रामसेवक और अन्य प्रशासनिक अधिकारियों की बैठकों में उपस्थिति अनिवार्य हो, कोताही बरतने वाले कर्मचारियों एवं अधिकारियों के विरूद्ध कड़ी कार्यवाही की जानी चाहिए।

5. ग्रामसभा की बैठकें मई–जून एवं दिसम्बर–जनवरी में बुलायी जावें जब गांव के किसानों के पास खेती का काम कम हो।
6. ग्रामसभा की बैठकों की सूचना स्कूली विद्यार्थियों द्वारा, सार्वजनिक भवनों पर सूचना चस्पा करवाकर एवं मुनादी करवाकर, दी जावें।
7. ग्रामसभा के गठन के लिए प्रत्येक आबादी या आबादियों के समूह को एक गांव माना जाए। ग्रामसभा में समाज के पढे–लिखे लोगों, बुद्धिजीवियों तथा समाजसेवियों को विशेष रूप से आमंत्रित किया जावे।
8. संविधान के 73वें संशोधन द्वारा ग्रामसभा की व्यवस्था अनिवार्य है तथापि इस संशोधन में ग्रामसभा की शक्तियों का स्पष्ट उल्लेख नहीं होने हैं, राज्य सरकारें इस संस्था के प्रति गंभीर नहीं है। जरूरत इस बात की है कि ग्रामसभाओं को अधिक शक्तियां प्रदान की जावें। ग्रामसभा को ग्राम पंचायत के बजट एवं अन्य कार्यक्रमों के अनुमोदन का अधिकार मिलना चाहिए।
9. ग्रामसभा की बैठकों में महिला सदस्यों तथा अजा–जजा के सदस्यों की भागीदारी अनिवार्य रूप से हो साथ ही कोरम में उनका प्रतिशत निर्धारित किया जावें।
10. आदर्श ग्रामसभा की फिल्म बनाकर गांवों में दिखाई जावे। प्रशिक्षक दलों द्वारा ग्रामों में ऐसी ग्रामसभाओं का मंचन कर दिखाया जावें।
11. ग्राम पंचायत के सदस्य ग्रामसभा की महत्ता को समझें तथा ग्रामीणों को इसके उद्देश्यों एवं महत्व से रूबरू करें।

तृणमूल लोकतंत्र की गंगोत्रीः ग्रामसभा

भारतीय लोकतंत्र की ग्रामसभा मूल इकाई है, यह वह मंच है जो प्रत्यक्ष प्रजातंत्र का उद्देश्यपूर्ण करता है। इसका महत्व इस बात में छुपा हुआ है कि भारत के वितमंत्री ने 1999–2000 को 'ग्रामसभा' वर्ष माना था। ग्राम पंचायत के सामाजिक अंकेक्षण में महत्वपूर्ण भूमिका है। पंचायतीराज के सशक्तिकरण के जरूरी है कि बुनीयादी धरातल सशक्त हो, असरदार ही नहीं हो वरन् चमकदार भी हो। दृढ़ इच्छाशक्ति नियत

और नीति से कार्यो को अंजाम दिया जावे तो लक्ष्य तक पहुंचने में कोई कठिनाई नहीं होगी। हम प्रजातंत्रीय प्रणाली की जड़ों को सुदृढ़ करना चाहते है तो इन जमीनी संस्थाओं को परिपोषित एंव सुदृढ़ करने के लिए प्रयास करना चाहिए, इन्हें समुचित खाद–पानी देने का प्रयास करें, जड़ों में तेजाब डालने का नहीं। तभी जमीनी जनतंत्र दिनो–ब–दिन शक्तिशाली होता जाएगा।

संदर्भ ग्रंथ

1. केबिन–लोकतंत्र (अनु. देसराज गोयल)–बीथम, डेविड बायले
2. भारत में स्थानीय स्वशासन–एस. आर. माहेश्वरी
3. पंचायतीराजः चुनौतियां एवं सम्भावनाएं–महिपाल
4. भारत में पंचायतीराजः परिपेक्ष्य और अनुभव–जार्ज मैथ्यु
5. अच्छी सरकार कैसी हो–नानुभाई पटेल
6. भारतीय प्रशासन–डॉ. होशियार सिंह
7. मध्यप्रदेश में पंचायतीराज व्यवस्था समस्याएं एवं सम्भावनाएं–यतीन्द्र सिंह सिसोदिया

शोध पत्रिकाएं

1. ए जर्नल ऑफ एशिया फॉर डेमोक्रेसी एंड डवलपमेन्ट, मुरेना (म.प्र.)
2. कुरूक्षेत्र, दिल्ली
3. मूल प्रश्न, उदयपुर
4. मंथन, दिल्ली
5. लोकतंत्र समीक्षा, दिल्ली
6. सहभागिता अभिशासन, प्रिया, दिल्ली
7. विधानबोधनी, जयपुर